AIU 연구총서 ❶

다음 세대를 위한
남북주민통합

AIU 연구총서 ❶

접　촉
일　상
공　존

# 다음 세대를 위한
# 남북주민통합

한기호 | 손인배 | 전주람 | 조진수 | 하승희

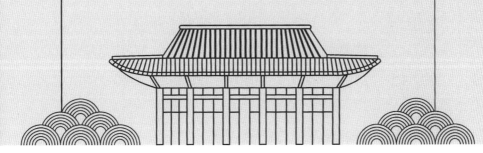

전쟁의 포성이 멈추고 한반도에 분단체제가 공고화된 지 70년이 흘렀다. 남과 북은 여전히 군사적으로 대치 중이며, 분단체제는 이질적인 두 개의 한국이 좀체 벗어나기 어려운 '안락한 집'이 되었다. 서로를 소통과 공존, 나아가 통합의 대상으로 바라보며 잠시 화해를 도모하던 시기도 있었다. 그러나 남북한 주민들은 대부분의 시간들을 마치 분단적 관성(慣性)에 이끌리듯 미디어나 관영매체를 통해 묘사되는 적대적인 대상으로 서로를 소비하고 있다. 복잡하지 않고 간편한 방식이다. 이러한 현실 속에서 정치·경제·문화 등 분야별로 남북한 간의 통합방안을 찾는 것은 다소 현실과 동떨어진 낭만적인 이야기처럼 비칠지도 모른다. 흡사 이상적 당위와 정의로움을 쫓아 엉뚱하고 기상천외한 모험을 떠나는 미겔 데 세르반테스의 원작 〈라만차의 기발한 신사 돈키호테〉와 결이 닮아있기도 하다. 작품이 주는 '세상 좋은 것에는 진통이 따른다'라는 단순한 교훈은 참혹했던 전쟁사 이후 분단의 일상을 살아가는 우리의 회복적 지향에 대해서도 질문을 던진다. 이 책은 이러한 일상적 질문에 대한 즉답을 제시하기보다 분단국가를 살아가는 사람들의 단상과 사회적 양태들에 주목하면서 발견한 또 다른 질문들을 통해 분단시민들의 사유(思惟)를 자극함으로 그 소임을 다하고자 한다.

2016년 개소 이후 통일연구와 통일교육의 실사구시적 접근을 모색해온 아주대학교 아주통일연구소(AIU, Ajou Institute of Unification)는 언젠가 도래할 통일의 준비 차원에서 남북주민 간의 융합을 매개로 하는 사회통합을 고민해왔다. 지난해 초, 아주대 개교 50주년과 정전협정 70주년이 계기가 되어 북한이탈주민 연구경험이 있는 전문가분들과 남북주민통합 그리고 다음 세대와의 연결을 도모하고자 연구총서를 기획하였고 1년 만에 결실을 맺게 되었다. 이번 연구총서는 비단 북한이탈주민에 국한된 연구라기보다는 우리와 북한주민 간의 일상적 이질성을 극복하기 위한 남북주민통합에 관한 연구로서 총 2부, 5장의 구성으로 기획되었다. 제1부(한기호, 하승희, 조진수)에서는 북한이탈주민 연구와 남북주민통합의 과제를 다루며, 제2부(전주람, 손인배)에서는 북한이탈주민의 일상생활 고찰과 다음 세대의 남북사회통합을 기술하고 있다. 무엇보다 고전적인 학술논문 모음집이 아닌 교양서에 준하는 형식으로 연구총서의 대중화를 모색하고자 하였다. 특히 북한이탈주민 연구에 탁월한 역량을 지닌 전주람 박사의 〈북한이탈주민의 일상생활 고찰 : 사례로 살펴보는 탈북청년들의 생활양식과 그 의미〉는 본서에서 가장 많은 지면을 할애하고 있으며 인터뷰어(Interviewer)와 인터뷰이(Interviewee) 간의 격의 없는 대화 형식으로 구성되어 있어 독자로 하여금 공감과 흥미를 자아내기에 부족함이 없다.

본서에서 다루는 주요 분석대상은 첫째, 남한사회 정착과정에서 발생하는 북한이탈주민의 생활 양상에 주목한 〈북한이탈주민 연구〉와, 둘째, 북한이탈주민을 통해 바라본 북한 장마당세대의 인식 변화라는 〈북한주민 연구〉로 구분된다. 정전협정 체결 이후 남한에 입국한 약 3만 4천 명의 북한이탈주민들은 남북한 간에 노정된 경계선을 넘어서 우리 사회에 진입한 사람들이다. 이들은 이 책의 부제처럼 남북주민들을 '접촉'하였고 '일상'적으로 경험하였으며 '공존'에 관한 오답 노트를 몸소 기록해왔다. 그 기록의 연장선에서 이 책은 남한과 북한이라는 두 체제, 혹은 '대한민국'과 '조선민주주의인민공화국'이라는 두 국가를 모두 경험한 '북한이탈주민의 눈'으로부터 분단된 양 사회의 내면을 바라보고 있다. 각 장별로 다양한 연령대의 북한이탈주민 인터뷰이가 등장하지만 가급적 청년세대의 목소리를 반영하고자 노력하였다. 한반도 분단체제가 낳은 다중 정체성을 지닌 채 남한사회에서 살아가는 북한이탈주민과 다음 세대들의 이야기들, 이들의 목소리로 북한이탈주민과 북한주민의 단조롭지 않은 일상을 들여다봄으로써 분단사회에 의미 있는 질문들을 도출하고 미래지향적 남북주민통합에 관한 논의를 연장시키고자 하였다.

무엇보다 연구소의 집필 의도에 동의해주시고 북한이탈주민의 섭외 등 기획단계에서부터 함께 고민해주신 참여 연구진분들께 감사드린다. 우리 사회가 '먼저 온 통일'이라 일컫는 이들을 환대하기에 부족함은 없는지, '나중 올 통일'인 북한주민들의 인식은 어떻게 변화하고 있는지에 대해 살펴본 이번 기획이 후속 연구총서 발간의 디딤돌이 될 것이다. 모쪼록 차례로 논의될 다섯 편 -〈남북주민통합을 위한 북한이탈주민 연구의 중요성 : 동향, 평가, 과제〉, 〈탈북음악인들의 국내 활동 양상과 남겨진 과제〉, 〈장마당세대의 학교 조직생활 : 북한의 집단주의 및 개인주의 문화 변동과 남북주민통합 과제〉, 〈북한이탈주민들의 일상생활 고찰 : 사례로 살펴보는 탈북청년들의 생활양식과 그 의미〉, 〈북한이탈주민 다음 세대의 사회정체성과 사회통합〉-의 주제들이 남북주민 간의 적대적 온도를 낮추고 다음 세대 간의 통합 과정에 필요한 학술적·사회적 논의로 이어지기를 기대해본다.

2024년 1월 31일
책임저자 한기호

# 목차

## 제2부  북한이탈주민의 일상생활 고찰과 다음 세대의 남북사회통합

제1장 북한이탈주민들의 일상생활 고찰
   : 사례로 살펴보는 탈북청년들의 생활양식과 그 의미 _전주람

# 북한이탈주민 연구와
# 남북주민통합의 과제

# 남북주민통합을 위한 북한이탈주민 연구의 중요성 : 동향, 평가, 과제

한기호
(아주대학교 아주통일연구소)

## 1. '북한이탈주민'이라는 이름

'북한이탈주민'이라는 말은 1993년 이전까지만 해도 북한을 떠나 대한민국으로 입국한 '귀순자(歸順者)' 내지는 '귀순용사(歸順勇士)'로 불리어 왔다. 북한주민들이 고난의 행군이라는 경제난 앞에 고향을 떠나기 시작하던 1994년부터 1996년까지는 '탈북자', '귀순북한동포' 등으로 혼용되다가 1997년 1월 「북한이탈주민 보호 및 정착지원에 관한 법률」을 제정하면서 '북한이탈주민'으로 사용하기 시작하였다. 2005년 1월 9일 통일부의 발표 이후 2008년까지 '새로운 터전에 정착한 주민'이라는 의미의 새터민이란 용어가 등장하기도 하였으나, 북한을 이탈했다는 의미를 포용하지 못한다는 이견 등으로 보편화되지는 못한 채 현재는 법적 용어인 '북한이탈주민'과 일반 대중에게 익숙한 '탈북자'라는 용어로 정립되었다. 이처럼 대상에 대한 용어를 특정하는 것조차 사회적, 제도적 합의를 이루기까지 오랜 시간이 소요된 것처럼 남과 북, 이질적 체제를 모두 삶으로 경험한 북한이탈주민은 분단체제와 분단사회적 특성을 진단함에 있어 다양한 함의를 제공할 수 있는 대상임에 분명하다.

이번 장에서는 북한이탈주민 연구의 흐름에 대해서 살펴보고, 북한이탈주민 연구의 중요성과 다음 세대 연구의 필요성에 대해 논의하고자 한다. 북한이탈주민에 대한 용어는 앞서 살펴본 것처럼 정립에 상당한 시간이 걸렸다. 그러나 제도적인 용어와는 달리 북한이탈주민은 '탈북민', '탈북자', '탈북 난민', '북향민', '실향민', '고향이 북한인 사람', '통일을 준비하는 사람' 등 여전히 남한 사회에서 당사자가 지향하는 가치 혹은 외부에서 바라보는 시선에 따라 다양한 얼굴과 이름을 가지고 있다. 이런 연유에는 정전협정 이후에도 70년간 고착된 한반도의 분단체제와 대립 구도가 자리하고 있다. 1990년대부터 한국행을 택하기 시작한 북한이탈주민에 대한 연구도 활발히 진행되어 왔는데, 본 장에서는 시기별 연구 동향과 평가, 포스트 북한이탈주민 연구의 과제를 살펴보기로 한다.

## 2. 북한이탈주민 연구의 동향

### 1) 1990년대 연구 동향

1990년대는 북한의 고난의 행군 이후 북한이탈주민의 남한 입국이 증가하면서 북한이탈주민 연구가 활발해지는 시기였다. 1997년 「북한이탈주민 보호 및 정착지원에 관한 법률」이 제정되기 전까지 북한이탈주민은 주로 탈북자로 명명되었다. 그렇기 때문에 1990년대 초반에는 탈북 배경이 무엇인지, 중국에서 북송되는 탈북자 인권 문제는 어떻게 할 것인지, 북한 당국은 탈북자 가정을 어떻게 대하는지, 남한에서 탈북자 수용을 어떻게 할 것인지 등과 같은 연구가 진행되었다. 김병로(1994)는 급변하는 세계정세 및 정보 유입, 극심한 경제난, 돈에 대한 가치 변화 등을 탈북 배경으로 보았다. 이금순

(1995)은 중국에서 북송되는 탈북자의 인권 문제를 위해 국제 사회와의 공조를 통해 한국 정부가 대응해야 함을 강조하였다. 김정민(1995)은 탈북자 가정은 북한에서 제일 하위 계층으로 전락할 뿐 아니라 적대 세력으로서 민족반역자와 같은 취급을 받는다고 밝히고 있다. 이온죽(1994)은 탈북민을 수용한다는 것의 의미를 적응과 연결하여 탈북민이 사회적응 과정에서 사회적인 측면과 주관적 측면에서 필요한 것들을 기술하고 있으며, 법적인 측면에서 고려해야 할 점이 있다는 것을 보여주고 있다.

이 시기는 북한이탈주민을 통해 북한의 상황을 알아보고, 북한이탈주민의 남한 사회적응 양상이 화두가 되는 시기였다. 그러한 과정에서 북한이탈주민을 둘러싼 다양한 영역에서 북한이탈주민 연구가 진행되기 시작했다. 구체적으로 북한이탈주민의 정착 및 적응, 북한이탈주민의 직업 훈련, 북한이탈주민 정착지원 체계, 북한이탈주민의 인권, 북한이탈주민의 영양 상태, 북한이탈주민의 정신 건강 연구, 북한이탈주민의 대거 유입에 따른 대응 방안 연구, 남북한 주민 동질화 연구가 진행되기 시작했다. 북한이탈주민 정착 및 적응연구 사례에서 윤양중(1996)은 탈북자들이 시대에 따라 탈북 양상을 달리하는데, 1970~80년대는 노동조건, 군 복무 불만, 처벌 두려움 등의 신체적이고 단순한 동기였음에 비해 1990년대 들어서는 북한체제에 대한 염증 및 자유에 대한 동경 등 탈북 사유도 변화고 있음을 밝히고 있다. 탈북자들이 심리적 안정을 얻고 적응을 할 수 있도록 하는 사회적응, 순화교육 프로그램 등이 체계적으로 정비되어 있지 않음을 지적하는 연구도 진행되었다. 이정우(1996)는 탈북자 정착지원 제도와 관련하여 인도주의적, 민족주의적 입장을 견지하고, 기회 균등, 자립의 원칙을 강조하였다. 또한 세부적인 정착지원 제도와 관련하여 개선의 필요성을 지적하였다.

북한이탈주민 직업 훈련 연구로는 김덕수 외(1997)가 북한 벌목공 출신이었던 18명을 대상으로 직업 훈련 프로그램을 했던 경험을 바탕으로 시사점을 제공하고 있는데, 민족의 동질성 회복이 필요하고, 다양한 분야의 직업 지도와 정부 주도의 일자리 제공이 필요함을 주장하고 있다. 북한이탈주민의 지원 체계로는 도회근(1998)이 1997년 만들어진 「북한이탈주민 보호 및 정착 지원에 관한 법률」과 관련된 개선을 주장하였다. 북한이탈주민의 영양 상태 연구에서 장남수 외(2000)는 '고난의 행군'이 지난 이후에도 영양 상태가 개선되지 않고 악화되는 양상들을 밝히고 있다. 특별히 황지윤(2000)의 다른 연구에서는 성장기 중 식량난을 겪은 20세 미만의 아동 및 청소년은 보건, 질병 및 영양 상태 등이 불량하였음을 보여주었다. 북한이탈주민의 정신 건강 연구에서 전우택(1997)은 난민들의 정신 건강 문제와 북한이탈주민의 정신 건강 문제를 접목시켜 난민들이 경험했던 정신 건강 문제를 북한이탈주민들이 경험할 수 있고, 그렇기 때문에 그에 대한 대응이 필요함을 역설하였다. 북한이탈주민 대거 유입에 따른 대응 방안 연구에서 김태천(1998), 정영화(1995) 등은 재외 탈북자의 법적 지위에 대해 다루고 있는데, 한국의 국내법, 남북한을 국가로 승인한 UN 및 체류국의 입장, 난민 지위에 대한 국제 문서로 법적 지위가 논의되어야 함을 주장하고 있다. 이 시기는 북한이탈주민의 남한 사회의 유입이 증가하던 시기여서 북한이탈주민의 법적 지위는 어떠해야 하는지, 이들이 지닌 어려움을 어떻게 법적으로 지원해야 되는지에 대한 구체적인 논의가 전개되기 시작했다. 남북한 동질화 연구로는 이영선 외(1995)의 연구가 있는데, 남북한 간 정치의식의 이질화 문제는 남한의 자유 사상 논리와 북한 사회주의 사상 논리 간 갈등이며, 사회적 영역에서는 남한의 개인주의와 북한의 집단주의 간 갈등으로 설명하고 있다. 경제의식의 이질성 문제는 북한의 교조주의와 정보 왜곡, 남한의 사회적 책임 의식 결여에서 근원을 찾고 있는데, 이러한 요인들을 토대로 하나의 정치·경제·사회

공동체를 만들기 위해 노력해야 함을 강조하고 있다.

## 2) 2000년대 연구 동향

2000년대 들어서는 특정한 영역에서 북한이탈주민의 적응연구들이 등장하기 시작했는데, 언어 적응, 성격적 특징 등이 그것이다. 또한, 북한이탈주민의 가족 관계 연구, 남한 주민과 관계 맺기 혹은 비교를 통한 사회통합 방안 제시 등의 연구가 진행되기 시작했다. 그리고 북한이탈주민 정착지원 제도가 자리를 잡아가는 시점에서 정책의 평가와 관련된 연구들, 정착을 지원하는 단체들에 대한 연구가 진행되었다. 언어 적응과 관련해서 정경일(2002)은 북한이탈주민들은 사회체제상 상이한 어휘, 영어와 한자 사용에 있어 어려움 등이 있지만 이를 잘 극복한다고 보고 있고, 사회적응과 언어 적응이 상관성이 있다고 주장하고 있다. 그렇기 때문에 남한 사회에 잘 적응하는 것이 언어 적응에도 도움이 되고, 사회통합에도 영향을 줄 수 있다고 밝히고 있다. 북한이탈주민의 성격적 특징과 관련된 연구에서 김현아(2004)는 사회적응기관에서 품행 장애를 보인 이탈주민들의 특징을 살펴보고자 하였고, 이를 통해 잠재적인 적응 취약자에 대한 대책을 마련하고자 하였다. 북한이탈주민 가족 관계 연구에서 김영수(2000)는 북한이탈주민들이 남한 생활 경험 부족, 언어 문제, 대인 관계의 어려움, 문화적 충격 등으로 인한 어려움이 있는 상황에서 부부 문제, 자녀와의 관계, 경제적 어려움 등이 있음을 실제적 사례를 통해 보여주었다.

남한 주민과 관계 맺기 혹은 비교를 통한 사회통합 방안 제시 연구에서 한성열 외(2007)는 북한이탈주민과 남한 주민 간에 대인 관계 프로그램을 진행했을 때 남한 주민은 북한이탈주민에 대한 신뢰감이 더욱 높아지는 것을 검증하였다. 양계민 외(2005)는 북한이탈주민과 접촉 경험이 있을 때, 남한 주민은 부정적 인식이 증가하기도 하고, 긍정적 인식이 증가하기도 한다고 주장하는데 이는 북한이탈주민과 접촉하는 집단의 성격에 따라 다를 수 있다는 것이다. 예를 들어 북한이탈주민 담당 보호 형사의 경우에는 북한이탈주민에 대한 신뢰와 수용의 정도가 낮았고, 대안학교 교사인 경우에는 북한이탈주민에 대한 긍정적인 정서와 높은 신뢰와 수용 정도를 보였다고 이야기한다. 이러한 결과는 북한이탈주민의 접촉 양상이 북한이탈주민에 대한 신뢰와 수용을 높여주는 것이 아니라, 정서적 요인이 중요하기 때문에 북한이탈주민 정착지원을 돕는 담당자들을 선발할 때 고려해야 하는 요소라 주장하고 있다.

엄태완(2005)은 남한 주민과 북한이탈주민의 정신 건강 비교연구를 통해, 무망감(노력에도 불구하고 생활이 나아지지 않을 것)을 북한이탈주민이 남한 주민보다 더 높게 자각한다고 보고하였다. 또한, 이러한 지속적인 무망감은 우울증을 유발할 수 있음을 지적하고 있다. 따라서 이러한 정신 건강적 차이에 따라 단계별로 개입이 필요함을 주장하고 있다.

또한 북한이탈주민 정착지원 제도가 자리를 잡아가는 시점에서 정책의 평가와 관련된 연구들, 정착을 지원하는 단체들에 대한 연구가 진행되었다. 안혜영(2001)의 연구에 따르면 북한이탈주민 정착지원에 있어서 북한이탈주민을 구호의 대상으로 보는지, 사회통합으로 보는지에 따라 정책의 방향이 달라져야 함을 논의하고 있다. 또한, 북한이탈주민 스스로 자립할 수 있도록 정책을 설정해야 하며, 경제적, 사회적, 심리적 측면에서의 접근이 필요함을 주장한다. 이에 사회복지 서비스는 인간의 사회적 기능회복과 삶의 질 향상을 목적으로 해야 함을 주장하고 있다. 백영옥(2002)은 중국 내 탈북여성을 지원하는 것에 대해 논의하고 있는데, 탈북자의 난민 지위 확보를 위해 노력해야 하고, 탈북자들이 강제 송환되지 않도록 해야 하며, 북한의 탈북자 처벌 중단과 여론 형성을 통해 북한에 대한 인도적 지원이 필요함을 주장하고 있다. 또한, 인신매매 중단 및 결혼의 합법성을 인정하고, 임시 보호시설을 지원해야 함을 밝히고 있다. 강성록 외(2001)는 자원봉사자들의 탈북자 지원 경험을 분석하였는데, 민간자원봉사자와 비교했을 때 공무원, 신변보호관 등은 긴장도가 높음을 알 수 있었고, 자원봉사자라고 할지라도 북한이탈주민에 대한 사전교육이 필요함을 역설하고 있다. 또한 사회경험이 풍부한 자원봉사자들이 탈북자 지원에 있어 중요한 자원임을 주장하고 있다.

한편, 2000년대에도 상당한 수의 북한이탈주민이 입국했기 때문에 북한이탈주민의 사회통합과 관련된 연구, 정체성 연구들이 진행되었다. 2020년 전후 무렵 이에 대해 정리된 연구동향 분석 자료들을 참고하면, 김안나 외(2019)에 따르면 북한이탈주민의 사회통합에 있어 중요한 키워드는 북한이탈주민 인식, 현 북한사회 이해, 북한이탈주민의 일반적 특성, 거시 · 중도 · 미시적 접근, 심리 · 사회적 위기, 정체성, 적응, 삶의 만족도, 통일 인식, 통일 교육, 분단 현실, 통일 이후 상황 등이었다. 이화연(2022)은 북한이탈주민의 정체성과 관련된 연구를 학술 분야, 주제별, 정체성 유형별, 정체성 영향요인 등으로 범주화하여 고찰하였는데, 북한이탈주민의 정체성 연구가 북한이탈주민의 특성만을 밝혀내려는 이분법적 시각이 아니라 한국 사회에서 존재 이유와 사회적 역할을 발견해 줄 수 있는 방향으로 나아가야 함을 주장하고 있다. 2010년 전후의 주목할 만한 연구는 북한이탈주민 추적 연구(김병창 외, 2010; 민성길 외, 2010; 전우택 외, 2009), 사회적 배제(김광웅 외, 2011), 북한이탈주민 탈북 동기 척도(손영철 외, 2018), 북한이탈주민의 외상 후 성장과 문화적응(김태국 외, 2012), 북한이탈주민의 외상 후 스트레스 증상 척도 개발(윤여상 외, 2007) 등과 관련된 연구라 할 수 있다.

### 3) 2010년대 이후 연구 동향

2010년 이후 북한이탈주민 연구는 북한이탈주민을 하나의 집단이 아닌 개인으로 보고 다각도로 조망하기 시작했다는 특징이 있다.[1] 김성경(2011)은 북한이탈주민의 이주와 정착에 있어 행위수행과 구조의 관계를 이론화한 사회구성론과 인류학적 방법으로 연구할 것을 제안하는 새로운 패러다임을 제시하였고, 강채연(2018)은 정체성 이주라는 개념을 활용하여 외적 요인(타자화된 정체성, 외부정보의 혼란, 생존 등)에 의한 다양한 정체성의 변화가 다수의 국가경계와 공간을 넘나들며 이주를 가능하게 하는 특유의 이주 현상이 있음을 주장하였다. 특별히 북한이탈주민 중에는 여성의 비율이 높은데, 북한이탈주민 여성에 대한 세부적인 분석 연구는 미시적 연구의 새로운 지평을 열었다고 할 수 있다(신난희, 2018a, 2018b; 신효숙, 2020; 이수정, 2020; 이지연, 2020; 최희 외, 2020). 그리고 다른 연구들에서는 이론을 토대로 북한이탈주민을 설명하려는 시도가 있었다. 즉, 북한이탈주민 개인은 이방인이자 경계인이라는 정체성을 갖기도 하고, 초국적 이주의 관점에서도 북한이탈주민을 바라보기 시작했다. 이와 관련 경계인, 접촉지대, 환대의 관점에서 북한이탈주민과 관련된 선행연구를 살펴보면 다음과 같다.

첫째 경계인 연구에서 경계인은 두 문화에 속해 있지만 '두 사회 속에서 완전히 융화되거나 흡수될 수 없는 사람들'을 지칭하는 말이다. 이에 경계인인 북한이탈주민 연구는 김영순(2014) 연구에 따르면 생활 영역 속에서 경계 짓기 및 경계 넘기를 지속한다고 주장하고 있다. 연구자는 인천시 남동구 논

---

[1] 이 외에 100명 이상의 북한이탈주민 설문조사를 통해 북한의 경제 상황 등을 분석한 양적 연구 등도 주목할 필요가 있다. 이런 연구들의 본질은 북한 시장 연구이지만, 북한이탈주민의 남한정착 이전의 경제관을 다소 객관화하여 파악할 수 있다는 점에서 북한주민뿐 아니라 간접적이나마 북한이탈주민의 이해를 도모하는 연구로 볼 수 있다. 김병연, 양문수(2012); 한기호(2014) 자료를 참고.

현동에 7년 동안 거주하면서 그들을 관찰하였고, 2013년에는 3개월 동안 북한이탈주민 6명을 심층 인터뷰하여, 경계 짓기·넘기를 쉐프터의 네 가지 낯섦 개념 유형으로 분류하였다. 이를 통해 북한 이탈 경로, 하나원 교육 동기 등이 학연, 지연보다 경계 짓기에 중요한 요인이라 주장했고, 경계 넘기의 경우 북한이탈주민 스스로 봉사 활동 단체를 구성하여 지역 사회에 기여하는 것으로 분석하였다. 이 외에도 김성경(2014)과 윤보영(2015) 연구에 따르면 경계인적 성격은 북한이탈주민의 삶의 주기에도 영향을 미치며, 이들을 바라보는 새로운 시각을 제시하기도 하였다.

둘째, 접촉지대와 북한이탈주민 연구는 다음과 같다. 접촉지대란 역사, 지역, 문화, 이데올로기적 분리를 경험한 주체들이 "오늘날 세계 속 권력의 높은 비대칭적 관계적 맥락 안에서 서로 만나고, 충돌하고, 해결하려고 노력하는 사회적 공간"을 말한다(Pratt, 1991). 프랫은 문화횡단(transculturation)이라는 개념을 통해 변경에 종속된 사람들이 지배적이거나 식민지 본국으로부터 전해지는 문화를 온전히 수용하는 것이 아니라 자신들의 입장에 따라 선택적으로 수용한다고 주장한다. 즉, 접촉지대에서 상대의 담론이 전달되는 현상을 차단할 수는 없지만, 상대 문화와 담론 중 어떤 부분을 자신의 삶 속에 포함시키고, 어떤 의미를 갖게 할 것인지 다양한 범주에서 결정할 수 있게 되는 것을 뜻한다는 것이다(김남혁, 2015). 이러한 접촉지대에서의 문화 수용과 담론 형성은 어느 한쪽이 일방적으로 영향을 준다기보다 접촉지대에 속한 양측 모두가 서로에게 영향을 주고받는 것을 의미한다.

이 접촉지대는 지리적 공간이자 사회적 공간이 될 수 있는데, 접촉지대와 북한이탈주민 관련 연구로는 지리적 공간인 인천 남동구 논현동의 사례 연구 및 지리적 공간과 공간의 제도 유무에 따른 남북한 마음 통합 연구가 있다. 첫째, 접촉지대에서 이질적인 두 집단인 북한이탈주민과 남한 주민이 조우했지만, 통합으로 나아가기보다 새로운 형태로 경계가 재구성되고 있음을 주장한 연구이다. 이수정(2014)은 인천 남동구 논현동 임대아파트를 '작은 북한'이라 명명하고, 남북한 출신 주민의 접촉지대로 상정하여 연구를 진행했다.[2] 연구방법론은 인류학 연구방법론인 민족지적 현장연구(ethnographic fieldwork) 방법론을 실시하였다. 임대아파트를 소수의 남한 출신 '무주택 서민'과 북한 출신 '북한이탈주민'들이 거주하는 기획된 주거공간으로 보았고, 서로 간섭이 심하지 않고, 다르거나 적대적인 문화 속에서 불평등이 존재하는 공간으로 특징지었다. 갈등의 양상을 문화, 남북 정치 긴장 및 위계, 정부 지원 정책에서 오는 갈등으로 분류했고, 연구결과 '작은 북한'에서 남북한 출신 주민의 위계와 서로 다른 방식의 문화번역으로 경계가 (재)구성되고 있음을 주장하였다. 둘째, 남북한 마음 통합 체계를 마련하기 위해 인천 논현동 남동구, 영국 뉴몰든 지역, 개성공단 등 다양한 접촉지대를 상정하여 진행된 연구이다. 이우영 외(2016)는 남북한 접촉지대에서 남북한 마음체계 이론을 구축하기 위해 먼저 북한적 마음체계 이론의 개념을 정리한다. 접촉지대는 프랫의 접촉지대(contact zone)개념을 사용하여 '장소'와 '제도화 및 비제도화'를 활용하여 접촉지대를 구분하였다. 마음체계에 대한 개념은 마음을 철학적, 개념사적으로 정리하였다. 접촉지대 연구를 통해서는 인천 논현동 지역 거주자를 중심으로 주민들의 갈등과 협상, 태도 차이, 노동 부분의 심층면접 등을 실시하였다. 또한, 영국 뉴몰든 지역에서 남한 출신과 북한 출신 상호인식 연구, 개성공단 근로자에 대한 남한 주민 태도 연구, 대북 인도적 지원과 남북한 마음의 통합, 협상 과정인 고위급 회담에서의 상호인식 변화를

---

2  연구프로젝트 보조원이 현장에 3개월간 상주하면서 관찰, 공식, 비공식 인터뷰를 하였고, 마지막 일주일에는 남북출신 주민 각각 10명과 공식 면접을 실시하였음.

연구하여 경험적 연구결과를 정리하였다. 연구결과로는 북한적 마음체계 지층구조 및 마음통합이론을 제시하였다.

마지막으로 환대와 북한이탈주민 연구는 다음과 같다. 환대는 주인이 손님을 환영하는 것이고, 토박이로 이방인을 받아들이는 것이고, 주체로서 타자를 수용하는 것이다. 즉 '주인·토박이'라는 주체와 '손님·이방인'이라는 타자가 존재할 때만 사용할 수 있는 개념이다. 데리다는 이방인이 환대받을 부분적인 권리를 관용이라고 정의했고, 관용의 한계를 넘어 무조건적 환대로 나아가야 함을 주장했다(김애령, 2008). 칸트는 데리다와는 달리 조건적 환대를 주장한다(최진우, 2017). 홍용표 외(2019)는 환대를 수평성, 탈경계성, 공생성이라는 세 가지 속성으로 분류하여 북한이탈주민의 환대의 가능성을 연구했다. 수평성은 2014년 국가인권위원회 '북한이탈주민에 대한 국민 인식 및 차별실태조사', 탈경계성은 사회문화 거리감을 주제로 서울대학교 통일평화연구원의 '2018년 통일의식조사' 자료를 분석하여 결론을 도출하였는데, 한국 사회 속 북한이탈주민에 대한 환대 수준은 매우 낮은 것으로 연구되었다.

2010년 이후 북한이탈주민 연구의 또 다른 특징은 북한이탈주민을 지원하는 북한 출신 실무자들에 대한 연구가 진행되었다는 것이다. 북한이탈주민 정착지원 실무자 연구는 정착지원 업무 분류 및 업무만족도 연구(김연희외, 2012: 노경란, 2010), 정착지원 실무자인 상담사, 교사 등의 소진 연구(노인숙 외, 2012: 윤석주 외, 2015), 역량 강화 연구(윤여상 외, 2008: 전연숙, 2015), 정착지원 실무자들이 인식하는 북한이탈주민에 대한 연구(이장호, 1997, 2008: 전우택, 2000: 홍순혜 외, 2003), 사회통합을 위한 정착지원 연구(이민영, 2015) 등이 이루어져 왔다. 이후 남한 출신 정착지원 실무자의 한계를 극복하기 위해 북한 출신 실무자 연구가 진행되었다. 북한 출신 실무자 연구의 특징은 북한 출신 실무자들이 북한이탈주민과 '라포(rapport) 형성'이 더 쉽기 때문에 남한 출신 상담사보다 장점이 있으며(김병욱, 2011), 북한 출신 실무자들도 북한이탈주민의 정착을 지원할 때 더욱 보람을 느낀다는 것이었다(김영경 외, 2009). 또한, 북한 출신 사회복지사 연구에서는 북한 출신 사회복지사가 북한이탈주민의 정착을 지원할 때 직업 정체성과 동질성 사이에서 갈등하지만, 사회복지 부문의 전문성 확보를 통해 문제 해결을 노력한다고 보고하고 있다(이민영 외, 2016). 한편, 북한 출신 실무자의 장점에 대한 질적 연구뿐 아니라 양직 연구와 질적 연구를 통해 직업적 심리특성이라고 할 수 있는 직업적 자기효능감, 회복 탄력성, 소진 등의 수준을 남한 출신 실무자와 비교하고, 어떤 부분에서 그런 결과가 나왔는지를 논의하는 논문도 발표되었다(손인배, 2022).


## 3. 북한이탈주민 연구의 평가와 과제

이처럼 북한이탈주민 연구 동향을 1990년대부터 현재까지 시기적으로 살펴보고 평가한바, 북한이탈주민 연구는 제한된 대상과 환경적 한계에도 불구하고 제도적 영역에서 시작하여 개인의 영역으로 확장되었다고 평가할 수 있다. 이러한 변화는 다문화 시대를 맞아 개인이 가지고 있는 특징이 공동체적 문화 형성에 중요한 요인이 된다는 점과 맥락이 닿아있다. 따라서 이제는 북한이탈주민을 집단으로 보는 견해에서 나아가 새로운 세대로 등장한 북한이탈주민 '다음 세대'에 주목할 필요가 있다. 또한, 이미 1990년대 북한이탈주민 연구에서 다루어진 바 있는 정신 건강에 관한 연구, 2000년 이후 진행된 탈북청소년 진로설정과 사회통합에 관한 연구도 이들의 탈북 동기의 다변화 및 탈북과정에서의 출생지 등을 비롯한 유년기 환경에서의 다이나믹스를 충분히 고려한 연구로 변모될 필요가 있다.

다만, 고려해야 할 것은 〈그림 1〉에서처럼 최근 10년간 탈북청소년과 관련한 국내 유입 동향이다. 북한의 김정은 체제 등장 이후 탈북청소년의 국내 유입의 감소 추세하에서도 제3국 출생 탈북학생들의 비율은 꾸준한 증가 추세에 있다는 것이다. 이와 같은 변화가 향후에도 계속될 것이라 단언할 수는 없지만, 흔히 미디어에서 등장했던, 북한체제를 몸소 입은 채로 한국 땅을 밟았던 북한이탈주민을 인터뷰이(interviewee)로 접촉해왔던 연구자들에게 일련의 당혹감을 선사하는 것만은 분명하다.

〈그림 1〉 연도별 탈북학생 유입 추이와 제3국 출생 탈북학생 비율 변화

연도별 탈북학생 수 변화

2022명  2183명  2475명  2517명  2538명  2538명  2531명  2437명  2287명  2061명

2013년  2014  2015  2016  2017  2018  2019  2020  2021  2022

중국 등 제3국 출생 탈북학생 비율 변화

41.50%  44.80%  50.50%  52.30%  56.60%  60.30%  61.20%  62.80%  65.50%  69.20%

2013년  2014  2015  2016  2017  2018  2019  2020  2021  2022

자료출처: 한국교육개발원 탈북청소년지원센터

자료 : 한국교육개발원 탈북청소년지원센터

어린 시절 북한을 떠났거나 제3국에서 출생한 이들의 경우, 남한 출신의 청소년 혹은 청년들과 유사한 보편적인 특성이 있는 한편, 북한과 중국 또는 제3국을 경유하면서 체득한 경험적 특성을 동시에 지니기도 한다. 북한 태생 북한이탈청소년들은 떠나왔으나 돌아갈 수 없는 고향, 북한에 대한 일종

의 '한반도 디아스포라'의 정서가 남아 있는 것과는 달리, 대안학교에 재학 중인 제3국 태생 북한이탈청소년들이 "우리는 '탈북청소년'이 아닌 '중국청소년'"이라고 주장[3]하는 것을 부정하거나 한국인의 정체성을 강제하기도 어려운 것이다. 이와 같은 변화는 국내 탈북 대안학교의 지형을 변화시키고 탈북민 정착지원 제도에까지 영향을 미치고 있다. 결론적으로 해당 청소년들의 우리 사회 정착에 관한 연구는 이들의 환경을 둘러싼 분단구조와 탈북 현상의 맥락과 떼어내어 다뤄질 수는 없을 것이다.

결국 이들이 우리 사회 적응기에서 겪는 어려움은 통일을 지향하는 과정에서 부딪칠 수밖에 없는 남북주민 간 심리적 갈등과 충돌에 대한 대응 능력을 우리 사회가 시류에 맞게 능동적으로 키워야 함을 의미한다. 이들을 북한이탈주민 다음 세대라고 지칭하는 것이 적합한 것인가에 대해서는 물음이 남지만, 제3국 태생 탈북청소년은 북한이탈주민 다음 세대를 연구함에 있어 주요한 화두임에는 분명하다. 따라서 국내에 입국한 북한이탈주민 중에서도 청소년기인 '과도적 계층'을 벗어나 청 · 장년기의 대부분을 우리 사회공동체의 일원으로 함께할 이들에 대한 지속적인 관심과 연구가 필요하다. 여러 생애적 경험 속에서 북한이탈주민 다음 세대(포스트 북한이탈주민)가 지닌 특징은 이주민으로서의 개인적 정향을 지녔던 기존의 북한이탈주민과는 분명 다른 속성일 것이다. 이와 같은 특징을 면밀히 추적, 관찰하고 분석하는 작업은 향후 남북주민통합을 넘어 한반도에 머무르는 다양한 이주배경인과 제도적 영역을 연결하는 사회통합의 견지에서도 의미 있는 시사점을 제공할 것이다.

---

3   데일리안, 2015년 5월 23일 자.

제1부

제2장

# 탈북음악인들의
# 국내 활동 양상과 남겨진 과제

하승희

(동국대학교 북한학연구소)

# 1. 하나였던 음악, 두 개의 방향성

분단 이후 남한으로 탈북한 북한이탈주민들은 초기 귀순용사부터 탈북자, 새터민 등을 거쳐 2008년 법률 용어인 북한이탈주민까지 다양한 표현으로 지칭되어 왔다. 2023년 9월까지 3만 4천여 명의 북한이탈주민이 남한사회에 입국해 함께 살아가고 있다. 이 글은 두 명의 탈북음악인들에 대한 이야기이다. 탈북음악인들은 탈북 이후 남한에서 예술 활동을 지속하려 하지만, 녹록지 않은 현실 속에서 그 양상은 다르게 나타난다.

탈북음악인들은 북한에서의 전문예술 교육을 받고 남한에서 예술 활동을 지속해가는 데 많은 장벽이 존재한다. 먼저 북한의 음악 자체가 체제 선전과 유지를 위한 목적으로 활용되기 때문에 그 내용 또한 지도자 찬양, 체제 선전 관련 내용으로 주를 이룬다. 탈북음악인들은 남한에서 자신들의 정체성을 드러내거나 드러내지 않는 방식으로 음악 활동을 이어가면서도 수십 년간 주요한 레퍼토리로 연주해오던 음악들은 정작 남한 사회에서 배제될 수밖에 없는 속성을 지니고 있다.

북한의 음악은 1985년 남북의 최초 음악공연 교류를 통해 남한에 소개가 되었다. 남북은 동질성 회복 차원에서 함께 공유하고 있는 전통음악 중심의 교류를 진행했지만, 전통을 바라보는 시각 차이로 인해 분단된 세월 동안 다른 모습으로 발전해 이질성만 확인하는 계기가 되었다. 북한에서는 음악 또한 선전 선동의 수단으로 활용되고 있다. 이에 북한 음악의 대부분은 지도자 찬양 중심의 송가류로, 남북이 함께 부르거나 남한에서 소개하기에 부적절하다.

이러한 가운데 함께 부르는 음악들은 '아리랑'과 같이 민족 동질성과 하나 됨을 강조하는 노래들이다. 최근 청년들이 통일에 무관심한 것을 우려하면서 변화된 감수성을 반영하는 데 있어 당위론적 통일 강조는 지양해야 한다면서도, 역시나 음악에서는 통일의 방안이나 다양한 방향성이 논의되지 않는다.

남북음악의 교류나 남한에서 불리는 북한 음악의 경우, 여전히 같은 방식으로 '우리는 하나'라는 슬로건에 따라 지난 시기 남북의 음악공연 교류 때 주로 구성되었던 통일 관련 노래들을 소환하는 방식에 그치고 있다. 근본적인 문제점에 대한 고민 없이 과거의 프레임만 계속해서 답습하고 있는 가운데, 탈북음악인들조차도 다양한 예술적 시도를 통해 실력을 향상시키고 예술성을 확장시키는 데 현실이 제한하고 있는 실정이다.

탈북음악인들이 남한 예술 활동을 지속하는 데 어려운 점은 레퍼토리의 문제뿐만 아니라 남한 사회의 인식도 포함된다. 언론에서 보도되는 북한 관련 뉴스에서는 김부자의 독재와 전횡, 핵 개발과 미사일 발사 소식에 집중되고, 미디어에서는 순진하고 미숙한 인물로 묘사되는 탈북여성들이 폭압적이고 야만적인 북한 당국을 고발한다.

두 탈북음악인들의 이야기를 통해 남한사회에서 예술 활동을 지속해 나가는 과정을 살펴보고 이들이 남한 사회에서 자유로운 예술 활동을 하기 위해 필요한 것들을 탐색해보고자 했다. 탈북음악인들이 현실에서 겪고 있는 어려운 점들과 함께 향후 남북이 음악 교류로 이어지는 데 필요한 부분도 살펴보고자 한다.


## 2. 클래식과 민족 음악, 두 음악인 이야기

2023년 여름, 연구자는 클래식과 민족 음악을 다루는 두 음악인들을 만났다. 카페에서 진행된 1시간 30분 남짓의 인터뷰를 통해 두 음악인들은 각각 음악을 처음 접하게 됐던 때부터 탈북 이후 현재까지 남한에서의 삶의 이야기를 들려주었다. 두 음악인은 평양 출신이며 평양 소재의 음악대학에서 전문 음악교육을 받은 소위 엘리트 음악인이다. 음악인들은 모두 북한에서 음악 활동 경험이 있으며 현재 남한에서는 예술 활동을 지속하고 있다.

두 음악인과 연구자는 이전부터 음악을 계기로 친분이 있다. 음악인 A 씨는 2021년 학술회의장에서 발표자로 만났고, 이후 음악이라는 공통의 관심 주제로 정보를 공유했다. 음악인 B 씨는 2021년 통일 관련 주제의 공연을 함께 준비하며 알게 되었다. 이후 몇 차례 공연과 함께 음악 관련 콘텐츠 제작에 함께 참여했다. 이 연구를 수행하기 위해 생명윤리심의기관에서 연구윤리와 관련해 IRB 심의절차 및 승인[1]을 거쳤다.

---

1　IRB 승인번호 DUIRB-202304-23.

| 구분 | 전공 | 출신 지역 | 입국 연도 | 주요 예술 활동 | 북한 경력 | 남한 경력 |
|------|------|-----------|-----------|----------------|-----------|-----------|
| 음악인 A | 클래식 | 평양 | 2014 | 연주 · 강의 | 20년 | 6년 |
| 음악인 B | 민족 음악 | 평양 | 2006 | 연주 · 강의 | 15년 | 17년 |

음악인 A 씨가 처음 음악을 접하게 된 계기는 부모님의 권유였다. 집안에 음악 전공자는 없었지만 어릴 때부터 받았던 음악 전문 교육이 계속 전공을 지속하게 했다. 이후 인민학교와 예술 전문학교를 거쳐 평양의 음악대학에서 클래식 기악을 전공했다. 남한의 대학원에 해당하는 박사원을 졸업하고 교수로 근무하였고, 해외에 예술 전문가로 파견되는 등 20년 동안 예술 분야에 종사했다. 음악인 A 씨는 2014년 남한에 입국한 이후로 남한에서 예술 활동을 지속하게 된다. 현재까지 남한에서의 예술 활동 경력은 6년이다.

음악인 B 씨도 예술대학에서 민족 음악 기악을 전공했다. 이후 군 입대를 하게 되었고 군 소속 선전대에서 경제 선동 등을 통해 예술 활동을 지속했다. 이후 2006년 남한 입국 이후 가수 데뷔를 위해 기획사 오디션을 통해 데뷔 준비를 하는 과정에서 남북관계 악화로 프로젝트가 무산되었고, 그 과정에서 북한에서 전공했던 소해금 악기를 다시 접하게 되면서 연주자로 활동하게 되었다. 음악인 B 씨가 현재까지 남한에서 예술 활동을 한 경력은 17년이다.

연구자는 두 음악인들과의 인터뷰를 통해 음악인들이 탈북 이후 남한에서 음악 활동을 하는 과정을 기록했다. 공연 활동을 시작하게 되는 계기부터 레퍼토리를 선정하는 과정과 이들의 음악을 듣고 찾는 남한사람들의 인식, 그리고 남한에서 음악인으로 살아가는 이야기들을 담아내고자 했다.

## 3. 남한에서의 두 음악인

### 1) 교회와 미디어

북한의 사회주의 헌법 중 공민의 기본권리와 의무에는 신앙의 자유가 있고 종교의식이 허용된다고 명시되어 있다. 하지만 북한에서의 종교는 실체 없이 헌법상으로만 존재한다. 음악인 A 씨는 기독교와 교회를 남한 입국 이후 하나원에서 처음 접하게 된다. 하나원은 북한이탈주민들의 정착지원을 돕기 위한 교육기관으로, 기독교 외에도 많은 종교단체들이 하나원을 정기적으로 방문하여 종교 활동을 펼치고 있다.

음악인 A 씨는 2014년 남한 입국 이후로 2018년에 처음 정식 공연의 기회를 가질 수 있었던 것은 교회를 통해서였다. 2019년 교회를 통해 미국 시카고와 LA에서 한인회를 대상으로 순회 연주를 할 수 있는 기회를 얻게 된다. 이때 파견된 선교사분들과 함께 미국의 교회를 다니며 북한이탈주민들의 간증과 연주, 노래를 함께 했다.

"2018년, 19년도에 내가 미국 시카고하고 LA에서 한인회 순회 연주했거든요. (중략) 2019년도에 그다음에 그때 이거 처음에 시카고에 갔었고 … 그러니까 이게 선교사분이 우리 탈북민들 간증도 하면서 이것도 장본인들인데 그래서 나는 연주도 하고 그래 가지고 가서 연주를 미국에 OOO 교회라고 거기 가서 거기서 파견했던 선교사님이거든요. 그래 가지고. 그다음에 좀 OOO 교회에도 좀 다녔고 그다음에 이렇게 좀 다녔어요. 근데 내가 기억이 이 교회 이름까지는 음악 나오는데 그게 처음으로 미국 간 케이스고. 그다음에 미국 간 게 그때 이 우리가 탈북민들 간증도 하면서 연주도 노래도 한다고. 가서 가는 도중에 LA 잠깐 들렀어요." (음악인 A)

한국의 많은 교회들은 북한을 미 선교지역으로 보며 북한지역의 선교를 목표로 하고 있다. 북한이탈주민들은 북한에서 종교기관에 접근하거나 종교를 직접 접해본 경험이 전무하다. 북한이탈주민의 종교경험은 탈북 이후 제3국 또는 남한에서 이루어진다. 음악인 A 씨 또한 탈북 이후 하나원에서 종교를 처음 접한 이후로 종교단체와의 연계를 통해 물적 지원과 심리적 지지를 받았다. 특히 음악인 A 씨가 삶을 살아가는 데 있어 많은 시간과 노력을 투자했던 음악을 남한 사회에서 계속 지속하며 생활을 유지해나갈 수 있게 하는 데 교회가 큰 역할을 한 것을 알 수 있다.

음악인 A 씨는 우연한 기회에 TV에 출연하게 된다. 음악인 A 씨가 출연한 프로그램은 채널A 프로그램 「이제 만나러 갑니다」로, 이 프로그램은 '대한민국의 국민으로 정착한 탈북 미녀들'을 대상으로 '남한사회의 오해와 편견'을 극복하고 '남과 북의 화합을 모색'하는 소통 버라이어티 프로그램을 지향하고 있다.[2] 방송에는 북한이탈주민과 전문가, 방송인 등이 함께 출연하며 북한에 대한 다양한 주제로 이야기를 끌어간다. 음악인 A 씨도 2020년 이 프로그램에 처음 출연하게 된다. 프로그램이 방영된 이후 음악인 A 씨에게 많은 공연 제의가 들어오게 된다. 이전에 친분이 있었던 지인과 다시 연락이 닿게 되면서 일본 공연 제의를 받게 된 것이다.

"제가 그때 이 집 만나러 갑니다. 출연했고. 그게 2020년이네요. 내가 처음이자 마지막인데 이제 만나러 감독 출연한 거. (중략) 어쨌든 5월달에 출연했는데 그게 20년인지 그래 가지고 그게 알려져 가지고 그때 그 가이드분이 미국 조리사거든요. 그러니까 미국 조리가 협회 회원이고 지금 제주도에서

---

2  채널A 프로그램 「이제 만나러 갑니다」 홈페이지.

사는데 그때 알았는데 거기서 그때 그걸로 끝났는데 그다음에 이제 만나러 갑니다. 다시 나오니까 그다음에 나중에 연락 왔더라고. (중략) 일본에서 나 이제 만나러 갑니다, (출연했던 방송을 보고) 이렇게 많이 우선 감동받아 가지고 좀 (공연) 하면 어떻겠나."(음악인 A)

미디어를 통해 음악 활동이 이어질 수 있었던 것은 음악인 B 씨도 마찬가지이다. 북한 민족악기 전공자인 음악인 B 씨의 남한에서의 연주 활동은 탈북 이후 남한의 한 기획사에 오디션을 본 이후부터 시작된다. 음악인 B 씨는 남한에 소해금이라는 악기와 함께 올 수 없었다. 그래서 기획사에 오디션을 본 것도 트로트 가수가 되기 위해서였다. 오디션에 합격하고 기획사에 소속되지만, 갑작스러운 남북관계의 악화로 진행하고 있던 프로젝트가 무산되게 된다. B 씨가 북한에서부터 지속해오던 음악 활동 자체가 무산될 수 있었다. 하지만 기획사가 B 씨의 북한에서의 연주 경력을 알게 되고, 소해금이라는 북한 개량 악기를 우연한 기회로 구할 수 있게 되면서부터 음악인 B 씨는 남한에서의 음악 활동을 시작할 수 있었다.

"처음에 제가 음악을 시작하게 된 거는 가수 OOO 씨 회사에 제가 이제 오디션을 보고, 가수 오디션을 보고 거기에 이제 캐스팅이 되게 됐어요. 그래서 원래는 이제 가수 준비를 하는 과정에서 … (중략) 2006년도 6월에 북한에서 1차 핵실험을 하면서 그 프로젝트를 접게 되었어요. 그러면서 한 거의 1년을, 거의 1년 동안은 이제 출구가 없으니까 회사에서도 가수로 데뷔를 시키려고 했던 사람인데 안 됐으니까 다른 걸 시킬 수는 없잖아요. 그래서 공백 기간이 한 그 정도가 됐었어요. 한 6개월 정도 그러다가 이제 회사에서 노래 말고 할 수 있는 게 뭐가 있냐 제가 이제 그 소해금이라는 북한 악기를 한다. 그렇게 돼서 회사에서 중국을 통해서 이제 악기를 들여왔더라고요. 그래서 OOO 씨의 앨범을 낼 때 그래서 제가 그때 OOO 씨의 앨범에 세션으로 참여를 하면서 시작이 된 거죠. (중략) 방송과 이제 콘서트를 같이 하면서 그때부터 이제 소해금 연주자로서 활동을 하게 되었고 … " (음악인 B)

"그때는 회사에서는 OOO 씨의 슬로우 곡이 첫 곡인 데다가 제가 하는 악기가 국내 없는 악기잖아요. 그래서 되게 홍보를 좀 굉장히 많이 했어요. 그러면서 저도 이제 굉장히 많이 부각을 받게 되었고 그러다 보니까 다른 연주자분들에 비해서는 제가 빨리 궤도에 올라가게 된 거죠. 그쪽이 좀 소문이 좀 많이 나면서 세션 쪽으로 좀 많은 일을 하게 되었죠. 다른 가수들 앨범에 이제 많이 참여를 하게 되었고 … " (음악인 B)

탈북음악인 B 씨는 다른 탈북음악인들과는 다른 기회를 가졌기 때문에 일반적인 경우와는 다르다고 설명했다. 보통의 경우는 예술학교에서 전문 교육을 받은 경험이 있는 북한이탈주민이 적을뿐더러, 남한 입국 직후 기획사로 바로 연결이 되어 오디션에 합격하고 방송 및 공연 활동을 시작할 수 있었던 것은 특별한 경우이기 때문이다. 실제로 탈북음악인들이 남한 사회 적응 과정에서 북한과 다른 체제로 인해 겪는 어려움이 크지만, 기획사에 소속된 B 씨의 경우 이러한 남한사회에서 겪는 어려운 과정의 시간을 단축시킬 수 있었다. 이러한 점에서 음악인 B 씨는 일반 북한이탈주민의 적응 과정과는 조금은 다른 모습을 보인다.

## 2) 남한에서의 북한 음악

남한에서 북한 음악을 듣는다는 것은 어떤 의미일까? 두 명의 탈북음악인들은 자신들이 남한에서 진행했던 음악 활동을 돌아보며 공연 준비나 과정에서의 느낀 점과 예술 활동 과정에서 레퍼토리를 어떻게 선정하는지에 대해 차분히 설명을 이어갔다.

음악인 A 씨는 공연에서 '아리랑'을 많이 연주했다. 이 곡은 남한과 북한이 정치성, 사상성을 떠나 함께 부를 수 있는 곡이기도 하고, 함께 부를 수 있는 곡 중 가장 많이 알려진 노래이기도 하다. 이 노래는 공연 섭외자도 그렇지만 음악인 A 씨도 직접 선곡하는 곡 중 하나라고 설명했다. 아리랑은 이전부터 남북의 음악공연 교류나 통일 관련 행사에서 단골 레퍼토리로 빠지지 않았다.

그 가운데 음악인 A 씨는 남한사람들이 가진 '북한이탈주민', '탈북음악인'이라는 편견, '북한 음악'에 대한 고정관념에서 벗어나기 위해 부단히 많은 노력을 하고 있었다. 음악인 A 씨는 북한이나 통일 관련 행사에서 북한음악을 연주하는 것은 편견이나 고정관념을 더욱 굳히는 것으로 생각했다. 레퍼토리를 구성할 때 북한 음악 대신 민요를 바탕으로 직접 편곡한 음악이나 창작한 음악, 서양음악이나 최신 유행 음악 등을 선곡하였다. 이러한 노력은 모두 북한에 대한 부정적 인식으로 자신까지 부정적으로 비치는 것을 바꾸기 위한 탈북음악인 A 씨의 노력이었다.

> "그러니까 어쨌든 여기 사람들한테 여기 사람들이 다 좋아하고 아는 곡들을 해야지 내가 이걸 한다고 하면 사람들이 반응이 없으면 안 되잖아요. 그러니까 나는 북에서 교육은 전문 교육을 받았지만, 클래식 쪽에서 서양음악을 여기 전문하는 사람들처럼 많이 소화를 못 했어요. (중략) 또 내가 북한에서 왔기 때문에 북한이라는 이미지가 나쁘잖아요. 내가 연주를 하지 않고 말로 들으면 사람들이 관심도 없어. 이 조금 그래서 연주를 해야 해서 이 사람이

잘 하구나 하고 인정하려고 보니까 내가 많이 그 곡에 신경이 그게 제일 최우선 가지죠.” (음악인 A)

음악인 B 씨도 기본적인 레퍼토리에서 홀로 아리랑, 까투리 타령, 뱃노래 등 주요한 민요 곡을 선곡한다고 전했다. 이 외에 창작 음악도 연주하지만, 음악인 A 씨와는 달리 특별히 레퍼토리 구성에 구애를 받지 않는다고 했다. 음악인 B 씨가 연주하는 북한의 민족악기 자체가 공연의 레퍼토리가 될 수 있다는 것이다. 북한의 악기는 남한에는 없는 희소성을 지니고 있기 때문에, 악기를 소개하는 것만도 관객들에게는 특별한 경험이 될 수 있다는 것이다.

하지만 희소성이 있는 만큼 북한의 민족악기가 잘 알려지지 않아 남한의 음악인들과 함께 협연을 하는 경우에는 곡이나 악기에 대한 이해가 전혀 없어, 함께 공연을 하고 싶어도 레퍼토리에 제약이 있다는 점을 전하기도 했다.

“처음으로 이제 대중적인 악기라고 하면은 예를 들면은 바이올린이다 하게 되면 바이올린 가장 표현할 수 있는 그런 기성곡들이 좀 있잖아요. 그런 것들을 기본적으로 좀 깔고 가더라고요. 예를 들면 피아노도 하고 하면 이제 피아노에서도요 이제 국제적으로 굉장히 유명한 곡들, 쇼팽 곡이라든가 이런 것들을 기본적으로 해야 하는 것들이 있잖아요. 그런데 제가 하는 악기는 그러한 구애를 받지를 않아요. 그러니까 제가 아무렇게나 제가 잘하는 곳 가서 해도 상관이 없어서 그래서 이제 프로그램 구성을 할 때는 저희가 이렇게 어려움을 느끼지는 않아요. (중략) 저랑 합동공연, 이제 홀로 아리랑 까투리 타령 그다음에 뱃노래 저희가 이제 창작곡도 있어요. 드래곤 드림이라고 용의 꿈이라고 해서 창작곡 이렇게 해서 하는 편이고” (음악인 B)

"이제 그쪽에서는 이제 좋은 악기에 대한 어떤 이제 어떤 지식이 없기 때문에 악기에 대한 저의 악기에 대한 어떤 그런 거는 없잖아요. 그분들이 제 악기를 잘 모르니까 그래서 저한테 많이 좀 우려를 하거든요. 무엇을 했으면 좋겠냐 오히려 이제 뭐 그렇게 하는 경우가 있고 보통은 이제 이제 그것도 이제 해금의 개량 악기라고 해서 해금 곡들을 많이 좀 이렇게 요구를 좀 하시더라고요. 그래서 그쪽에서 악보를 이렇게 보내주고 협의를 할 때는 그러니까 그분들이 이제 기준이 없기 때문에 그러니까 제 악기에 대한 그 사람들의 그게 (이해가) 없잖아요. 제 악기에 대한 그분들이 이해가 없기 때문에 그냥 해금을 기준으로 해서 해금 곡들을 저한테 많이 좀 추천을 하고 이런 곡들을 좀 연주를 협연으로 해 주시면 안 되겠냐 그래서 그런 곡들을 좀 하는 편이죠."(음악인 B)

연구참여자 B 씨는 레퍼토리를 구성할 때 대중들이 잘 알고 있는 노래를 선곡하는 것이 많은 호응을 끌어낼 수 있다고 설명했다. 기존에 없는 완전히 새로운 창작곡의 경우에는 대중들이 공감을 하지 못한다는 것이다. 대중들이 잘 아는 노래는 민요나 동요를 비롯해 과거 남북 음악공연 교류에서 레퍼토리로 자주 등장했던 통일 노래 등이었다.

"그러니까 이제 예전에 곡들 그다음에 동요라든가 이런 곡들을 가지고 와서 이 편곡자한테 부탁을 해서 하는 경우들도 있죠. 그러니까 이제 어차피 저희가 공연을 하게 되면은 대중들이 이해를 할 수 있는 곡들을 해야 되잖아요. 저희만의 리그는 아니기 때문에 그래서 그래서 이제 연령대가 공연을 하다 보면 어린 친구들도 있고 나이가 좀 드신 어른분들도 있기 때문에 그래서 그러한 곡들을 많이 찾아내려고 하죠. 그래서 이제 예전에 불렀던 오래전부터 불려왔던 이 동요라든가 전통 민요 이런 것들을 찾아서 새롭게 편곡을 해서 그렇게 하는 공연들이 좀 많죠. 무슨 오빠 생각 그다음에 뭐 제목이 갑자기 생각도 안 나고 고향의 봄 이런 것들은 사실 우리가 오래전부터 불러왔던 노래들이잖아요. 그다음에 반달가 이런 것 곡들은 예전부터 남과 북이 이제 불러왔던 곡들이고 그런 곡들 그리고 이제 뭐 그런 곡들을 하게 되면 이제 또 앉아 있는 관객들도 다 듣는 노래이기 때문에 함께 또 공유를 할 수 있는 곡들을 선곡을 해서 하는 편이죠." (음악인 B)

탈북음악인 A 씨와 B 씨의 인터뷰를 통해 음악인 개별의 연주 실력보다는 행사와 연관된 특정 레퍼토리나 북한 악기의 등장만으로도 성공적인 행사가 될 수 있는 사실을 조금은 회의적으로 인식하고 있음을 알 수 있었다.

## 3) 탈북음악인으로 남한에서 살아가기

음악인 A 씨는 남한에서의 음악공연 경험에 관해 이야기하면서, 남한 관객들이 북한 음악에 대한 반응이 별로 좋지 않다는 점을 언급했다. 아리랑이나 민요, 서양음악을 연주할 때는 관객들이 좋아하지만, 북한 곡은 싫어한다는 것이다. 탈북음악인이 북한 음악을 연주하는 것보다 민요나 통일 노래, 서양음악을 연주할 때 관객 반응이 더 좋다는 것은 관객들에게 친숙한 곡이 통한다는 것을 뜻하기도 한다.

음악인 A 씨는 남한의 피아니스트들과 견주었을 때 '북한' 출신 연주자이기 때문에 실력을 저평가하는 부분에 대해 똑같은 레퍼토리로 연주해야 똑같이 평가받을 수 있다고 전하기도 했다. 이를 위해 공연할 때 일부러 전략적으로 서양곡을 더 많이 구성하기도 하고 인정받기 위해서는 실력을 키워야만 한다고 이야기했다.

"외국곡으로 하면 좋아하고 북한 곡으로 하면 싫어하더라고 (그래요?) 싫어 한다는 것보다 별로 조금 아리랑은 진짜 좋아하더라고. 아리랑 좋아하고 민요도 별로 … 반응이 반응이 조금. 근데 '지새지 말아다오'는 또 좋아하더라고. 외국곡은 좋아하는데, 그러니까 이게 그러니까 한마디로 그러니까 어쨌든 여기 한국사람들은 피아니스트 하면 다들 서양곡들 알잖아요. 한국 곡을 안 하잖아요. 앵콜이라 했을 때 한두 곡씩 하는 줄 몰랐는데 나도 지금 여기 수준에 맞춰야 돼. 여기 사람들이 서양 나도 서양곡 해서 이 사람들을 견주어야 돼. 이 사람들보다 난 더 잘한다. 이걸 보여줘야 돼."(음악인 A)

음악인 A 씨는 남한에서 탈북음악인으로 살아가면서 어려운 점으로 북한과 다른 체제에서 나타나는 문제들에 대처하는 것이 어렵다고 전했다. 특히 예술 활동을 하는 과정에서 자신을 스스로 홍보해야 한다거나 다른 음악인들과 경쟁을 해야 하는 시스템에 많은 어려움을 토로했다. 음악인 A 씨는 북한에서 우리의 대학원 박사학위에 준하는 박사원을 졸업하고 음악 교수로 재직한 경력이 있다. 이 때문에 북한에서의 경력이 남한에서는 인정되지 않는 점을 아쉬워했다. 또한, 남한 체제 내에서 살아가는 음악인들의 삶, 그리고 경쟁 또한 이해하지만, 그동안 북한 내 사회주의 체제에서 수십 년간 살아온 음악인 A 씨로서는 쉽게 이해하지 못했다. 이와 함께 남한 사회 내 음악인들의 경쟁적인 삶, 적응 과정에서 스스로 현실을 살아내야만 하는 문제들에 대해 어려움을 이야기했다. 또한, 북한 음악가의 실력을 저평가하는 사회 분위기, 북한 음악인 경력인정 문제, 남한 내 음악인 사이에서의 과잉 경쟁 등을 어려운 점으로 꼽았다.

"아니 그러니까 예를 들어서 대학 나왔다면 대학교육을 통일부에서 인정을 하는데, 그러니까 나도 이번에 서울대 대학원 들어가잖았어. 근데 나는 북한에서 대학원 나왔거든. 그러니까 근데 그거는 인정 안 해주는 것 같더라고. 그러니까 대학원은 교수님 하려면 나와야 되잖아요. 그러니까 이게 한국하고 뭐가 다르냐면 여기는 석사 학사 석사 박사 따려면 대학원은 무조건 나와야 되잖아. 북한은 아니에요. 그러니까 대학원 안 나와도 석사 박사 따요. 논문만 제출하면 된다고. 대학을 안 나와도. 그러니까 대학원 자체 기능이 여기하고 다르다고." (음악인 A)

"내가 나를 홍보하고 이렇게 전단지 날리고 막 이런 사람이 있다. 뭐 이런 거 그런 건 없을 거잖아. 나중에 내가 나중에 뭐 제가 보인 거지. 그 정도로. 그러니까 공연 북한에서는 공연 활동을 할 때 연예인이나 이런 것도 북한 주도로 뭔가 만들어주는 거 그렇게 괜히 독창회 독주회 없어요. 여기 오면 무슨 뭐 외국에 갔다 오는 귀환 공연을 했던 그런 것도 없어요. 국가에서 개별 공연은 없어요. 그러니까 자체로 개인이 하는 그런 게 하나도 없다고 철저히 조직적으로 하는 거. 근데 이제 한국에서는 이제 불편한 것이 이제 그게 그런 시스템이 아니, 제 관리 불안해요." (음악인 A)

음악인 B 씨 또한 음악공연 활동을 지속해 나가는 과정에서 남한사회, 자본주의 사회에서의 경쟁과 상업성을 중요한 특징으로 강조했다. 이에 반해 사회주의 사회에서는 자본주의와는 다른 예술의 속성과 기능과 함께 음악공연 활동이 대가로 이어지지 않음을 지적했다. 음악인 B 씨도 A 씨와 같이 남한 사회에서 음악인으로 살아가는 것이 힘든 삶임을 언급했다. 특히 탈북음악인에 대한 국가적 지원이나 관련 정책이 없다는 것에 아쉬운 마음을 털어놓았다.

"다른 점은 굉장히 많죠. 첫 번째로 북한은 공연을 해도 돈을 못 받는다는 거. 한국은 이제 공연을 하는 것만큼 돈을 받는다는 거. 이거가 상업성이냐 상업성 아니냐가 굉장히 이 자본주의 사회에서는 굉장히 중요한 요소잖아요. 내가 자기가 뭐 재능이 됐든 뭐 힘이 됐든 기능이 됐든 기술이 되었든 그거를 발휘해서 그만한 이제 어떤 대가를 받는다는 건 자본주의 사회에서 경쟁력이 사회주의 사회에서는 그 음악 예술 활동 자체가 상업성이 아닌 국가 찬양이나 이런 것들로 이루어졌기 때문에 다른 점은 무한히도 많다고 봐요. 끝없이."(음악인 B)

## 4. 함께하는 음악을 위해

지금까지 두 탈북음악인의 이야기를 통해 남한사회에서 예술 활동을 지속해 나가는 과정을 살펴보고 이들이 남한 사회에서 자유로운 예술 활동을 하기 위해 필요한 것들을 탐색하였다. 아울러 탈북음악인들이 현실에서 겪고 있는 어려운 점들과 함께 향후 남북이 음악 교류로 이어지는 데 필요한 부분도 살펴보고자 했다. 탈북음악인을 통해 살펴본 이러한 기록들은 남북 주민통합 과정에서 작은 부분일 수 있지만, 우리 사회가 간과할 수 있는 남북한 간 분야별 통합의 특성을 일깨워주며 인식적·제도적 개선 과제에 대한 논의를 진전시키는 촉매 역할을 할 수 있다.

평양 출신이며 평양 소재 음악대학에서 전문 음악교육을 받았던 소위 엘리트 음악인인 두 음악인은 음악을 처음 접하게 됐던 때부터 탈북 이후 현재까지 남한에서의 삶의 이야기를 들려주었다. 이들은 탈북 이후 남한에서 교회와 미디어를 통해 음악을 다시 시작하게 되었다. 교회를 통해 종교단체와의 연계를 통해 물적 지원과 심리적 지지를 받았으며, 방송 출연을 통해 연주 의뢰를 받으며 음악 활동을 계속 이어갈 수 있었다. 실제로 탈북음악인들이 남한 사회적응 과정에서 북한과 다른 체제로 인해 겪는 어려움이 크지만, 음악인 B 씨의 경우 남한 입국 직후 기획사에 소속될 수 있는 계기가 되어 남한 사회에서 겪는 어려운 과정의 시간을 단축시킬 수 있었다.

　두 음악인은 공연 무대에서 민요를 주로 선곡했다. 남한과 북한이 정치성, 사상성을 떠나 함께 부를 수 있는 곡이기도 하고, 함께 부를 수 있는 곡 중 가장 많이 알려진 노래이기도 하다. 노래 선곡은 연주를 감상하는 관객들에게 많은 영향을 받았다. 연주자는 관객들의 호응을 의식할 수밖에 없는데, 이 과정에서 클래식 음악 전공자인 음악인 A 씨는 남한 연주자들과 똑같이 인정받기 위해 대중적이면서도 클래식 곡의 기초가 되는 서양곡들을 선곡했다. 남한의 피아니스트들과 견주었을 때 '북한' 출신 연주자이기 때문에 실력을 저평가하는 부분에 대해 똑같은 레퍼토리로 연주해야 똑같이 평가받을 수 있기 때문에, 이를 위해서는 전략적인 서양곡의 선곡과 함께 실력을 키워야만 한다고 이야기했다. 반면 음악인 B 씨는 북한의 민족악기라는 희소성 때문에 악기 자체만으로도 주목받을 수 있고, 남한사람들이 해당 악기에 대한 사전 정보나 이해가 없기 때문에 선곡에서 상대적으로 자유로운 모습을 보였다. 어떤 곡을 연주하더라도 신기한 북한 음악으로 통한다는 것이다. 그러한 가운데 음악인들은 남한사람들이 가진 '북한이탈주민', '탈북음악인'이라는 편견, '북한 음악'에 대한 고정관념에서 벗어나기 위해 부단한 노력을 하고 있었다. 이러한 노력은 모두 북한에 대한 부정적 인식으로 자신까지 부정적으로 비치는 것을 바꾸기 위한 탈북음악인들의 노력이었다.

　남한에서 탈북음악인으로 살아가면서 어려운 점으로 북한과 다른 체제에서 나타나는 문제들에 대처하는 것이었다. 탈북음악인들이 남한 체제에 따른 고충을 어느 정도는 예상하였음에도 불구하고 예술인 사회에서의 무한 경쟁과 경력인정의 제한, 국가의 예술인 지원 정책 등의 문제는 아직 어려운 부분으로 남아 있다.

북한에서 클래식과 민족 음악을 전공한 두 탈북음악인의 음악은 서로 다른 방식으로 같은 것을 요구받는다. 남한 관객들은 클래식에서는 서구 중심의 보편적인 부분을, 민족 음악에서는 북한에만 존재하는 북한스러움을 찾지만, 두 음악은 모두 북한이 고향인 '탈북'음악인이어야만 가능할 수 있다.

남북이 하나 되길 염원하는 통일 관련 행사장에서 탈북음악인들의 연주가 울려 퍼진다. 남한에서 탈북음악인들이 연주하는 북한 음악을 듣는다는 것. 우리는 이들의 연주를 통해 우리가 무엇을 듣고자 하고 보고자 하는지에 대해 진지하게 생각해 볼 필요가 있다. 다음 세대 남북주민통합을 위해 남겨진 하나의 과제이기도 하다.

# 제3장

# 장마당세대의 학교 조직생활
## : 북한의 집단주의 및 개인주의 문화 변동과 남북주민통합 과제

조진수

(연세대학교 통일연구원)

# 1. 북한에서 장마당세대의 집단주의 및 개인주의 문화 변동

진정한 통일은 국가와 체제의 통일만을 의미하는 게 아니라 남북주민의 사회문화적 통합을 의미하므로 통일 후 남북주민 간 사회문화적 갈등을 예측하여 통합을 미리 준비하는 연구는 반드시 필요하다. 그러나 남북한사회 문화 통합에 관한 대부분의 연구들은 1990년대 중반 고난의 행군 이후 변화하고 있는 북한사회를 반영하지 않은 채 고난의 행군 이전의 북한 모습을 모델로 갈등과 통합에 관한 연구를 진행했다. 이러한 원인은 고난의 행군 이후 서서히 진행된 북한사회의 미시적 변화가 외부 세계에 드러난 지 오래되지 않았기 때문이다.

예를 들면, 통일 담론을 말하는 사람들은 북한 주민들은 배급제에 익숙하므로 시장경제에 잘 적응하지 못하기 때문에 이러한 부분에 대한 사회문화적 통합방안을 마련해야 한다고 말한다. 그러나 그것은 약 25년 전의 일이며 배급제를 제대로 경험해보지 못한 장마당세대가 북한 인구의 20~40퍼센트 정도를 차지한다. 고난의 행군 시기에 북한 정부의 배급이 끊어지면서 자생적으로 장마당이 발달하게 되었으며 여기서 얻은 외부정보들과 한류의 영향은 북한 주민들 일상생활, 가치관의 변화에 큰 영향을 끼쳤다. 이러한 변화는 남북한의 사회문화적 차이를 줄이고 있다(이용희, 2020, 69-70).

본 연구는 이러한 문제의식 속에서 북한의 MZ세대인 장마당세대 가치관의 변화, 특히 집단주의를(인민교육, 2004/06/10) 본질과 생명으로 하는 사회주의 국가인 북한에서 개인주의 문화가 얼마나 자라나고 있는지를 살펴보고자 한다. 이를 위해 북한이 원하는 공산주의 인간형을 직접 만들어갈 수 있는 장소인 북한의 초·중등 학교에서 장마당세대 청소년들 사이에 자라나고 있는 개인주의 문화 양상을 추적해보고자 한다. 이러한 장마당세대의 가치관 변화 분석은 지금까지 장마당세대 이전 세대인 북한이탈주민에 초점을 맞춘 정착 정책에서 변화가 필요함을 의미하며 더 나아가 향후 통일 한국의 사회문화 통합 정책 방향에 대한 재조정을 의미한다.

그렇다면 장마당세대는 어떻게 정의할 수 있을까? 한국의 MZ세대가 밀레니얼 세대(1980~1996년생)와 Z세대(1997~2012년생)를 일컫는 말인 것처럼 북한에서도 비슷한 시기에 성장한 세대를 장마당세대라고 부른다.[1] 장마당세대는 현재 20대~30대 초·중반에 해당하는 북한 청년들로 고난의 행군 시기 혹은 그 이후에 어린 시절을 보내고 자라난 세대로 정의할 수 있겠다. 장마당 이전 세대는 국가가 모든 것을 챙겨주던 배급제 시대에 자라났으나 이들은 배급제를 제대로 경험하지 못했다. 어려서부터 모든 것을 스스로 챙겨야 했으며 자신의 미래는 스스로 개척해야 한다고 생각하며 자라온 세대이

---

[1] 북한은 공식적으로 20~30대 때 겪은 시대적 배경을 중심으로 혁명세대를 규정해 왔다. 혁명 1세대는 김일성과 함께 빨치산 투쟁을 한 항일빨치산세대, 혁명 2세대는 6·25전쟁과 전후 복구를 겪은 천리마 또는 낙동강세대, 혁명 3세대는 1970년대 3대 혁명소조운동을 주도한 혁명세대, 혁명 4세대는 1990년대 고난의 행군을 겪은 고난의 행군 세대. 북한 정부가 5세대를 지칭하는 용어를 공식적으로 발표하지 않은 가운데 장마당세대가 이를 대신하고 있다(홍석근, 2022).

다. 어린 시절부터 장사에 눈을 떠서 자본주의적 시장 감각이 체화되었으며 사회 곳곳의 하부 망에서 작동하는 미시적인 통제에 신경 쓰지 않고 대담하게 행동한다(LiNK, 2017). 이는 이론적으로 공산주의 국가인 북한에서 자본주의적인 장마당의 활동을 하기 위해서는 뇌물 등의 불법이 성행할 수밖에 없는 구조이기 때문이다. 또한, 장마당세대에게 큰 영향을 끼친 것은 어렸을 때부터 암시장에서 유입된 CD, DVD, USB를 통해 접한 한국, 외국 문화이다. 이들은 고난의 행군 이후부터 조심스럽게 외부 세계를 간접적으로 보고 느끼고 자라났다.

본 연구의 목적은 장마당세대의 학교 일상생활에서 특히 집단주의 문화를 대표하는 소년단과 청년동맹 조직이 어느 정도 약화되어 가고 있는지 추적하고자 한다. 또한, 이완된 집단주의 문화 사이에서 태동하는 개인주의 문화와 그 본질을 살펴보고자 한다.

선행연구로는 북한 정권수립 이후 집단주의에 관한 연구(통일인문학연구단, 2012), 집단주의 교육에 관한 연구는 꾸준히 이루어져 왔으며(김진환, 2010; 정혜정, 2004), 북한의 시장화 이후 북한 주민의 가치관 변화로 개인주의가 등장하고 있다는 연구(김창희, 2009; 박영균, 2021), 한국에 정착한 탈북청소년의 집단주의-개인주의 성향에 관한 연구(이정우, 2006), 북한의 학생정치조직인 조선소년단과 청년동맹에 관한 연구(김옥자, 2006; 문유진, 2018; 차승주, 2010; 최영실, 2010; 현인애, 2018)[2] 등은 진행되었던 반면, 북한에서 장마당 세대 사이에 약화되는 집단주의 문화 및 태동하는 개인주의 문화를 살펴본 논문은 찾기 어렵다.

본 연구는 고난의 행군 이후 북한 학교에서 약화되는 집단주의 문화와 태

---

2　이 논문들의 뒤 일부분에 고난의 행군 이후 조선소년단, 청년동맹과 같은 학생정치조직이 느슨해지고 있다고 언급하고 있다.

동하는 개인주의 문화 경향을 추적하기 위해 북한 1차 문헌조사와 질적연구 방법인 초점집단면접(Focus Group Interview, 이하 FGI)을 병행했다. 1차 문헌조사로, 북한의 학교 조직생활을 살펴보기 위해서 통일부 산하 북한자료센터에서 북한의 학교교육과 관련된 문헌인 〈사회주의 교육학〉(김일성, 1986; 교육도서 출판사, 1955; 사회과학원, 1975; 편집위원회, ca.1960s), 〈교원/교육신문〉,[3] 교사들을 위한 잡지인 〈인민교육〉을 광범하게 활용하였으며 〈노동신문〉과 다양한 〈사전〉도 살펴보았다. 북한 문헌은 유일사상체계확립 이후 당과 수령에 비판적인 내용이 허용되지 않으므로 고난의 행군 이후 북한 학교에서 약화된 집단주의 문화나 개인주의 문화 태동에 대한 직접적 자료는 찾기 어려웠다. 따라서 면밀한 행간분석이 필요했는데 특히 고난의 행군 이후 자주 등장하는 개인주의를 경계하는 기사의 행간분석을 했다.

북한 1차 문헌자료의 한계를 극복하기 위해 장마당 세대 북한이탈주민들과의 면접을 병행했다. 면접은 아주대학교 기관생명윤리위원회(IRB) 승인을 받았으며 면접 방법은 의도된 표집으로 FGI의 자유토론 방식을 이용했다. 비슷한 연구주제를 공유한 연구자들과 면접자들이 함께 ZOOM을 통해 FGI를 실시했는데 이는 서로 시간을 절약하며 면접자들의 자유토론 속에서 보다 일반화된 결론을 도출할 수 있다는 장점 때문이다(박민철·도지인, 2019, 23). 연구자 3명은 주 진행자 1인, 보조진행자 2인으로 역할을 나누어 면접을 진행했다. 즉, 자신이 주 진행자가 되었을 때 자신의 연구와 관련된 반구조화된 면접지를 준비해서 질문했으며 나머지 연구자 2명은 보조진행자로서 면접 후에 궁금한 점을 보충 질문했다. 본 연구자는 주 진행자로서, 본 연구주제에 부합한 3명과 집중적으로 FGI를 실시했다. 면접 대상자 3명은 고난의

---

3  1948년에 창간한 〈교원신문〉은 2004년 3월부터 〈교육신문〉으로 명칭이 바뀌었다.

행군 시기 이후 북한에서 유·소년기(초등, 중등학교)를 보내고 청년기에 이르러 탈북, 입남한 청년을 대상자로 선정했다. 면접자들의 기본 인적사항은 〈표 1〉과 같다.

〈표 1〉 면접 대상자 인적사항

| | 인터뷰 당시 연령(성별) | 직업 | 탈북시기 | 고향 | 북한 초·중등 재학 시기 |
|---|---|---|---|---|---|
| A | 30대 초반(남) | 대학교 재학 | 2017년 | 평양 | 2000년대 |
| B | 30대 초반(남) | 대학교 재학 | 2019년 | 남포 | 2000년대 |
| C | 20대 초반(여) | 대학교 재학 | 2018년 | 양강도 혜산 | 2000년대 후반 ~2010년대 후반 |

## 2. 개인주의, 자유주의, 집단주의, 공동체주의

### 1) 역사 속에서 각 개념의 사상적 뿌리

개인주의와 집단주의, 그리고 이와 연관된 자유주의와 공동체주의의 개념은 단일한 사상이나 이론으로 정립된 것이 아니며 다양한 정치 사회적 진화와 함께 발전해서 혼종적이며 복합적이다. 서구에서 출현한 개인주의 개념도 영국, 프랑스, 독일, 미국에서 서로 다른 의미로 사용되고 있는데 그 이유는 이 개념이 가진 역사적, 사회적, 문화적 배경이 다르기 때문이다(Lukes, 1973, 1). 여기에서 논하는 개인주의는 파생된 비주류적 개인주의가 아니라 근본 사상 뿌리인 영미권의 개인주의(고전적 자유주의)로 거슬러 올라가 분석하고자 한다.

북한이라는 집단주의 사회에서 태동하고 있는 개인주의 문화를 살펴보기 전에 먼저 개인주의, 집단주의뿐만 아니라 이와 관련된 자유주의, 공동체주의 개념과 사상적 뿌리를 살펴보고자 한다. 개인과 공동체 관계에 관한 기존 연구에서 대표적인 분석 틀로 사용하는 것은 개인주의와 집단주의, 그리고 자유주의와 공동체주의의 대립 구도이다(김동노, 2023).

먼저 개인주의의 사상적 뿌리는 유대-기독교에서 기원하고 있다(김수정, 2019, 15-16; 조진수, 2020, 69; Cho, 2023, 16-17; Dumont, 1986; Sidentop, 2016). 유대-기독교는 각 개인의 구원을 다루는데, 모든 속박으로부터의 자유를 강조하는 기독교의 신(神)은 노예나 피압박계층, 지배자나 귀족 모두 동등한 존재라고 말하며 다가온다(Dülmen, 2005, 22; Sidentop, 2016, 14-32). 즉, 인간을 고대 사회의 가족이나 부족에 대한 연대나 종속 상태에서 해방시키면서 자유롭고 유일한 인격체로 내면화시킨다(Laurent, 2001, 29). 긴 중세 시대 동안 신학자들과 철학자들에 의해 개인에 대한 새로운 존재론이 서서히 준비되어 가는 한편 개인화된 주체가 법의 근본적인 범주(교회법, 후에 세속법)로 자리 잡아간다(Laurent, 2001, 31). 16세기, 가톨릭 수사이자 신학자였던 루터(Martin Luther)는 종교개혁을 일으켰는데, 부패해진 가톨릭교회에 반발하면서, 교황이나 밭을 가는 농부나 모두 하나님 앞에서 평등하다고 주장하고 급진적인 개혁을 실행했다. 종교개혁의 영향으로 성경은 라틴어에서 독일어, 영어 등으로 번역되었는데 때마침 발명된 구텐베르크의 인쇄술 보급과 함께 많은 사람에게 급속도로 전파되었다. 이제 개인은 성경을 직접 읽을 수 있게 됨으로써, 가톨릭교회를 통하지 않고 직접 신과 대면하고 소통할 수 있게 되었다. 새로운 접근법으로 '근대'에 대한 깊은 통찰을 한 푸코(Michel Foucault, 2007, 45-46)는 권위에 대한 저항과 비판 정신은 종교개혁으로 보편화된 성경과 깊은 관계가 있다고 말한다. 기독교의 영혼 평등사상은 인간 자유의 보편성으로 연결되어 자연법의 기초를

닮았으며 프로테스탄티즘에서 개인의 평등과 자유, 양심에 따른 선택과 책임이라는 도덕적 의무는 개인주의 이상의 기본 틀이[4] 되었다.

오늘날 한국을 비롯한 아시아, 세계 대부분 국가는 서구 근대라는 문화를 적극적으로 수용하게 되어 근대국가를 만들었다. 인류 역사 속에서 동양과 서양은 끊임없는 상호 교류를 해왔다. 긴 역사에서 동양은 서양의 문명보다 앞선 적이 많았으며 서양은 동양의 선진문화들을 수용했다. 서양 문명의 양대 축 중 하나인 유대-기독교 문화도 로마제국이 고대근동(古代近東)(오늘날 중동지역)의 유대-기독교 문화를 헬레니즘 문화와 융합해서 적극적으로 받아들이고 그 체제에 편입한 것이다. 동양은 불과 200여 년 전 서양의 근대문명을 적극적으로 수용하게 되었다. 그 원인은 '개인'의 발명으로 형성된 서구 근대문명이 개인의 자유, 평등, 권리, 존엄이라는 인류 보편적인 가치를 확산하는 근간을 만들었기 때문에(백종현, 2019) 동양은 이에 적극적으로 편입하게 된 것이다.

서유럽은 고전주의 시대와 종교개혁을 거치면서 불과 200여 년 만에 전체론적인 구세계에서 신세계로 이행하게 된다. 이것은 '코페르니쿠스적 혁명'이다(Laurent, 2001, 41-42). 이제 개인은 공동체의 구성원이라는 전통적 위치에서 벗어나 사회와 제도의 주인공으로 등장하게 된다. 개인의 탄생은 근대 시민사회를 형성하고 새로운 근대 정치체제를[5] 만들어 근대국가를 이루게 했다.

유대-기독교적 사상의 토대 위에 '발명'된 '개인'은 17~18세기 계몽주의

---

4  루크스(Lukes, 1973)가 제시한 개인주의의 핵심 가치는 존엄성(dignity), 자율성(autonomy), 사생활(privacy), 자기발전(self-development)이다.

5  푸코(Foucault, 2003, 131)는 유대-기독교 제도에서 기원한 몸의 정치학적 기술, 즉 생명관리정치에 의해 서구 근대문명의 제도가 형성됐다고 말한다.

사상가들에 의해 '근대적 개인'으로 부활했다.[6] 계몽주의자들의 과제는 스스로 생각하라는 것인데, 데카르트(René Decartes, "Cogito, ergo sum")는 개인의 내면적 자기 결정 능력 사고를 발전시킴으로써 철학적인 '개인'이라는 개념을 정립했다(Dülmen, 2005, 253: Laurent, 2001, 42: Triandis, 1995, 23). 한편, 일찍부터 대륙 가톨릭의 영향권에서 벗어났고 프로테스탄트적 유명론(唯名論)의 전통이 있었고 개인의 소유권이 광범하게 인정된 자유시장 경제가 번창했던 영국(앵글로 색슨족)에서 개인주의는 먼저 발달하고 제도화되었다(Laurent, 2001, 42). 18~19세기 영국 계몽주의 사상가들은 개인주의와 집단주의라는 용어를 처음으로 사용하기 시작했는데 개인주의(individualism)는 자유주의(liberalism)와 동의어로 사용되었다(Triandis, 1995, 19). 홉스(Thomas Hobbes), 로크(John Locke), 밀(J. S. Mill)은 근대사회로 들어서면서 자유롭고 평등한 개인들이 사회계약으로 공동체를 만들었다고 주장했다. 개인주의와 결합한 자유주의의 기본 전제는 개인이 사적 이익을 추구하는 존재이며 이를 기반으로 공동체가 형성된다는 것이다. 개인이 정치공동체를 형성하는 이유는 계약을 통해서 개인들이 해결할 수 없는 개개인의 안전과 사회 질서를 얻을 수 있기 때문이다. 이들의 주장은 자본주의 경제가 발전하면서 더욱 힘을 얻게 되었는데 스미스(Adam Smith)와 같은 고전 경제학자들은 개인의 사적 이익 추구가 곧 개인들 사이의 협력과 행복을 가져온다고 주장했다(김동노, 2023, 160).

영국식 자유주의 사상가들이 가지는 한계, 즉 개인을 사적 이익만을 추구하는 존재로 인식할 때 생길 수 있는 도덕성 형성 문제는 칸트(Immanuel Kant)가 해결했다. 칸트는 절대적 도덕 명령을 제시하는데 인간 이성은 도덕성을

---

6  개인의 발명은 철학자들이 '존재론적 논쟁'이라고 부르는 논쟁, 즉 현실을 어떤 식으로 이해할 것인가 하는 문제를 둘러싸고 벌인 지적 노력의 산물이었다(Sidentop, 2016, 552).

실현할 수 있는 존재라고 주장했다. 정신의 자유에서 어떤 한계를 스스로 설정해서 자유를 자율적으로 사용하게 함과 동시에 이성의 공적 사용에 절대적 자유를 부여해서 '도덕적 개인'을 공동체 형성의 기반으로 삼았다. 칸트는 자유주의와 개인주의의 결합을 새로운 차원으로 발전시켰다(김동노, 2023, 161). 이처럼 서구 근대 역사는 능력을 획득하고 개인의 자유를 얻기 위해 투쟁하는 역사였다(Mills, 2008, 6-7).

한편 집단주의를 살펴볼 때, 역사 속에서 '집단'이라는 용어는 '개인'이 발명되기 훨씬 이전 역사를 거슬러 올라가면 아주 오랜 기간 사용되어 온 것을 알 수 있다. 왜냐하면, 선사시대, 고대시대의 가족, 씨족, 부족 사회는 전체론적인 '집단' 사회였기 때문이다.[7] 트리안디스(Triandis, 1988, 60-95)는 집단주의의 기원을 주요 공공사업 건설을 위해 권위 있는 인물의 명령에 따르는 훈련이라고 추적했다. B.C. 10000년경 중국의 유물과 유적은 집단주의의 기원을 암시한다. 그러나 이 글에서 논하는 집단주의라는 용어는, 오랜 산고(産苦)를 통해서 불과 300여 년 전 탄생한 근대적 개인과 자본주의 경제개념과 함께 발전한 개인주의 사상에 대한 반발, 즉 반개인주의(反個人主義)로 등장한 '집단주의'를 의미한다.

집단주의 개념은 19세기에 개인주의 철학자인 로크와 루소(Jean-Jacques Rousseau)와의 대립을 통해 발전했다. 루소는 그의 저서 〈사회계약론〉에서 집단주의를 주장했는데, 개인은 집단의 일반의지(general will)에 복종함으로써만

---

7 시덴톱(Larry Siedentop, 2016, 16-32)은, 철저한 고증을 통해 〈고대의 도시(The Ancient City)〉(1864)를 저술한 역사학자 퓌스텔 드 쿨랑주(Fusetel de Coulanges)의 연구를 바탕으로, 선사시대부터 가족이라는 집단은 유일한 사회제도였는데 그것은 고대 그리스-로마 시대에도 이어졌다고 주장한다. 그의 주장은 기존의 고대 그리스-로마 시대가 자유롭고 세속적인 정신이 지배했던 시대였다는 18세기 반교권주의적(反敎權主義) 계몽주의자들을 비롯한 많은 학자의 주장을 반박한다.

자유로워진다고 논했다(Triandis, 1995, 19, 23). 헤겔(G. W. F. Hegel)은 그 집단의지는 국가라고 주장한 데 반해 마르크스(Karl Marx)는 궁극적으로 공산사회라고 주장했다. 이들은 집단만이 정의를 실현할 수 있는 주체라고 주장하면서 개인을 집단에 통합시키려 했다(김동노, 2023, 162). 공산주의는 정부가 생산수단을 소유해야 한다는 집단주의를 주장했는데 자본주의가 고전경제학의 자유방임주의에서 비롯되어 가능한 한 작은 정부의 개입을 주장한 것과 대비되었다(Triandis, 1995, 168).

영미를 중심으로 발달한 자유주의적 개인주의와 달리 프랑스에서는 개인의 시민적 해방이, 대륙 가톨릭의 육중한 무게와 강력한 정치적 저항에 부딪히면서 18세기 말 살벌한 프랑스 혁명을 겪게 된다. 이러한 역사적 배경으로 인해 19세기 프랑스에서 발달한 진보적 개인주의는 다양한 형태로 파생되었는데 반동적 반개인주의(우익 반개인주의)로도 발달하게 되어 집단의 시대를 주장한 파시즘으로 이어졌다. 한편, 좌익 반개인주의도 등장하는데, 좌익 반개인주의자인 카베(Étienne Cabet)는 인간은 본질적으로 사회적 존재이므로, 개인주의는 그 본성과 어긋나서 오히려 개인을 말살시키지만, 공산주의는 인간 본성의 필연적 결과이므로 인간의 존중과 보장, 안전을 의미한다고 말한다. 또한, 개인주의가 바로 이기주의라고 주장하는데 이후 마르크스-레닌이즘의 혁명적 반개인주의가 등장한다(Laurent, 2001, 58-118).

근대 이후의 정치체제를 개인주의와 집단주의의 스펙트럼으로 정리하면, 왼쪽 끝에 가능한 한 작은 정부 개입의 자본주의를 둔다면, 오른쪽 끝에 국가의 의지를 대표하는 지도자가 있어 모두가 그 의지에 복종해야 하는 파시즘을 둘 수 있다. 사회민주주의, 사회주의 및 공산주의 입장은 왼쪽의 통제되지 않은 자본주의와 오른쪽의 파시즘 사이에서, 언급한 순서대로 배치할 수 있는데 오른쪽으로 갈수록 점점 더 집단주의적으로 전환된다(Triandis, 1995,

19-20). 오른쪽 끝편에 위치한 극우와 극좌, 즉 전체주의(파시즘과 스탈리니즘)는 극단적인 집단주의자들이다.

전체주의의 집단주의 등장을 살펴보면, 서유럽은 산업 혁명을 거치면서 다양한 사회문제를 경험했으며 제1차 세계대전의 발발로 심화되었다. 따라서 유럽의 지도자들은 사회복지 제도에 관심을 더 쏟게 되었다(Hoffmann and Timm, 2009, 90-91). 반면 나치와 소비에트는 개인주의, 자유주의에 대해 반대하는 정책과 비전을 제시했다(Browning and Siegelbaum, 2009, 264; Fritzsche and Hellbeck, 2009, 302-305). 두 국가는 사회를 번영시키기 위해서는 개인이 집단에 통합되어야 한다고 생각했으며, 자유를 제한하는 근대적 기획을 만들어나갔다(Hoffmann, 2011, 234). 푸코(Foucault, 2003, 127)는 나치독일과 스탈리니즘은, 그 내적(內的) 광기(狂氣)에도 불구하고, 개인주의와 자유주의에 바탕을 둔 서유럽의 근대 정치 이성 기제를 가져다 극단적으로 사용했다고 주장한다. 소비에트의 경우를 들면, 서유럽보다 훨씬 더 극단적이고 치밀하고 정교한 정치사회 제도의 촘촘한 그물망으로 만들어 그들이 원하는 집단주의적 개인, 즉 소비에트 인간형을 만든 것이다.

그렇다면 공동체주의의 위치는 어디인가? 집단주의라는 용어는 주로 경제 및 정치체제에서 사용되며 공동체주의란 용어는 정치철학에서 사회적 가치를 강조하는 데 사용되는데 1980년 이후 서구에서 롤스(John Rawls)와 샌델(Michael J. Sandel)의 자유주의-공동체주의 논쟁은(Mulhall and Swift, 2001; Sandel, 2010a; Sandel, 2010b) 주목을 받는다. 미국의 경우 로크의 강한 영향을 받아 자유주의적 개인주의, 토크빌(Alexis de Tocqueville)이 말한 민주주의적 개인주의가 오랫동안 지속되었으나 대공황 이후 반개인주의가 등장하기도 했으며 제2차 세계대전 이후 신자유주의적 개인주의가 급속하게 확산된다(Laurent, 2001, 119-139). 유럽의 경우, 1990년 전후 공산권 붕괴 이후 대안으로 공동체주의 논의가 활발하게 이루어지기 시작했다.

공동체주의는 자본주의 국가에서 발생하는 다양한 상황 가운데 다시금 개인과 공동체 사이에 무엇이 우선하느냐에 대한 논쟁이 벌어지면서 등장했다. 공동체주의는 개인주의와 집단주의에서 바람직한 장점들을 결합한 사회 질서를 찾는다고 할 수 있는데, 중요한 점은 집단주의와 공동체주의를 혼동하면 안 된다. 극단적 집단주의를 지향하는 공산주의(communism)와 공동체주의(communitarianism)의 어원상 연관은(Mulhall and Swift, 2001, 15) 혼동 가능성을 내포하기 때문이다. 현재 공동체주의를 주장하는 주류 학자들은 정치체계가 아닌 정치철학 분야로 이를 다루며 인류 보편가치인 개인의 존엄, 자유, 권리, 평등을 존중한다. 자유주의 · 공동체주의 논쟁을 일으킨 샌델도(Sandel, 2012, 9-10) 자신은 공동체주의자가 아니며 굳이 말하자면 자유주의자 혹은 자유주의적 공동체주의자라고 말했다. 샌델도 정의의 중요성과 인권의 보편적 가치를 옹호하고 있기 때문이다. 물론 공동체주의라 하더라도 진보적이고 급격한 공동체주의를 주장하는 학자도 있겠으나 주류의 입장은 아니다. 이러한 급진적 공동체주의는 극단적 집단주의의 전체주의적 사회로 또다시 회귀할 가능성을 내포한다. 인류 최대의 발명이라고 할 수 있는 개인주의는 탄생 직후부터 다양한 형태로 반개인주의의 공격을 계속 받고 있다.

### 2) 북한에서 정의하는 집단주의와 개인주의,
###    그리고 집단주의를 강화시키는 학생정치조직

소비에트 제도를 바탕으로 수립된 북한도 극단적 집단주의를 추구해왔다. 북한은 정권수립 이후부터 자본주의 국가보다 훨씬 더 촘촘한 극단적인 사회주의 교육제도의 그물망을 만들어서 학생들에게 사회주의의 생명이자 기초인 집단주의 정신을 심어줌으로써 그들이 원하는 집단적 개인인 공산주의 인간형을 만들고자 헌신적으로 노력해 왔다(조진수, 2020; Cho, 2023).

그렇다면 북한에서 정의하는 집단주의, 개인주의는 무엇일까? 북한에서 정의하는 집단주의는(사회과학원, 1970, 569-570; 사회과학원 철학연구소, 1970, 601-602) 사회와 집단의 이익을 위해 자기의 모든 것을 다 바치는 공산주의 사상, 공산주의 도덕의 기본 원칙이다. 집단주의는 생산수단이 사회적 소유가 되고 개인의 이익과 사회의 이익이 일치하는 사회주의 제도에 기초한 것으로 집단주의의 전통은 김일성의 항일무장투쟁 시기에 이루어졌으며 집단주의 최고 표현은 수령에 대한 끝없는 충실성이라고 말한다. 북한에서 정의하는 집단주의는 마르크스-레닌이즘의 혁명적 반개인주의로서의 집단주의, 더 나아가 지도자에 대한 절대적 충성은 전체주의적 반개인주의 입장과 크게 다르지 않다.

한편, 북한에서 정의하는 개인주의는(사회과학원, 1968, 167; 사회과학출판사, 2006, 680) 사회적, 집단적인 것보다 개인적, 이기적인 것을 더 높이 내세우며, 사회와 집단의 이익을 개인의 이익에 복종시키려는 부르주아적 사상이나 경향을 뜻한다. 또한, 이기주의란(사회과학원 철학연구소, 1970, 213; 사회과학출판사, 1992, 1002-1003) 생산수단의 사적 소유에 기초하여 생겨난 사상으로 사람의 인격적 가치를 교환가치로 전환시킨 자본주의 사회에서 나타나는 사상이다. 자기의 이익과 만족을 위해서 남의 이익을 짓밟거나 희생하려는 사상이나 행동으로 착취계급의 사상이다. 원래 인간은 이기적이지 않으나 착취계급사회에서 수천 년 동안 이기주의가 자라났으며 그 뿌리가 깊어 사회주의 사회에서도 오랫동안 잔재하므로 뿌리 뽑아야 한다고 말한다. 부르주아 개인주의에 기초한 '자유'는(박문성, 1993) 자본가들과 특권 지배층이 근로자를 억압할 수 있는 '자유', 부르주아들이 향락을 누릴 수 있는 '자유'라고 말한다. 북한에서 정의하는 개인주의는 이기주의와 거의 일치하는데, 이 정의는 영미를 중심으로 발달한 자유주의적 개인주의가 아니라 진보적 개인주의에서 파생한 좌익 반 개인주의 입장이다.

북한에서는 사회주의와 자본주의의 투쟁은 다름 아닌 집단주의와 개인주의 사이의 투쟁이라고 말한다. 자본주의에 대한 사회주의의 우월성은 개인주의에 대한 집단주의의 우월성이며 사회주의의 성패는 집단주의를 어떻게 구현하느냐에 달려있다고 한다(리무석, 2005). 북한은 제국주의자들이 사회주의적 집단주의를 전체주의로 왜곡하고 부르주아적 개인주의를 찬미한다고 말한다(박문성, 1993).

사회주의는 집단주의를 생명으로 하고 있기에 북한은 사회주의 근대적 기획기인 1950년대부터 공산주의 인간형을 직접 길러낼 수 있는 사회주의 교육이라는 섬세한 제도를 만들어서(조진수, 2020; Cho, 2023) 학생들에게 집단주의 교양을 강화해 왔다(강명수, 2016; 교원신문, 1955/2/26; 교원신문, 1957/7/17; 김미화, 2015; 김철, 2004; 박성운, 2008; 홍순호, 1972). 이를 위해 학생정치조직인 소년단과 청년동맹을 만들고 학생들을 모두 가입시켜 집단주의 정신을 키우게 했다.

소년단 조직은 1946년 6월 6일 소비에트 제도를 모방하여 만들어졌다. 가입대상은 8세부터 13세까지의 학생들이다. 소년단 상징은 붉은 넥타이, 휘장, 깃발, 경례이며 구호는 '공산주의 건설 후비대가 되기 위해 항상 준비하자!'이다(사회과학원, 1970, 532). 김일성은 1947년 1월 17일 자신의 영향력을 청년들에게 확산시키고자 청년동맹도 조직했다(교원신문, 1956/1/18).[8] 가입대상은 소년단을 마친 14세부터 30세까지의 청년들이다. 소년단에 가입한 학생들

---

8  1964년에 조선사회주의로동청년동맹(사로청)으로 이름을 바꾸었고(사회과학원, 1970, 531-532) 고난의 행군 시기에는 '김일성사회주의청년동맹'으로 이름을 바꾸었고 2016년에는 '김일성-김정일 청년동맹'으로 이름을 바꾸었다(홍현우, 2017).

은 6교시의 정규 수업이 끝난 후에도 저녁 5~6시까지 과외교양이라는 명목으로 조직생활을 해야 한다. 과외교양은 사회주의 교육의 중요한 구성요소로(조진수, 2020, 28) 학생들이 소년단, 청년동맹, 교육행정기관, 사회교양 기관들의 공동보조하에 집단생활, 조직생활을 하는 것을 뜻하며 학생들은 이를 통해 조직성과 규율성을 배우게 된다.

과외교양을 이끄는 주체는 소년단·청년동맹이다(김창호, 2007). 북한은 정권수립 이후부터 소년단과 청년동맹이라는 촘촘한 학생정치조직을 만들어서 학생들에게 사회주의의 생명이자 기초인 집단주의 정신을 심어주고자 노력해왔다. 그런데 고난의 행군 이후 배급제로 대표되는 계획경제가 붕괴하면서 북한사회의 일상, 그리고 학교의 일상도 조금씩 변화하고 있다. 학교 제도의 틀은 여전한 집단주의 문화의 뼈대로 유지되고 있으나 집단주의 문화가 약화되고 있으며 개인주의 문화가 태동하고 있다. 본 연구는 고난의 행군 이후 소년단과 청년동맹 조직의 약화 정도와 장마당세대 사이에 태동하는 개인주의 문화를 살펴보고자 한다.

## 3. 학생정치조직인 소년단과 청년동맹을 통한 집단주의 교양 강화[9]

집단주의가 생명인 북한은 사회주의 교육을 통해서 학생들을 어릴 적부

---

9   이 절은, 저자의 박사학위 논문 일부를(조진수, 2020, 96-103) 수정해서 넣었으나 대부분 새롭게 보완했다.

터 조직적, 사상적으로 단련하고 혁명적으로 키우고자 했다.[10] 또한, 집단주의 교양을 통해서 개인의 힘보다 집단의 힘이 세고 개인의 이익과 성과보다 집단의 이익과 성과가 더 크고 귀중하다는 것을 알려주고자 했다(남창호, 2004; 최성훈, 2009). 학교 수업만으로는 학생들을 공산주의 인간형으로 키울 수 없기 때문에 정규 수업 후에도 과외 생활을 조직하여 학생들을 집단적 조직생활 속에서 교양 단련시켰다. 과외교양의 주체는 조선소년단과 청년동맹 조직이다.

조선소년단은 북한 인민들이 태어나서 처음 가입하는 정치조직이다. 인민학교(소학교) 2학년이 되면 학생들은 모두 소년단에 가입해야 한다. 학생들은 소년단 조직 생활을 통해 규율, 집단주의 정신을 키운다. 소년단의 목적은 학생들이 수령에 대한 충성심을 키우는 것이고, 조국과 인민을 사랑하고, 미 제국주의자들을 증오하고, 조국 통일독립을 위해 투쟁하고, 고상한 도덕적 품성과 튼튼한 체력을 지니는 것이다(교육도서출판사, 1955, 77-84; 편집위원회, ca. 1960s, 225).

소년단 활동에서 가장 중요한 것은 정치사상 학습이다. 정치사상 교양의 내용은 당과 수령에 대한 교양, 주체사상 교양, 당정책 교양, 공산주의 교양, 계급 교양, 집단주의 교양이다(차승주, 2010, 67; 최영실, 2010, 52). 그다음 조직생활과 규율 강화를 위한 실질적인 활동으로 연합단체회의, 단총회, 단위원회, 분단총회, 분단위원회와 같은 다양한 회의와 생활총화를 진행한다. 생활총화는 보통 일주일에 한 번, 토요일 2교시 수업 후 1~2시간 진행한다. 학급담임의 지도하에 분단위원장이 진행하는데 자아비판과 호상비판이 주 활동이다.

---

10  북한의 정치사회화 조직은 탁아소와 유치원과 같은 취학 전 조직과 조선소년단, 청년동맹과 같은 취학후 조직, 직장별 구성인 직맹, 농민과 근로자들로 구성된 농근맹, 여성조직인 여맹, 그리고 문예총, 기자동맹 등의 성인조직으로 나눌 수 있다. 북한은 집단주의 강화를 위해 인민들을 일평생 조직에 가입시켰으며 조직을 벗어나서 살 수 없게 했다(김옥자, 2006, 31-32).

생활총화 후에 분단위원장은 보고서를 작성한다. 단원들은 소년단 회의와 생활총화 후 구체적 실천사항인 분공을 받는다. 분공에는 김일성 교시나 김정일 말씀 발췌, 토끼 가죽 바치기, 꼬마계획이나 외화벌이, 성적이 낮은 학생은 성적 향상, 옷차림을 지적받은 경우 옷차림 주의 등이 있다(최영실, 2010, 64).

이 외에도 소년단 교내활동으로 학교 환경미화, 김일성 혁명 활동 특별학습, 토끼 기르기 등이 있으며 교외 활동으로 노력동원(농촌일손 돕기, 생산 공장의 노력 봉사, 건설현장의 작업), 꼬마 과제(파지와 파철 수집, 토끼 가죽, 약초 캐기, 외화벌이 운동), 좋은일하기운동(나무 심기, 영예군인가족 돕기), 정치사회 활동(당 정책 선전 활동, 소년 선전대, 위생근위대, 가창대 활동)이 있다(김옥자, 2006, 67-68). 마지막으로 지·덕·체 사업에는 책 읽기 모임, 책 감상 발표 모임, 학습·예술·체육의 다양한 소조 활동과 체육활동이 있다. 북한 사회주의 교육에서 체육은(조진수, 2020; Cho, 2023) 중요한 위치를 차지하는데 소년단 연합단체 모임이나 각종 체육대회가 있어서 학생들은 과외활동 시간에 사열행진, 집단체조, 경기종목 및 응원 연습을 해야 한다.

조직 생활에 성실히 참여하면 표창을 받기도 하고 청년동맹에 먼저 가입할 수 있는 추천보증도 받는다. 이런 표창은 소년단 활동에 적극적으로 참여하는 동기가 된다(김옥자, 2006, 61-65). 북한정권은 모든 인민을 평생 조직생활에 가입시켜 집단주의를 강화하고자 했다. 정치조직 생활의 첫 단추인 소년단 활동의 성공은 청년동맹, 직맹으로 이어지며 결국 당간부로도 추천되어 성공적인 삶을 보장받을 수 있다.

북한정권은 소년단 조직활동 강화를 위해 교원과 지도원, 핵심 학생간부 역할을 강조했다. 소년단 모임은 단(학생회 단위), 분단(학급 단위), 반(조별 단위)으로[11] 조직하는데, 소년단 간부들이 핵심 역할을 담당하게 해서 자립성을 키우도록 했다. 학생간부들은 단, 분단, 반 사업을 계획하고 집행할 책임을 지니고 있다(편집위원회, ca.1960s, 231-234). 학생간부는 교사가 먼저 추천을 하며 학생들이 동의하는 절차를 통해 뽑힌다. 소년단 모임은 기본적으로 학급 단위인 분단을 중심으로 이루어지는데 한 학급의 간부 조직도의 최상위에 교사를 도와 학급 행정을 담당하는 학급 반장 1명이 있고 소년단이나 청년동맹 조직을 대표하면서 학생들의 사상정치 교양을 담당하는 분단위원장 1명이 있다. 그 밑에 조직 부위원장 1명, 사상 부위원장 1명, 분단위원 3~4명과 정치행사 때마다 깃발을 드는 분단 기수 1명, 한국의 조장에 해당하는 소년단 반장들(청년동맹의 경우 '분조장'이라 부른다)이 있다. 단 모임도 있는데 이는 한국의 학생회장단에 해당한다. 단위원장은 학생회장에 해당하며 단위원장을 돕는 단 위원들도 있다(조진수, 2020, 97-98).

사회주의 사회에서는 개인소유가 제한되어 있어서 물질적 보상보다 사회적 지위로 보상하는 경우가 많다. 따라서 사회주의 사회는 자본주의 사회보다 명예, 위신, 체면을 더 중시한다(이온죽·신봉철, 2006, 120) 북한 학교도 마찬가지인데, 대부분 학생은 학생간부가 되고 싶어 한다. 왜냐하면, 학생간부로 뽑힌다는 것은 조직생활의 모범이 된다는 의미로 학생들을 통솔할 수 있는 명예로운 경험을 할 수 있기 때문이다. 학생간부가 된다는 것은 개인의 명예일 뿐만 아니라 집단의 명예도 된다(임해경 외, 2019, 75-76).

북한 정권은 소년단, 청년동맹의 학생간부들과 같은 열성분자뿐만 아니라 일반 단원들도 적극적으로 소년단과 청년동맹의 조직생활에 참여시키고

---

11  반은 단원들이 같이 지내며 학습과 생활을 하는 제일 친밀한 생활단위이다. 반은 거주지역에 따라 5~10명의 단원으로 구성되며 이들은 학교생활과 집에 돌아간 다음의 생활을 연결하는 고리가 된다 (김옥자, 2006, 55).

자 가입 시에 차등을 두었다. 2월 16일(김정일 생일), 4월 15일(김일성 생일), 6월 6일(소년단 창립일)로 나누어서 우수하고 모범적인 학생들부터 가입시키고 붉은 넥타이를 매게 한다. 한 반에 넥타이를 맨 학생과 그렇지 못한 학생들이 혼재하게 해서 학생들이 명예심과 자부심, 혹은 수치심을 느끼므로 소년단과 청년동맹 조직생활에 더욱 적극적으로 참여하게 된다. 중학교 4학년 때 청년동맹에 가입하는 것도 마찬가지인데 학생들이 먼저 붉은 넥타이를 풀고 청년동맹 배지를 왼쪽 가슴에 달고자 열심히 조직활동을 한다(조진수, 2020, 99-100).

　어릴 때부터 학생정치조직 활동을 통한 집단주의 교양은 개인의 힘보다 집단의 힘이 세며 개인은 조직과 집단을 떠나서 살 수 없다고 인식하게 만든다. 북한 사회주의 교육에서 경쟁방법은 개인주의와 이기주의를 경계하면서 집단주의 경쟁을 강조한다. 학생들이 오직 이기려는 생각만 하게 하면 안 된다는 것이 집단주의 경쟁의 학생 교양 방법이다. 모두가 집단의 한 구성원이라는 생각을 하고 앞선 학생은 뒤떨어진 학생을 손잡아 이끌어 주어 집단의 단합을 이룩하도록 한다(인민교육, 2010/2/15). 집단적 경쟁방법이란 집단 속에서 개인의 발전이 이뤄질 수 있게 경쟁조직을 짜서 집단주의 정신을 키우도록 하는 것이다. 책상별 경쟁, 책상 줄별 경쟁, 소년 반별 경쟁, 남녀경쟁 등을 통해서 조별 경쟁을 하면 같은 조에서 성적이 높은 학생은 성적이 낮은 학생을 도와주게 되고 성적이 낮은 학생도 자기 때문에 집단의 명예를 실추시키면 안 된다는 책임감을 가지고 더 분발해서 집단적 지혜와 힘을 발휘할 수 있다고 생각한다(고성욱, 2010; 최춘희, 2006). 평가나 총화를 할 때도 목표달성 과정에서 서로 돕고 이끌면서 집단주의 정신을 발휘한 사실들을 높이 평가해주어 학생들에게 개인의 성과보다 집단의 성과가 더 크고 귀중하다는 것을 강조한다(최성훈, 2009).

　북한은 해방 이후부터 소년단과 청년동맹이라는 섬세하고 촘촘한 학생정치조직을 만들어서 학생들에게 사회주의의 생명인 집단주의 교양을 강화했으며 학생들의 일상을 통제했다. 이를 통해 그들이 원하는 집단주의적 공산주의 인간형을 만들었다.

## 4. 장마당세대 사이에 약화되는 집단주의 문화와 태동하는 개인주의 문화

### 1) 집단주의 문화가 약화되는 학교 조직활동, 그리고 태동하는 개인주의 문화

북한에서 1990년대 중반부터 시작된 고난의 행군으로 인해 배급제로 대표되는 사회주의 계획경제가 붕괴했다. 이로 인해 북한정권의 사회에 대한 통제력이 전반적으로 약화되기 시작했으며 집단주의 교양을 강화하는 사회주의 교육을 실행하던 학교 기능도 이완되기 시작했다. 무엇보다 학생들을 촘촘한 조직과 규율로 묶어서 집단주의 교양을 강화시키던 소년단과 청년동맹 조직의 그물망이 느슨해지기 시작했다.

앞에서 살펴본 정규 수업 후의 소년단, 청년동맹의 과외활동은 매우 방대하다. 고난의 행군 이전에는 학생들은 학기 중은 물론이거니와 방학에도 계속 학교에 나와서 소년단, 청년동맹의 지도원이 짜준 계획대로 생활해야 했다(조진수, 2020, 125). 그런데 고난의 행군 이후 공교육에 대한 국가 지원이 끊겨서 학교 운영에 차질이 생겼다. 교원이나 학생들 모두 당장 먹고살아야 하는 문제가 더 시급해져서 조밀하고 엄격한 학교 조직생활의 그물망은 이완

될 수밖에 없었다.

호프스테더(Geert Hofstede, 1980, 233)는 자본주의 시장경제는 개인주의를 육성하며 다양한 사회주의적 경제 질서는 집단주의를 육성한다고 했다. 집단주의 문화를 약화시키는 데 가장 큰 역할을 한 것은 사회주의 계획경제의 붕괴와 원시적 자본주의 경제체제인 장마당의 등장이다. 장마당은 학부모들의 소득 격차를 만들기 시작했다. 또한, 배급제의 붕괴로 교사 월급이 제대로 지급되지 않았을 뿐만 아니라 공교육 시스템에 대한 국가 지원이 거의 끊겨서 학교 운영은 대부분 학부모의 경제력으로 유지되었다. 이것은 학부모의 경제력과 지위에 따른 교육 기회의 불평등을 야기했다(신효숙, 2015, 18-19). 장마당세대 면접자들은 모두 돈만 있으면 모든 과외활동에서 제외될 수 있고 통제나 제제로부터 자유롭다고 말했다. 또한, 학생간부도 돈이 있어야 할 수 있는데 분단위원장의 경우 담임교사를 먹여 살릴 수 있을 정도의 경제력은 있어야 한다고 말했다.

장마당세대 면접자들은 간부를 제외하면 소년단과 청년동맹의 활동이 딱히 없었다고 말했다. 북한정권은 집단주의로 대표되는 사회주의 교육시스템을 유지하고 여전히 학생들을 조직생활에 묶어 놓았다. 다양한 활동 대신 주로 북한 정권에 실질적으로 도움이 되는 노력동원(작업), 꼬마 과제와 학생 통제 역할을 담당하는 생활총화를 하고 있다. 이 활동을 하지 않는 날에는 학생들은 교실에서 오후 5시까지 자율학습을 하는 경우가 많다.

혜산 출신으로 경제적으로 여유로웠던 면접자 C는 항상 교사에게 뇌물을 주어서 (노력) 동원을 나간 적이 거의 없다고 말했다. C는 주로 오후 과외활동 시간에 자율학습을 했다. 북한 학생들은 보통 오전 수업 후에 집에 가서 점심을 먹고 학교에 다시 오는데 C는 장마당 안에 학교가 있어서 친구들과 장마당에서 국수를 먹고 학교에 돌아왔다.

3시부터 5시까지 자율학습 시간에 ( … ) 과제가 있어요. 잘하는 애들 거 베끼면 30분도 안 걸려서 그냥 그거 베끼고 내고 나머지 시간은 수다 떠는 것 같아요. 쌤이 있을 때는 공부하는 척하지만, 안 하고 종이에 써서 친구랑 대화하고. ( … ) 선생님 나가시면 또다시 모여서 막 수다 떨고.

A는 평양 출신으로 영재학교인 제1 중학교를 나녔다. 평양은 다른 지역과는 달리 사회주의 교육시스템을 잘 이어나가고자 노력했으며 각종 정치행사와 학생 동원이 여전히 많고 규율이 엄격한 편이다. A는 과외활동으로 주로 노력동원을 했는데 학교 건설 일을 도왔으며 주말에도 일했다고 말했다. 평양과 가까운 남포 출신 B도 거의 매일 노력동원을 나갔는데 정해진 학교 주변 구역을 청소하고 조경을 관리했다. C는 방과 후 친구들과 장마당에 음식을 먹으러 가거나 산에 가거나 수영하러 갔다가 밤 9시쯤 집에 왔다고 말했다. 밤에는 MP3로 한국 노래를 듣고 가사를 노트에 적었다. C는 중국접경 도시로 북한의 변화를 이끄는 혜산 출신인데 COVID-19가 발생하기 얼마 전(2010년대 후반)까지 고급중학교에 다녔다. 특히 C와의 인터뷰를 통해 장마당세대의 변화를 실감할 수 있었으며 집단주의 문화가 어느 정도 약화되고 있는지 확인할 수 있었다.

북한 1차 문헌에는 인터넷이나 정보기술수단을 통해 확산되는 자본주의 문화의 유입을 경고하는 기사가 많다. 그중 한 기사는(전영희, 2014) 상당히 직접 청년들에 대해 우려를 하고 있는데 미 제국주의자들은 인터넷이나 현대 과학기술을 이용해서 혁명을 경험해보지 못한 새 세대 청년들에게 미국식 가치관과 부르주아 사상문화를 침투시키고 있다고 말한다. 또한, 이례적으로 미국의 자유아시아방송(RFA)의 위험성도 직접 언급하고 있다. 사상문화침투로 인해 청년들 사이에 개인주의 문화가 확산되고 자유화 바람이 일게 되면 과거 소련과 동유럽 사회주의 청년들이 그랬던 것처럼 사회주의를 뒤엎고 조국을 배반하게 될 것이라고 경고하고 있다.

소년단, 청년동맹 활동 중 꼬마 과제는 학생들이 파지, 파철, 토끼 가죽, 피마주, 파동, 대마, 청소 비품 등을 학교에 내는 것이다. 경제적으로 어려운 학생들은 할당량을 못 가져오면 생활총화 때 비판을 받는다. 이러한 이유로 결석을 하는 학생들이 많다. 면접자들에 따르면 북한 학교는 경제력도 있고 출신 성분도 좋고 공부도 잘해서 대학교에 갈 수 있는 5명 정도(한 반 인원은 30~40명)만 열심히 공부하고 나머지는 그냥 형식적으로 학교에 다닌다고 말했다. 북한 학교의 한 반 구성을 보면 학생간부들을 포함하는 열성분자가 5% 정도를 차지하고 75%는 일반 학생들이고 나머지 20%는 낙후분자이다. 꼬마 과제를 내지 못해서 학교에 잘 안 오는 학생들은 낙후분자에 해당한다. 열성분자 간의 경쟁은 치열하다. 그러나 일반 학생들부터는 자신의 미래는 당이 정해주므로 열심히 공부하지 않고 그냥 학교에 다닌다. 교사들도 이를 알지만 묵인한다.

면접자 C에 따르면 북한에서는 대학교에 입학하는 극소수를 제외하면 고등학교를 졸업하거나 군을 제대할 즈음 직장 배치표가 나온다. 보통 국가에서 정해주는 대로 직업을 갖는데 희망직을 쓰기도 하나 대부분 정해져 있다. 부모가 노동자이면 자식도 노동자가 되고 부모가 농부이면 자식도 농부가 된다. 뇌물을 주고 손을 쓰면 직업을 바꿀 수 있기도 한데 배치표가 나오기 전에 손을 써야 한다. 면접자 B는 북한 일반고등학교의 상황을 설명했다.

일반중학교의 상황을 보면 진짜로 한 개 학급에 공부 잘하는 학생은 진짜 네다섯 명 안팎이고요, 이제 수업을 참가한다고 할 때도 일반고등학교 같은 경우는 선생님들이 앞에 다섯 명 정도 앉혀 놓은 그 학생들을 보고 수업을 해요. 나머지 사람들은 자기네 할 거 하고 막 수업 시간에 놀 거 놀고 이런 식의 느낌이고. ( … ) 듣는 척은 하지만 속으로는 다른 생각하고 책 펼쳐놓고 그림 그리고 약간 이런 느낌이거든요. 그렇다 보니까 고등학교 때 남자들 같은 경우에 공부 잘하는 애들은 대학 가겠다는 꿈이고. 그 외에 나머지 공부에 관심이 전혀 없는 애들은 군대나 갔다가 그 흐름을 타서 그냥 나의 흐름대로 흘러가겠다는 생각이 거의 대부분 …

북한에서 학생들의 미래는 당에 의해 결정되므로 대다수의 일반 학생들은 경쟁심이 없다. 게다가 고난의 행군 이후 집단주의적 조직생활이 약화되고 규율이 느슨해지면서 형식적으로 학교생활을 하는 학생들이 더 많아졌다. 그래서인지 북한 1차 문헌에는 유난히 학생들의 경쟁심을 불러일으키자는 내용의 기사가 많다. 〈교육신문〉에서 교원, 학생들이 사회주의경쟁을 힘 있게 벌여 실력경쟁 열풍이 불고 있는 사례를 소개해서 서로의 경쟁력을 고취하려는 기사를 많이 찾을 수 있다(교육신문, 2011/05/26; 교육신문, 2012/11/29; 교육신문, 2013/08/08; 교육신문, 2014/01/30; 교육신문, 2018/10/25; 교육신문, 2018/12/06; 김철수, 2015; 동철, 2017; 동철, 2018; 리종학, 2017; 리학철, 2011; 리학철, 2016; 박성운, 2018).

지 · 덕 · 체 사업의 경우, 책 읽기 모임, 학습 · 예술 · 체육의 다양한 소조 활동과 체육대회가 있는데 현재 그 활동이 매우 약화됐다. 공부를 잘하는 학생들의 경우, 증진대회에서 뽑힌 학생들만 집중 학습시킨다. 일반 학생들의 예술 · 체육 소조 활동도 많지 않다. 소조는 북한이 자랑하는 사회주의 교육제도의 하나로 한국의 동아리에 해당한다. 학생들의 취미와 소질을 키워주고자 해방 이후부터 만들었다. 고난의 행군 이후에는 국가의 지원 부족으로 소조 활동이 많이 줄어들었고 소조 운영의 경제적 지원은 학부모들에게 떠넘겨졌다. 소조에 가입하면 각종 노력동원에서 제외되어 학업에 열중할 수 있으므로 경제적으로 여유 있는 학생들은 교사에게 뇌물을 주고 가입하기도 한다(조진수, 2020, 154, 158).

2000년대 북한에서 학교생활을 경험한 A와 B는 소조 활동이 많지 않았고 노력동원을 제일 많이 했다고 말했다. 반면 2010년대에 북한에서 학교생활을 한 C는 '소조'라는 단어조차 몰랐으며 그런 '동아리 활동'은 자신의 학교에는 없었다고 말했다.

고난의 행군 이후 노력동원 외에 꾸준히 이어지는 소년단, 청년동맹 활동은 생활총화이다. 북한정권은 생활총화를 통해 학생들의 일상생활을 면밀히 통제할 수 있었다. 학창시절 내내 분단위원장을 했던 면접자 A는 생활총화 때 보고서와 사업계획서 작성으로 매우 바빴지만 팔에 간부표식을 달아서 자신의 우월함을 보여줄 수 있어서 좋았다고 말했다. 자신은 우수한 학생이고 부모들의 직업도 좋았지만 그럼에도 당연히 뇌물을 주고 분단위원장이 되었다고 말했다. 또한, 총화를 진행하고 발표했던 리더십 경험은 자신감을 키워주어 대학교에 갈 때 도움이 됐다고 말했다.

분단위원장이 아니었던 B, C에 따르면, 대부분 학생들은 생활총화에 집중하지 않고 그냥 앉아 있었다고 말했다. 교사가 옆에 있고 분단위원장이 생활총화를 이끄는데 교사가 중간에 나가면 학생들이 뒤에서 논다. B는 친구를 비판해야 하는 호상비판 때 학생들이 비판을 잘 안 하기 때문에 교사가 매번 세 명씩 정해주고 형식적으로 진행했다고 말했다. C는 생활총화 할 때 집에 재산이 부족하거나 왕따를 당하는 친구가 있으면 학생들이 그 학생을 계속 지목해서 호상비판 하는 장난을 치기도 한다고 했다.

고난의 행군 이전에는 생활총화 때 북한정권은 학생들에게 강한 자아비판, 호상비판을 독려해서 사상투쟁 역할을 하도록 했다. 따라서 지나친 호상비판으로 복수하는 경우도 있었다(최영실, 2010, 56-62). 그런데 생활총화가 형식적으로 진행되고 학생들이 집중하지 않는다는 것은 집단주의 문화가 약화됐음을 의미한다.

집단주의 정신을 키워주기 위해 만든 소년단과 청년동맹 조직 활동이 전반적으로 이완되었다는 것은 학생들 사이의 집단주의 문화가 약화되고 개인주의적 성향이 점차 태동하고 있다는 것을 암시한다. 고난의 행군 이전, 그리고 직후까지 북한에서 생활했던 북한이탈주민들은 '너로 인해 우리 집단의 명예가 빛난다'라는 말을(조진수, 2020, 99) 많이 사용했다. 사회주의 교육에서는 경쟁 상황에서 개인주의와 이기주의를 경계하는 동시에 집단 구성원들이 서로 단합하도록 한다. 북한에서 보편화된 이 말은 북한 인민들 사이에 집단주의 정신이 강하게 자리 잡고 있음을 보여준다. 장마당세대 면접자들에게 이 말을 많이 사용하는지 물었는데 대부분 들어보지 못했다고 말했다. 면접자 A에게 집단주의 경쟁의 방법인 조별 경쟁, 책상별 경쟁에 관해 물으니 그런 것은 대부분 책에서 나오는 말이고 개인 경쟁이 아니냐고 반문했다. C는 반별로 단합을 해서 집단주의 경쟁을 하는 상황에 관해 이야기했다. 다른 반들과 경쟁하는 상황에서 보통 교사만 바쁘고 학생들은 별생각이 없었다고 말했다.

> 선생님이나 좀 헌신적이거나 잘사는 분단위원장, 학급 반장이 "우리 같이 해보자, 우리 팀이 쟤네 이기자" 하면 단합이 되지만, 뭔가 이익이 없으면 하지 않는 것 같아요. 본인에게 도움이 되지 않으면 굳이 하려고 하지 않아요.

## 2) 방과 후 일상생활에서 태동하는 개인주의 문화

장마당세대의 방과 후 일상을 살펴보면 그들의 개인주의 성향을 더 추적

할 수 있다. 여학생들의 옷차림에서 개인주의 성향을 찾아볼 수 있다. 북한 학생들의 상징은 단정한 교복이다. 그런데 특히 여학생들 옷차림은 암시장의 CD, DVD, USB를 통해 접한 한국, 외국 문화의 영향을 많이 받아서 유행을 많이 탄다. 혜산은 유행에 민감한 도시이다. C는 집에 경제적 여유가 있는 여학생들은 모두 머리 모양, 펌, 매니큐어를 티 안 나게 자주 바꾸었고 유행하는 옷을 입었다고 말했다. 학교 안에서는 하지 않고 학교 밖에서 친구들을 만날 때 단속하지 않는 곳에서 유행하는 옷을 입는데 한 반 여학생의 80%는 유행을 따르는 것 같다고 말했다. 학교에서 대놓고 유행을 따르는 여학생은 한 반에 1~2명 정도인데 걸리면 지도원한테 불려가서 학교 청소 등의 처벌을 받지만, 많이 혼나지는 않는다고 말했다. 걸렸을 경우에도 학부모가 경제적으로 여유가 있어서 교사에게 뇌물을 주면 봐준다.

북한의 1차 문헌에서 고난의 행군 이후 북한 청년들 사이에 확산되는 비사회주의적 옷차림, 말투 등에 대해 우려하고 경계하는 기사들을(신분진, 2020) 찾을 수 있다. 좁은 바지를 입지 말고 머리를 길게 기르지 말고(박경희, 2004), 사치를 배격하고 옷차림과 몸단장을 단정하게 하며 말을 한마디 해도 평양 문화어를 써야 한다고 강조하면서 소련이나 동유럽 사회주의 청년들이 개인주의에 기초한 부르주아 도덕에 오염되어 도덕적으로 부패 변질되었음을 경고한다(신철, 2021).

남학생들의 경우 친한 친구들과 몰려다니며 학교 밖에서 패싸움을 많이 한다. 면접자 B는 다음과 같이 경험을 이야기했다.

패싸움을 한다고 하면 거의 학교에서 하는 것보다는 다 약속을 잡아서 산에 올라가서 하거나 약간 이런 느낌이라서 굳이 학교에 들킬 일은 거의 없고 혹시 들킨다고 하면 뭐 청년동맹이나 그런 데서 뭐 이제 지도원 같은 사람만 알아서 이제 패싸움에 가장 주먹들만 불러서 하지 말라고 지시 정도의 강조만 하는 그런 느낌이지 처벌을 군이 주지는 않는 걸로 봤습니다.

C에 따르면 다른 학교 학생들이 자신의 분단위원장을 건드렸을 때 학교 전체가 나가는 시스템이었는데 그게 패싸움으로 번지기도 했다고 말했다. 또한, 교사들은 학교 밖의 일에 관여하고 싶지 않아서 모르는 척하는 경우가 대부분이나, 교사가 보는 앞에서 걸렸을 경우 비판, 반성문을 써오게 하거나 청소를 시켰으며 그다지 큰 벌은 내리지 않았다고 말했다.

장마당세대 남학생과 여학생들 사이에서 공통으로 나타나는 개인주의적 양상은 데이트 문화이다. 면접자들에 따르면 북한 학생들이 대부분 데이트를 많이 한다. B는 중학교 4학년쯤 되면 다 여자친구가 있는데 여자친구가 없으면 좀 모자라는 느낌이라고 했다. 북한 학생들은 학교나 마을 사람들이 보는 길거리에서는 데이트를 못 하고 산에 가서 조용히 대화 나누다 내려온다. C는 혜산에 영화관이 하나 있는데 거기서 영화를 보거나 롤러스케이트나 자전거를 같이 탄다고 말했다.

배급제가 붕괴한 이후 북한 주민들은 자발적으로 장마당을 형성하기 시작했다. 남자는 월급이 거의 없지만 국가가 정해준 직장에 배치되어 일해야 하므로 여자들이 장마당에서 돈을 번다. 북한에서 부부의 성별 역할은, 남자는 지위로 연줄과 권력을 획득하고 여자는 돈을 버는 것이다. 따라서 어머니가 장마당에서 장사하는 경우가 많아서 자녀들은 장마당에서 어머니를 많이 돕는다. 장마당세대들에게 장마당은 일상의 장소이다. C의 학교는 장마당 옆에 있어서 C는 거의 매일 갔다. 장마당은 남한의 편의점과 같은 것이라고 하면서 인조고기밥 같은 분식을 먹으러 자주 갔다고 말했다. C의 친구들의 경우, 점심 먹으러 집에 갈 때가 장마당이 열리는 시간이므로 학생들은 그때 어머니를 도와 매장에 물류를 놓는다. 어머니를 돕기 때문에 지각, 결석하는 학생들은 많은 편이다.

북한에서 고난의 행군 이후 소년단과 청년동맹 조직 활동이 이완되어 집단주의 문화가 약화된 것은 물론이거니와 학생들의 방과 후 일상생활은 더욱 개인주의적 성향이 강해지고 있다. 이것은 장마당세대가 일상을 보내는 원시 자본주의적 장마당의 성장과 함께 강해지고 있다. 장마당 활동을 통한 학부모의 경제적 차이는 교육서열을 만들어서 집단주의 문화를 약화시키고 있으며 암시장에서 유입된 외부 문물의 영향은 학생들의 개성과 개인주의적 성향을 확대시키고 있다.

### 3) 약화되는 집단주의 문화 속에 태동하는 개인주의 문화의 본질

북한 정권은 정권수립 이후부터 소년단과 청년동맹 그물망 조직을 촘촘히 만들어서 학생들의 규율성과 조직성을 키우고자 노력했으며 개인의 이익이 아니라 사회와 인민의 이익, 당의 이익을 위해 투쟁하도록 가르치고 개인주의, 이기주의에 반대해 투쟁하도록 가르쳤다. 왜냐하면, 개인주의와 이기주의는 비사회주의 현상과 부르주와 자유화 바람을 일으켜 사회주의에 대한 신념을 잃어버리고 자본주의에 대한 환상을 가지게 해서 결국 조국과 인민을 배반하게 할 수 있다고 생각하기 때문이다. 북한 정권의 노력에도 불구하고, 면접 결과 고난의 행군 이후 장마당세대의 집단주의 문화와 정신은 상당히 약화되어 있었다. 소년단과 청년동맹의 활동이 약화되었고 장마당세대 청년들은 학교생활에서 집단의 이익이나 집단에 도움이 되겠다고 생각하지 않았다. 내가 잘 하면 끝이고 성과는 보통 개인에게 돌린다.

은둔의 왕국인 북한에서 고난의 행군 이후의 미시적 사회변화가 외부 세계에 드러난 지 얼마 되지 않았으며 대중매체는 항상 북한 통치 엘리트와 핵 이슈에 주목한다. 따라서 일반인들은 물론이거니와 연구자들에게도 여전히 북한사회에 대한 선입관이[12] 존재한다. 북한의 사회주의 계획경제가 이미 붕괴했고 장마당이라는 원시적 시장경제체제를 중심으로 사회가 돌아가고 있다는 것에 주목하지 않는다. 시장경제는 개인주의를 육성하므로 북한에서 집단주의 문화는 약화되고 개인주의 문화가 태동하는 것은 어쩌면 당연한 일이다. 그럼에도 불구하고 많은 사람이 북한에서 진행되고 있는 미시적 변화에 주목하지 못하는 좀 더 근본적인 이유는(Cho, 2023, 14-16) 그것이 일상의 정치 속에서 느린 속도로 진행되고 있기 때문이다. 푸코는 거시권력(macro-power)보다 미시권력(micro-power)에 주목하는데 그의 권력이론과 저항 개념은 일상의 정치를 다룬다. 북한은 정권수립 이후 집단주의를 생명으로 하는 사회주의 국가를 만들기 위해 사회주의 교육제도라는 촘촘한 그물망을 만들어서 서서히 인민들을 공산주의 인간형으로 만들었다. 그런데 고난의 행군으로 북한정권이 헌신적인 노력을 기울여 만들어 온 촘촘했던 그물망은 배급제의 붕괴와 함께 서서히 이완되어 갔고 집단주의 문화가 약화돼 갔다. 그 사이로 개인주의 문화가 태동하고 있다.

그렇다면 북한에서 태동하는 개인주의 문화는 어떤 것일까? 그것은 모든 속박으로부터의 자유와 평등을 강조하는 유대-기독교 문화에서 발명된 '개인'을 토대로 '스스로 생각하라'라는 계몽주의적 전통 속에 부활한 '근대적 주체'의 개인주의가 아니다. 역사 속 개인주의는 오랜 산고와 많은 사람의 희생을 통해 출현했으며 끊임없는 자기절제와 비판적 성찰과 훈련을 통해

---

12  이와 관련된 연구로는, 황태희·최영준·최우선·주형민(2017)의 연구가 있다.

성숙해질 수 있다. 비판적 저항적 성찰을 통해 탄생한 '개인주의'는 영국에서 자유시장 경제와 함께 더욱 발달했다. 개인은 사적 이익을 추구하며 이를 기반으로 한 계약으로 이루어진 정치공동체는 개인들의 안전과 사회 질서를 보장한다. 북한의 장마당이라는 시장경제는 이론적으로 여전히 공산주의 국가에서 존재하는 모순적이며 불법이 성행하는 형태이므로 제대로 된 계약관계를 만들 수 있는 구조가 아니다. 따라서 공정하고 정당한 경쟁이 이루어지지 않고 있으며 반칙과 뇌물이 성행하는 원시적 형태의 자본주의이다.

자유주의적 개인주의의 한계를 해결한 칸트의 '도덕적 개인'은 쉽게 달성될 수 없다. 개인 스스로 정신의 자유에서 도덕적 한계를 정해서 자유를 자율적으로 사용할 수 있는 능력을 익혀야 하는데 이것은 공동체 구성원 전체의 노력과 체계적인 교육과 훈련 속에서 이뤄질 수 있다. 북한에서 집단주의라는 큰 그물망이 비록 느슨해졌고 그 사이로 개인주의 문화가 태동하고 있지만, 자유주의적 개인주의 사상의 본연에 바탕을 두고 있는 자기절제나 자유에 따른 책임을 배우지 못하고 있다. 개인주의의 핵심 가치로서 자유는 (Renaut, 2002, 8-10) 규제 없는 자유가 아니라, 타율적 행동과 대립하는 개념으로서, 칸트가 제안한 자율성으로 이해되어야 한다. 면접자 C는 남한과 북한의 사례를 들어 자율성이 무엇인지 명쾌하게 설명했다.

> 남한에서는 내가 뭐 바지를 입고 싶어도 예쁘게 입을 수 있고, 자유가 되게 좋은 것 같아요. (탈북하신) 어른들은 여기도 자유 없다고 그러시지만 그런 자유는 (제재를 받지 않는 자유가 아니라) '도덕적인 자유'예요. 북한에서는 쓰레기 마음대로 버리거든요, 여기선 그러면 안 되잖아요. 당연한 거잖아요. 북한에서도 당연히 하지 말았어야 할 일들인데. ( … ) 각자마다 자유가 다른 것 같아요. 저는 누군가가 저를 제재하지 않는 게 자유라고 생각해요.

본 연구의 면접 결과, 한국에 입남한 지 약 5년밖에 안 된 20~30대 장마당세대 면접자들은 이미 스스로 생각하고 비판하기 시작했으며 개인주의나 자유주의에 대한 학문적 지식이 없어도 규제 없는 자유와 자율의 차이를 본능적으로 해석하고 있었다. 또한, 남한 사회에 대해 이미 스스로 분석을 마치고 빠르게 적응해서 노후 계획까지 세우며 살고 있었다. 이것은 고난의 행군 이후 사회주의 교육제도의 그물망이 이완되어 집단주의 문화가 약화된 속에서 암시장을 통해 외부 문물을 조심스럽게 접해왔고 그들의 일상이 자본주의적 시장경제에 노출되어 왔기 때문으로 보인다.

## 5. 집단주의 및 개인주의 문화 변동과 남북주민통합 방향에 대한 함의

집단주의를 본질로 하는 사회주의 국가인 북한은 인민들의 집단주의 교양을 위해 사회주의 교육제도를 만들었다. 소년단과 청년동맹 그물망을 만들어서 집단주의 정신을 키워서 개인의 이익이 아니라 수령과 당의 이익을 위해 투쟁하도록 했으며 개인주의, 이기주의를 경계하게 했다. 그런데 고난의 행군 이후 배급제로 대표되는 사회주의 계획경제가 붕괴하였으며 이로 인해 원시 시장경제 형태인 장마당이 생겨났다. 또한, 소년단과 청년동맹과 같은 사회주의 제도의 그물망이 이완되어 다양한 학교 정치조직 활동이 약화되었다. 본 논문의 분석 결과 장마당세대의 집단주의 문화와 정신은 약화되어 있었고 그 그물망 사이로 개인주의 문화가 태동하고 있다. 그러나 그 개인주의 문화는 아직 원시적인 형태로 개인의 가치와 자율과 자유, 존엄성,

타인에 대한 존중을 내포하지는 못한 상태이다.

종교개혁 이후 출현한 '근대적 개인'은 위대한 발명이다. 서구의 역사는 개인의 자유를 획득하기 위해 투쟁하는 역사였다(Mills, 2008, 6-7). '개인'이 탄생하기까지 오랜 시간이 걸렸고 많은 사람의 희생이 있었다. 개인과 자유는 서로 밀접한 관계를 맺으며 나타났다. 개인은 자신의 삶을 선택하고(자율성) 타인과의 관계나 사회에서 이런 선택에 따라 행동할 수 있는(독립성) 자유를 지니는 존재이다. 개인주의 역사는 끊임없이 다양한 반개인주의 사상에 의해 도전과 공격을 받아왔으며 새로운 시대 환경이 조성될 때마다 부작용으로 점철되어 왔다. 그러나 개인주의의 근원적 뿌리는 반사회적 내향적 태도도 아니고 집단주의자들이 말하듯이 이기주의를 의미하지 않는다(Laurent, 2001, 158). 개인주의는(김동노, 2023, 172) 상호 존중을 바탕으로 이타적 행위와 협력할 수 있지만, 이기주의는 상호 이익 충돌과 갈등을 내포한다. 쾨슬러(Arthur Koestler)는 '역사적 차원에서 보면 지나친 개인주의가 야기한 피해는 잘못 바친 열성의 결과에 비해 상대적으로 대수로운 것이 아니다'라고 말했다(Laurent, 2001, 158).

한국의 경우, 서구와 다른 역사적 경험, 짧은 민주화 역사로 인한 자유주의적 개인주의 정치철학의 부족, 유교 전통에서 비롯된 집단주의 문화의 영향으로, 개인주의는 자유주의와 동일시되지 않고(김동노, 2023, 173) 오히려 북한과 마찬가지로 이기주의와 동일시되는 경향이 있다. 이러한 상황에서 90년대 후반 경제위기 이후 신자유주의의 도입으로 개인화 경향이(김동노, 2023, 189) 급속히 확산하였다. 서구를 비롯하여 개인의 자유가 민주적으로 제도화된 국가들에서, 개인주의는 너무 큰 발전을 이룩하여 더 이상 하나의 이데올로기가 아니라 모두에게 공통된 생활방식으로 자리 잡게 되었다(Laurent, 2001, 155). 이 속에서 소속 없는 개인이(Laurent, 2001, 152) 혁명적으로 출현하고 있다.

개인주의는 여전히 새로운 도전을 받고 있으며 험난하고 고단한 역사가 반복되고 있다.

본 논문은, 장마당 세대 북한이탈주민 지원 정책 방향에 대한 새로운 함의점을 제공한다. 한 걸음 더 나아가, 향후, 시장경제체제의 남북한 경제적 통합과 통일을 가정할 때, 남북주민통합 방향 설정에 대한 새로운 함의점도 제공한다. 북한은 수령 중심의 강력한 통제 사회이고 사회주의 국가이기 때문에 집단주의 문화가 지배적이며 남한은 자본주의 국가이기 때문에 개인주의, 자유주의가 성숙한 단계일 거라는 단순한 도식은 성립하지 않는다. 장마당세대를 중심으로 본 북한 집단주의 문화는 상당히 약화되었으며 개인주의가 태동하고 있으나 그 개인주의는 정제되지 않은 원시적인 형태이다. 한편 남한의 개인주의 역사도 자율적 개인으로서 시민 개념이(최종덕, 2018) 부족하다. 본 논문이 함의하는 바는 트리안디스의 개인주의와 집단주의의 스펙트럼에서 남북한은 서로 양극단에 위치한 것이 아니라 서로 아직 거리가 멀긴 해도 중간 어디쯤 위치하고 있기 때문에 남북주민의 도덕적 · 가치적 사회통합이 좀 더 용이할 수 있다는 것이다. 본 논문은 향후 북한이탈주민 정착 정책의 재조정뿐만 아니라 통일 후 남북주민통합 방안 연구를 위한 기초자료가 될 수 있을 것이다.

앞으로 연구 과제는 반동사상문화배격법(2020), 청년교양보장법(2021년), 평양문화어보호법(2023년) 제정 이후 장마당세대의 가치관 연구이다. 김정은은 장마당세대를 중심으로 외래문화가 확산되고 있는 것을 막기 위해 3대 사회통제법을 차례로 제정했다. 북한 정권은 장마당세대 사이에서 약화되는 집단주의 정신에 대해 깊은 위기의식을 느끼고 있는 것으로 보인다. 북한정권의 거시적 통제에도 불구하고 아래부터의 변화를 막기 어렵다(Cho, 2023, 15). 북한 미시권력이 촘촘히 조직한 사회교육제도의 그물망은 고난의 행군 이후

천천히 이완되어 갔기 때문이며 거시권력의 노력에도 불구하고 그 그물망의 이완은 갑자기 촘촘해질 수 없기 때문이다. 좀 더 시간이 흐른 후 사회통제법이 장마당세대에 미친 영향을 살펴보고자 한다. 추후 연구 때는 3대 사회통제법 이전과 이후의 장마당세대 면접자 수를 충분히 늘릴 뿐만 아니라 다양한 지역에서 온 면접자들로 구성해서 연구를 보완하고자 한다.

# 북한이탈주민의
# 일상생활 고찰과
# 다음 세대의 남북사회통합

제2부

제1장

# 북한이탈주민들의 일상생활 고찰
## : 사례로 살펴보는 탈북청년들의
##  생활양식과 그 의미

전주람

(서울시립대학교)

# 1. 탈북청년들의 일상생활 탐구와 생활양식

## 1) 일상생활 탐구의 필요성

최근 한국사회에 거주하는 북한이탈주민들은 2023년 6월 기준 총 33,981 명으로 3만 3천 명을 넘어서고 있다. 국내 입국 북한이탈주민은 2000년대 이후 지속 증가하여 2003~2011년에는 연간 입국 인원이 2,000명에서 3,000 명 수준에 이르렀으나, 2012년 이후 연간 평균 1,300명 대로 감소하였다(통일 부, 2023). 그리고 2019년 11월 중국 후베이성 우한시에서 발생한 코로나바이러스 사태[1]가 전 세계의 모든 국가와 대륙으로 확산하면서 북한의 국경 봉쇄로 인해 국내 입국 북한이탈주민은 2020년 229명, 2021년 63명 등으로 급감하다가 2022년 67명으로 집계되었으며 2023년에는 소폭 증가하는 추세이다 (뉴시스, 2023). 그들의 주된 특징으로는 여성 비율은 76.8%로 남성보다 월등하게 높다는 점과 연령별로 20~29세 9,601명, 30~39세 인원이 약 9,719명으로 전체인원의 약 57%(통일부, 2023)인 과반수를 차지하고 있다는 점이다. 즉

---

1  2019년 11월 중국 후베이성 우한시에서 발생한 코로나바이러스 사태가 전 세계의 모든 국가와 대륙으로 확산되면서 세계보건기구(WHO)는 2020년 1월 31일 국제적 공중보건 비상사태를 선포하였다.

상대적으로 전체 북한이탈주민 가운데 여성과 젊은 층이 상대적으로 높은 비율을 차지하고 있다는 점을 꼽을 수 있다.

이처럼 한국사회는 북한을 떠나 한국을 택한 북한이탈주민들의 남한사회 증가와 사회변화에 대처하기 위해, 2009년에서 2010년도 통일부, 교육과학부 산하에 북한이탈주민 지원 및 연구기관의 발족(박정란, 2012)을 시작으로 보다 활발한 연구기관의 발족과 함께 연구 분야 활성화를 위해 지속적으로 노력해왔다. 하지만 최근 연구자들은 기존 연구의 패러다임을 되짚어보며 두 가지 문제점을 지적한 바 있다. 우선 엘리트의 변동, 기존의 권력 구조의 변화, 노선 및 정책의 변화 등과 같이 상부구조와 거시구조의 변화에 주로 분석의 초점이 맞추어져 주로 북한 당국의 공식 담론을 해석하거나 체제 전환이라는 거시적 구조 변화의 틀(정은미, 2014; 최지영 외, 2021)에 초점이 맞추어졌다는 점이다. 이에 따라 연구자들은 비판적이고 대안적인 접근으로 거시적인 정책적 논의보다 북한사람들의 일상생활에 관한 연구의 필요성(정은미, 2014; 정진아, 2013; 최지영 외, 2021)을 제기하였다. 그리고 탈북청년들에 관한 관심이 상대적으로 미흡했다는 점이다.

청년들은 향후 통일된 한반도의 미래에서 남한 사회의 사회, 정치 및 경제적 주체가 되는 이들로, 그들의 안정적인 정착을 통해 한국의 미래 통일 방향성을 가늠할 수 있다는 점(장민수, 이재철, 2016; 정영선, 2018)에서 주목할 만한 연령층이다. 그럼에도 불구하고 탈북청년들에 대한 자료는 다른 연령층에 비해 상대적으로 미흡한 실정이다(남북하나재단, 2022).

우리의 일상은 매일 되풀이된다. 지루한 업무와 언제나 반복되는 사람과 사물들로 가득 차 있다. 하지만 중요한 사실은 어떠한 사건들도 일상의 바탕 없이는 일어나지 않기에 일상생활 연구의 중요성이 있다. 동시에 일상생활 연구는 사회 전체에 대한 평가와 개념화를 함축하므로 일상성을 하나의 개념으로만이 아닌 '사회'를 알기 위한 실마리로 간주한다(정은미, 2014)는 점이다. 일상생활 연구에 관심을 지닌 대표적인 학자로 프랑스 사회학자 앙리 르페브르(Henri Lefebvre)는 '일상생활(daily life)'을 인간의 전체성 관점[2]에서 설명하였다. 그의 설명에 따르면, 인간은 '욕구', '노동', '놀이와 즐거움'을 찾는 존재로서의 세 가지 차원으로 나뉘며, 이 세 가지 요소는 유기적 관계로 통합될 때에만 비로소 인간은 참된 모습이 현실화될 수 있다고 주장하였다. 일차적으로 인간이 생존하기 위해서는 모든 물질적, 신체적 욕구가 충족되어야 하고, 그 욕구를 충족시키기 위하여 일하지 않으면 안 된다고 언급하였다. 그러면서도 인간의 존재는 욕구와 일의 두 차원만으로 한정되지 아니하고, 놀이와 즐거움을 찾는 존재로 이해해야 한다고 설명한 바 있다. 아울러 앙리 르페브르의 인간에 대한 전체성 관점이 강조되는 까닭은 일상을 다루는 것이 결국 일상성을 생산하는 사회, 우리가 사는 그 사회의 성격을 규정짓는 일이기 때문이다. 이러한 맥락에서 본 저술은 북한이탈주민 가운데 다음 세대인 청년들에게 초점을 두어 그들의 일상생활이 어떠한지 앙리 르페브르가 제안한 바와 같이 전체성 관점에서 그들의 일상을 깊이 탐색해보고자 한다.

인간의 욕구(need)는 마음의 작용과 의식 상태를 변화시키는 데 직접적인 원인이 되는 심리적 동인을 말한다. 이러한 인간의 욕구는 동물과는 달리 유전적, 선천적으로 고정된 것이 아니고 그 기준이나 정도는 주관적, 상대적이다. 즉 사람들이 속한 경제적, 정치적, 사회 및 문화적인 조건에 따라 다르게 변화할 수 있다는 점에서 유동적인 특징이 있다. 북한이탈주민들은 '탈북'이라는 특수한 개인적 삶의 경험을 지닌다. 이 사건은 개인에게 역사적인 사

---

[2] 미셸 마페졸리, 앙리 르페브르 외 지음, 『일상생활의 사회학』, 한울, 2016(pp.30-34)의 내용을 참고하여 작성하였다.

건으로 각자가 생존하고 적응해야 하는 과업을 지님과 동시에 보다 나은 일상을 살아가고자 하는 희망도 품게 한다. 이를 실현하기 위해, 그들은 일차적으로 기본적인 의 · 식 · 주 생활을 영위하기 위해 끊임없이 노동한다. '일(work)'은 개인에게 생계수단이 되고 사회화의 연결을 이루게 함과 동시에 자기실현의 수단이 되기도 한다. 특히 북한이탈주민에게 직장은 주류 사회의 문화와의 연결성을 갖고, 주체적인 사회의 일원으로 생활할 수 있도록 돕는다는 점에서 일상에서 매우 중요한 영역이다. 한국사회와는 다른 국가체제와 문화를 경험한 북한이탈주민들은 남한 사회로 입남 후 언어적, 문화적 배경이 다른 남한 출신 동료들과 일하며 직장을 정보의 장으로 삼고, 동시에 편견과 차별을 겪기도 하지만 동시에 일부 동료들을 통해 직장생활 유지에 큰 지지와 활력(전주람, 신윤정, 2020)을 얻는다. 그러면서도 북한이탈주민들은 앙리 르페브르가 언급한 바와 같이 욕구와 일의 두 차원만으로 한정되지 아니하고, 소소한 즐거운(pleasure) 일상을 경험한다. 예컨대 영화관이나 헬스장 등 멀티플렉스 공간을 이용하고, 산책을 하거나 확 트인 산과 바다를 찾는 등 자연환경을 즐긴다. 그리고 많은 청년들은 북한에서와는 달리 대중교통이나 카페 등에서 어렵지 않게 와이파이를 연결할 수 있고, 이러한 세상과의 연결을 가능케 하는 편리한 인터넷 문화는 그들이 필요한 정보를 제공할 뿐만 아니라 자신들의 취향과 기호에 맞는 즐거운 엔터테인먼트(전주람, 이재영, 2021)를 더 몰입감 있게 경험한다. 그리고 가끔 북한에 남아계신 가족이나 고향이 그리울 때면 삼삼오오 모여 북한식 만두를 빚으며 아쉬운 마음을 달랜다. 이러한 새로운 세상과 만남은 그들을 타인 의식적인 삶에서 벗어나 자신의 의지대로 세상을 탐색하고 발견할 수 있게 한다. 그러면서 조금씩 새로운 자신을 발견하고 경험하며 미래의 꿈을 설계하고 목표를 만들어가게 한다.

이러한 맥락에서 제2부 1장의 핵심 프레임은 탈북청년들의 일상생활 고찰이라는 대주제에서 일차적으로 탈북이라는 특수하고 역사적인 관점에서 생활양식(life style)이라는 키워드에 주목하여 과거와 현재 그리고 미래라는 시간의 흐름에 따라 살펴보고자 한다. 본 저술에서, 생활양식이란 탈북청년들이 지닌 사고, 삶에 대한 태도, 자기애, 공동체 감정 등 가치관을 포함한 폭넓은 개념으로 정의하고자 한다. 한 개인은 어린 시절 자신과 주위 사람, 주변 세계에 관해 견해를 형성하며, 이를 바탕으로 자신에게 적절한 삶의 전략과 방법 및 수단을 활용하여 목표를 추구하며 살아간다(Alder, 2019). 북한이탈주민들은 북한에서의 어린 시절 교육과 문화적 경험을 바탕으로 남한으로의 물리적 이동을 통해 두 국가를 경험한 자들이자 개인 스스로 큰 역사적 사건을 경험한 이들로 남한에서 태어나고 자란 이들과는 다른 경험을 지닌다. 생활양식 탐구는 탈북청년들이 어떠한 삶의 방식으로 살아가는지 알게 해주며 그들이 스스로 고유한 자신의 생활방식에 어떠한 의미를 부여하는지 알게 해줄 것이다. 이를 통해 우리는 그들의 입남 후 변화된 생활 태도 및 삶의 방식을 이해할 수 있을 것이다. 아울러 한국사회 소수자로 살아가는 북한이탈주민을 새로운 관점으로 이해하고 통합적으로 바라보는 데 도움이 되기를 기대한다. 특히 본 저술은 탈북청년들이 낯선 남한 땅에서 어떻게 살아가는지 생생한 사례를 살펴봄으로써 그들의 일상을 보다 깊이 관찰해보고자 한다. 이를 통해 탈북청년들의 일상생활이 어떠한지, 실제 어떠한 생활양식의 모습을 보이는지 등에 관해 알며 그 특징들이 지닌 사회문화적 의미와 해석을 시도해보고자 한다. 이는 한국사회가 지닌 주된 과업인 남북의 사회문화적 통합 영역에서 매우 중요할 뿐 아니라 실천적으로 매우 긴요한 일이라 할 수 있겠다.

본 연구의 기대효과를 정리하면 다음과 같다. 탈북청년들의 생활양식을 탐구하는 일은 그들이 어떠한 생활양식을 지향하고 있는지 밝히는 일이자 동시에 어떠한 심리적 적응 지표들과 관련성을 가지는지 확인하는 일이기도 하다. 이를 통해 남한사회에 거주하는 현재의 탈북청년들뿐만 아니라 미래 북한이탈주민들의 심리적 적응력 제고를 위한 기초자료로 활용될 수 있기를 기대하는 바이다.

## 2) 생활양식의 관점에서 본 북한이탈주민들의 생활과 가치

'생활양식'이란 용어는 영어로 '라이프스타일(life style)'로 지칭된다. 라이 프스타일 개념은 제2차 세계대전 시점부터 시작되었고(신현호, 1995), 이 용어 는 사회계층 연구를 주로 했던 Martineau와 Warner의 영향을 받아 사회학 자 Weber와 정신분석학자 Adler 등이 뒤를 이었으며, 이를 다시 여러 사회학 자와 문화인류학자들이 관습적으로 사용(채정민 외, 2004)한 개념이라 할 수 있 다. 이후 마케팅, 소비자학 및 심리학 분야에서 소비자의 심리적 측면에 관한 연구가 활발히 진행되면서 '생활양식' 혹은 '라이프스타일'로 혼용되어 사용 되나 본고에서는 생활양식의 용어로 통일하여 사용하고자 한다. 이러한 생 활양식의 개념은 크게 경제적 측면과 총체적 측면 두 가지로 구분해볼 수 있 다(채정민 외, 2004). 경제적 측면에서 보면, 생활양식이란 가족 구성원이 여러 상품, 사건, 자원 등을 그 속에 맞추어 활용해 나가는 정형화된 생활양식, 혹 은 시간과 돈을 사용하며 살아가는 총체적인 방식을 말한다. 또한, 총체적 측 면에서 살펴보면, 생활양식 전체에 초점을 둔 개념으로 전체 사회 속에서 총 체적 의미로 다른 부분과 뚜렷하게 구분되는 특징적인 생활양식(Lazer, 1963) 으로 이해할 수 있다.

생활양식(life style)의 기본적인 전제와 가정은 다음과 같다. '나는 −이다',

'세상은 -이다', 그러므로 '나는 -이다'로 표현될 수 있다. 즉 우리는 자신의 생활양식에 의해 생각하고, 느끼고, 행동한다(Hjelle & Ziegler, 1981). 예컨대 북한에서 온 한 청년은 자신을 '북한출신 남한사람'이라고 인식하며 온전한 '남한사람'이 되기에는 부족하다고 여긴다. 그는 남한출생 또래들이 자신이 북한 출신이라는 사실을 크게 반가워하지 않는 불편한 시선을 경험하며, 결국 그 청년은 자신이 북한에서 온 사실을 필요에 따라 숨길 것을 결정하기로 했다. 이러한 인간의 생활양식은 자기 삶의 목표와 그 목표를 달성하고자 하는 행동 전략을 포함한다(Ansbacher & Ansbacher, 1964). 즉 이 청년은 자신이 한국사회 가운데 어떠한 위치에 놓여 있는지 등에 관해 자각하며 자신에게 적합한 목표와 가치, 행동 전략을 찾아 나간다. 즉 생활양식이란 개인이 자신의 목표를 추구하기 위해 선택하는 독특한 방식(오익수, 2004)이라고 할 수 있겠다. 즉 북한이탈주민들의 생활양식 탐구는 그들이 삶의 태도에서 보여주는 가치관, 신념 및 목표 등을 예측하게 함과 동시에 목표를 달성하고자 하는 행동 전략과 습관 등에 관한 특징들을 파악할 수 있도록 돕는다.

북한이탈주민들이 한국사회에 유입되면서 여러 연구의 주제가 활성화되었음에도 불구하고, 대부분 적응 현상과 기제에 초점을 둠으로써 이들의 실생활에 관해 체계적인 연구는 찾아보기 드물다고 지적(채정민 외, 2004)된 바 있다. 특히 생활양식에 관한 연구는 주로 마케팅과 관련하여 진행되는 특성이 있어 북한이탈주민에 대한 라이프스타일 연구를 낭비나 사치로 보며 주체적인 주체자로 보지 못했을 가능성이 몇몇 학자들로부터 지적되어 왔다. 이에 몇몇 연구자들은 생활양식과 관련된 여러 주제에 관심을 두고 연구를 진행해오며 기존에 몰랐던 사실을 발견해냈다. 북한이탈주민들의 생활양식과 관련된 선행연구를 살펴보면, 남한 출신 주민들과 북한이탈주민들의 생활문화에 관해 서울 경기 지역을 중심으로 살펴본 기초조사 연구(정진아, 2013), 가족을 중심으로 의식주 생활을 살펴본 연구(김태연, 이윤정, 2021; 전주람, 신윤정, 2021; 전주람, 신윤정, 2022) 등 기초조사와 근접환경인 가족을 중심으로 탐색한 연구뿐만 아니라, 건강 관련 연구로 북한이탈주민의 건강 인식 및 건강증진 생활양식(강영실, 하영미, 은영, 2012), 완경기 탈북여성의 건강관리 실태(손지혜, 배고은, 한기덕, 윤인진, 2021) 등이 있다. 또한, 탈북청년들의 또래 및 인간관계에 초점을 둔 또래 관계 자아정체성, 사회정체감 형성과정과 관련한 인간관계와 정체성 관련 연구(전주람, 최경, 2022; 전주람, 김유진, 손인배, 2023) 등이 있고, 탈북 1인가구의 남한 생활 경험에 관한 질적 연구(김현아, 조영아, 김요완, 2014) 등을 찾아볼 수 있겠다. 종합하면 연구들은 북한이탈주민들은 동일 세대 내에서도 서로 다른 라이프스타일 유형을 보이며(황상민 외, 2003), 그들의 출신 배경과 개인적인 특성에 따라 다양한 모습으로 살아가고 있음(채정민, 2003)을 알려준다. 또한, 북한이탈주민들은 대부분 입남 후 그들의 직업경력과 북한사회에서의 사회적 위치가 더 이상 남한에서는 유효하지 않을 가능성이 크기 때문에 자신의 상황에 적합하게 생활양식을 만들어가나 어떤 사람은 그렇지 못한 경우(채정민 외, 2004)도 발생할 수 있음을 알게 한다. 이러한 연구들은 북한이탈주민들이 어떠한 모습으로 살아가는지에 관한 생활양식을 엿볼 수 있게 해주며, 동시에 그들이 남한사회에 적응해나가는 다양한 모습들과 함께 그들이 지닌 탄력성과 적응력도 동시에 엿볼 수 있게 한다.

본 연구에서 주목하고자 하는 탈북청년들은 대부분 탈북과정에서 가족과 분리되거나 심신의 상해를 입는 경험을 한다. 이들은 북한 내, 탈북과정, 한국에 입국하기 전까지 체류 과정에서뿐 아니라 한국 입국 후 지역사회에 편입되어서도 여러 외상 경험을 하며 외상 후 스트레스 장애를 겪는다(김현아, 2016; 김희숙, 김현경, 2017). 그들은 북한 내에서 공개처형이나 아사자를 목격하거나 탈북과정에서 겪는 기아, 가족과의 이별, 죽음의 위기, 심리 · 신체적 고문, 성폭행, 강제 송환, 남한정착 후 자립의 문제, 문화적응 스트레스 등 다양한 외상사건(한나영 외, 2015)을 겪기도 한다. 그럼에도 불구하고 몇몇 연구들은 북한이탈주민들이 자신의 개인 내외적 자원을 발굴해나가며 역경을 극복해나감을 증명한다. 자원, 강점과 회복탄력성을 중심으로 북한이탈여성들의 탈북경험에 관한 사례연구를 한 박다정(2016)은 북한이탈여성들이 갖는 회복탄력성의 개인 내적인 요인으로 결단력, 추진력, 용기, 삶에 대한 성찰적 태도, 저항력, 강인성, 낙관성 등을, 환경적 요인으로 사회적 지지, 초월적 존재에 의지, 가정환경을 제시하였다. 그리고 전주람(2016)의 연구에서는 탈북여성들의 심리 사회적 자원(예. 내려놓음, 용기, 자기애 등)이 어떻게 활용되는지 잘 보여준다. 이러한 몇몇 연구들은 한국사회 소수자로 살아가는 북한이탈주민들이 개인의 미래를 향해 자신의 열등감, 소외감 등 부정적인 감정들을 어떻게 극복해나갔는지, 또한 그들이 지닌 창조적인 힘을 발현하고 각자의 고유한 인생 계획을 발굴하며 개인의 목적, 생각과 감정, 행동 양식을 어떻게 구성하며 생활해나갔는지 잘 보여준다.

심리학자 알프레드 아들러(Alfred Adler, 1870-1937)[3]는 개인을 이해하기 위해 각 개인의 발달에 근거하며 통합적이고 총체적으로 접근해야 한다고 주장하였다. 그러므로 사람들의 생활양식은 개인적이고 독특한 개성을 지니므로 각 개인의 독특한 삶의 경험을 이해하는 일이 매우 중요하다. 즉 아들러에 따르면 삶의 의미는 개개인에 따라 차이가 있으며 그중 절대적인 인생의 의미를 가지고 있는 사람은 한 사람도 없다(Adler, 2011). 이러한 맥락에서 탈북청년들의 '탈북'이라는 특수한 역사적 사건을 사회적 맥락에서 고려하면서 그들이 처한 삶의 맥락에서 어떠한 삶의 방식을 지니는지에 대한 탐구 및 해

---

3  아들러는 결정론에 반대하며 선택의 자유의지를 강조하였다(Adler, 1969).

석이 필요하다. 이를 종합하여, 본 연구에서는 앙리 르페브르(Henri Lefebvre)의 인간의 전체성 관점에서 북한이탈주민들 각 개인이 보여주는 세상을 살아가는 방식에 대해 살펴보고자 한다. 특히 탈북청년들을 대상으로 그들이 지닌 '문제'보다는 '강점'과 '자원'에 초점을 두어 일상생활을 탐색하고자 한다. 강점중심의 패러다임은 탈북청년들이 자기 삶을 돌아보게 하는 계기를 제공할 수 있다는 의미를 지니며, 그중에서도 역경과 맞서 싸울 때 끌어냈던 마음의 원천 또는 심리적 자원(희로애락/트라우마/어려움을 이겨낸 심리적 자원/현재의 고민/미래와 꿈)을 발견할 수 있다는 점에서 의미가 있다. 그리고 궁극적으로 남한사회에서 소수자로 살아가는 청년들의 고민을 해결한 심리적 자원이 무엇인지, 현재의 나는 어떻게 완성돼가고 있는지, 그리고 어떠한 미래를 꿈꾸며 사는지를 확인하는 작업이라는 점에서 의미가 있다고 하겠다.

## 2. 생생한 사례로 살펴보는 탈북청년들의 생활양식과 그 의미

이 장에서는 남한사회에 거주하고 있는 2030세대 4명의 탈북청년이 세상을 어떠한 방식으로 살아가고 있는지, 또한 자신들이 지닌 자원과 강점을 어떠한 방식으로 활용해 나가고 있는지 살펴보고자 한다.

연구참여자에 관한 기본적인 정보는 아래와 같다(〈표 1〉). 본 연구는 아주대학교 생명윤리위원회(IRB : Institutional Review Board)를 거쳤으며, 자료수집 기간은 2023년 7월 3일부터 7월 24일까지 총 2회(총 4시간)였다. 질문의 유형은 개방형 질문(open-ended question)으로 하였으며, 각 회기당 인터뷰 소요시간은 약 2시간이었다. 인터뷰 방식은 반구조화된 질문지(semi-structure interview)를 활용하여 생활양식과 관련한 다양한 의견들을 수집하였다. 이 연구에서는 탈북청년들을 대상으로 그들의 일상생활 중에서도 생활양식에 초점을 두어 어떠한 삶의 방식을 지니는지에 관한 내용과 그 의미를 살펴보기 위해 집단초점면담법(FGI: Focus Group Interview)이라는 연구방법론을 활용하였다. 이 연구방법론은 탈북자라는 특수한 신분을 고려할 때 자기검열과 오염된 인식 등을 교정하는 데 효과적일 수 있다는 점과 개별면담에 비해 참여자들을 서로 자극함으로써 얻을 수 없는 자료들까지 도출해낼 수 있는 강점을 지닌다(전주람·신윤정, 2021). 이러한 근거를 토대로, 이 방법론은 본 연구의 주제인 탈북청년들의 생활양식을 다루는 것에 효과적이고 적합한 연구방법이라고 판단하였다.

**〈표 1〉 연구참여자들의 인구 사회학적 정보**

|  | 연령 (성별) | 결혼 여부 | 직업 | 탈북 시기 | 북한 고향 /현 거주지 | 기타 |
|---|---|---|---|---|---|---|
| 참1 | 30대 중반(여) | 미혼 (2024년 결혼예정) | 간호 조무사 | 2018년 | 나선 /인천 | 인터뷰 당시, 취업한 지 약 3달 되었음 |
| 참2 | 20대 초반(여) | 미혼 | 대학교 재학 | 2018년 | 혜산 /파주 | 인터뷰 당시 영어공부를 위해 휴학 중 |
| 참3 | 30대 초반(남) | 미혼 | 대학교 재학 | 2019년 | 평양출생, 5세경 남포로 이사함 /서울 | 북한에서 일반고등학교와 제1고등학교를 다닌 경험이 있음, 10년 군 생활 경험 |
| 참4 | 30대 초반(남) | 미혼 | 대학교 재학 | 2017년 | 평양 /서울 | 제1중학교 출신, 리과 대학 졸업, 북한에서 연구원 근무경험 있음 |

본 연구의 참여자들은 필자가 그간 북한의 일상생활 관련 연구로 만나왔던 연구참여자 2에게 연구의 주제를 설명하고 동의받아 본 연구의 연구참여자로 확정하였고, 나머지 연구참여자 1, 3, 4 세 명은 서울 소재 A 연구소에 소속되어 북한이탈주민들을 만나오고 있는 전문가 1인(S 대학교 통일평화연구소 북한학 전공자 출신 연구원)으로부터 참여자 추천을 받는 세평적 사례선택(Reputational Case Selection) 방식을 표집에 활용하였다. 연구참여자 표집에 있어서 성별, 계층 및 학력 등 표집에 특별한 제한을 두지는 않았지만, 이 연구의 주제인 일상생활에 진지한 관심을 지니고 자기 생각을 충분히 표현할 수 있는 청년인 자라는 조건을 기준으로 최종 선정 후 인터뷰를 진행하였다. 그 결과 최종적으로 선정된 연구참여자는 〈표 1〉과 같다.

인터뷰는 팬데믹 상황으로 zoom 프로그램[4]을 활용하여 비대면으로 실시하였다. 구체적인 심층 인터뷰 주요 질문 내용은 다음 〈표 2〉와 같다. 인터뷰의 첫 번째 단계에서는 주로 북한 거주 시 어떻게 생활하였는지 등에 관해 하루의 일과를 중심으로 전반적인 내용을 탐색하였다. 아울러 입남 초기 변화되었던 생활양식이 있는지, 북한에서의 생활과 비교해봤을 때 크게 변화된 점이 있는지 혹은 동일한 점이 있는지 등에 관해 탐색하였다. 그리고 2회기에서는 자신이 1회기에서 보고한 생활양식을 추구하는 이유가 무엇인지 그 의미에 관해 반추하며, 자신의 생활양식의 각 특징에 영향을 미치는 심리내적 요인과 환경적 요인에 관해 나누고, 마지막으로 가정, 학교와 직업 등에서 미래의 목표와 계획에 관해서 이야기 나누었다.

연구의 엄격성은 Padgett(2001)이 제시한 내용 중에서 '연구 동료집단의 조

---

4 진행은 주 진행자 1인과 보조진행자 2인의 연구자 3인이 투입되는 구조로 진행하였다. 주 진행자는 미리 준비한 반구조화된 면접지를 중심으로 질문을 진행하면서 보조진행자들은 미흡한 부분에 관해 보충 질문하거나 새롭게 도출된 궁금한 사항에 관해 질문하였다.

언 및 지지', '참여자 검토기법' 2가지 방법을 활용하였다. 어떤 연구라도 연구자 한 사람에 의한 해석은 치중되고 왜곡될 수 있으므로, 이를 보완하기 위해 북한이탈주민을 대상으로 질적 연구의 경험을 지닌 통일학 박사 1인과 연구의 결과에 관해 내용을 검토하고 텍스트를 반복적으로 확인 및 보완하는 작업을 거쳤다. 마지막으로 연구참여자를 만나 연구결과의 해석과 코딩의 관련성 여부를 재확인하는 작업을 하였다. 구체적으로 연구참여자 1과 2는 인터뷰 종료 후 대면으로 1회 만나 연구자가 분석한 자료를 확인하며 불분명하게 이해되거나 확인해야 할 내용에 관해 직접 묻고 확인하는 방식으로 피드백 받았다(2023년 8월, 9월). 또한 연구참여자 3과 4는 전화로 탈북연도와 잔여 가족 등 몇몇 인구 사회학적 정보를 확인하고 수정하는 작업 외 연구참여자들이 보고한 내용 가운데 미확인되거나 불분명한 것이 있는 부분에 관해 확인하는 과정을 통해 왜곡된 사실과 오류를 최소화하고자 하였다.

〈표 2〉 연구참여자들의 생활양식 탐색을 위한 질문지

| 면접질문지 | | |
|---|---|---|
| 1회기 | 인구 사회학적 정보, 북한에서의 생활양식에 관한 탐색, 남한 생활양식에서의 장단점, 남한사회에서 북한과 달리 변화된 생활양식, 자신의 생활양식에 대한 동기, 욕구 및 기대 등 | • 인구 사회학적 변인 관련 질문(탈북 시기, 연령, 고향, 현재 거주지 및 가족 관계 등)<br>• 북한에서는 어떠한 일상을 보내셨나요? 구체적으로 아침에 일어나서 잠들 때까지 주로 어떠한 일상을 보내셨는지 궁금합니다.<br>• 시간, 돈, 일과 여가 등에 있어서 주로 반복되었던 패턴이 있었는지 궁금합니다. 반대로 자율적으로 변경할 수 있는 영역은 무엇이었는지 궁금합니다.<br>• 북한에서는 어떠한 일상을 보냈습니까? 구체적으로 아침에 일어나서 무엇을 했는지, 식사와 빨래, 가사일은 어떠한 방식으로 했는지 등에 관해 예시를 들어 설명해주시기 바랍니다.<br>• 남한 생활에서 북한과는 달리 바뀐 생활양식이 있는지 궁금합니다. |

| | | |
| --- | --- | --- |
| 1회기 | 인구 사회학적 정보, 북한에서의 생활양식에 관한 탐색, 남한 생활양식에서의 장단점, 남한사회에서 북한과 달리 변화된 생활양식, 자신의 생활양식에 대한 동기, 욕구 및 기대 등 | • 어떤 생활양식을 위해(예. 아침 일찍 일어나기/시간 조절) 노력하고 있다면, 그 노력은 무엇 때문에 가능합니까? (동기, 욕구와 기대 등) 예컨대 자신의 의지, 북한사람으로서의 자존심, 기타 보상심리(돈, 성취감, 보람 등), 부모의 기대충족 등에 관해 설명해주시기 바랍니다.<br>• 북한에 비해, 남한에서의 생활방식에서 특히 좋았던 점은 무엇입니까? 어떠한 이유로 좋았는지(예. 이동의 자유, 가전제품의 사용, 24시 편의점) 등에 관해 예를 들어 자세히 설명해주시기 바랍니다. 반대로, 북한에서의 더 좋았던 점이 있으십니까? 그렇다면 무엇입니까? 특별히 고향에서 그리운 일상이 있다면 소개해주시기 바랍니다.<br>• 현재와 달리, 미래 변화시키고자 하는 '생활양식'이 있을까요? 예컨대 여가를 좀 더 충분히 혹은 다양하게 만들어가겠다든지, 혹은 더 치열하게 공부하여 단기간에 성공 가도를 달린다든지, 또는 큰돈을 벌어 더 좋은 집이나 자동차를 구매하여 화려한 일상을 만들어가겠다는 일 등<br>• 특히 일상생활에서 중요하게 생각하는 삶의 가치는 무엇입니까? (세계관)<br>• 요즘 가장 관심 있는 일(혹은 즐거웠던 경험)은 무엇인지 궁금합니다. 반대로 당신의 마음을 가장 괴롭히는 일은 무엇입니까? |
| 2회기 | 자신만의 생활양식을 추구하는 이유와 그 의미, 자신의 생활양식을 추구해나갈 수 있는 심리 내·외적 자원과 그 의미, 미래의 계획, 느낀 점 나누기 | • 가족 성분 위주/다소 수동적인 일상(북한)에서 입남 후 보다 폭넓은 선택과 자유가 주어진 일상으로 이해됩니다. 이는 당신의 심리 내면에 어떠한 영향을 미쳤을지 설명해주시기 바랍니다.<br>• 인터넷과 다양한 티비 채널을 통해 보다 다양한 욕구가 발생했을 수도 있습니다. 예컨대 예쁜 카페를 가고, 해외여행을 가고 싶다든지, 보다 좋은 의복과 조건이 좋은 집에서 살고 싶다든지 등 이와 같이 욕구가 확장(혹은 축소)되어 가는 건 어찌 보면 더 돈을 많이 벌고 노력해야 함을 의미할 수도 있잖아요. 이 부분에 관한 당신의 생각이 궁금합니다. |

| 면접질문지 | | |
|---|---|---|
| 2회기 | 자신만의 생활양식을 추구하는 이유와 그 의미, 자신의 생활양식을 추구해나갈 수 있는 심리 내·외적 자원과 그 의미, 미래의 계획, 느낀 점 나누기 | • 북한에 비해 일과 학업의 강도는 어떠합니까? 이러한 상황은 당신에게 어떠한 영향을 미치고 있습니까? 마지막으로 학업에 고군분투하며 열심히 일할 수 있는 에너지는 어디에서(어떤 가치관, 신념 혹은 성공에 대한 갈망 등) 발현되는지 궁금합니다.<br>• 자신의 꿈(미래 계획)에 관해 듣고 싶습니다. |

## 1) 사례소개

이 장에서는 연구참여자 4명을 대상으로 각 개인의 생활양식을 그들의 생생한 증언을 예증적 방식으로 제시하며, 그들의 생활방식이 어떠한지 사례자마다 북한에서의 생활과 남한에서의 생활을 순차적으로 증언을 제시하며 어떠한 삶의 방식으로 살아가는지 살펴보고자 한다. 아래 내용을 통해 북한이탈주민들이 지닌 고유한 개성과 가치관, 삶의 방식과 태도 등에 관한 생활양식을 이해할 수 있을 것이다.

**사례 1** **"중도의 길을 걷는 여인"** (35세, 여성, 최민영)[5]

**사례자 소개**

저는 2018년 2월 남한으로 왔습니다. 지금 내 나이는 서른 중반이고 병원에 다녀요. 취업한 지 석 달 됐습니다. 고향은 북한 나선[6]입니다. '나선'(신해동)

---

5  본 장에 기술된 탈북청년들의 이름은 모두 가명임을 밝힙니다.

6  나선특별시(Naseon)는 북한 함경북도 동해안의 북쪽 끝에 있는 시이다. 동쪽은 두만강을 경계로 중국·러시아연방 및 동해와 접하고, 서쪽은 은덕군·회령시·청진시, 동남쪽은 동해, 북쪽은 은덕군과

아시나요? 여기서 온 탈북자들 많이 없죠?! 인천에서 혼자 삽니다. 어머니
랑 남동생은 북에 남아 있어요. 남한 오면 좋은데, 넘어올 생각이 없답니다.
보고 싶죠. 외롭고요. 살 만하냐고요? 최저시급 받긴 하는데요. 그럭저럭 괜
찮습니다. 감사하게 살고 있어요. 다른 언니들처럼 억척스럽게 살고 싶지는
않더라고요. '넘치지도 않고 부족하지도 않게' 살라고 어머니가 가르쳐주셨
거든요. 돈도 없는데 말이오(하하). 그래도 절약하면서 잘 삽니다. 날이 더울
때면 집 앞에 큰 쇼핑센터 있거든요. 거기 가면 시원합니다. 에어컨 한두 시
간 쐬고 오면 돈도 안 들고 좋죠! 나오는 길에 시장에서 우엉이나 이천 원어
치 사오면 말려서 한참 마셔요. 조금씩 우려 냉장고에 넣어 놓으면 여름에
그만한 물이 없습니다. 제 성격이요? 사람 잘 안 믿어요. 겁나서 잘 안 나갑
니다. 믿을 사람 몇이나 됩니까? 아는 언니들 다단계 빠지고 그러데요. 큰돈
못 벌어도 번 만큼 아껴 쓰면 됩니다. 우리 엄니가 그랬어요. 식당에 음식 남
아도 절대 가져오지 말라고요. 그렇게 억척스럽게 안 살아도 다 살아진답
니다.

## (1) 나선에서의 민영 씨 일상

### 중학교는 왜 가야 하는지 … 엄마 장사 돕고 가사도우미 했죠

그냥 첫째는 경제 사정이고, 딱히 갈 이유가 없었어요. 한두 번 그러고 안 그
래요. 그리고 학교를 안 다녀도 졸업은 할 수 있거든요. 그래 가지고 졸업증
따는 거는 진짜 쉬워요. 졸업증은 있어요, 저도. 그냥 여기 와서 조금 배우고

---

접한다(두산백과, 2023). 연구참여자에게 나선에 살았던 이유를 묻자, 나선이라는 지역에 친척도 없고,
아무런 연관이 전혀 없었는데 살기 어렵다고 어머니가 장사를 다니기 위해 그쪽으로 터를 잡고 살기
시작했다고 했다. 아울러 마약 하고 범죄 저지르는 건 많이 못 봤지만, 마약 자체가 불법이라서 그걸로
돈 버는 사람들이 많다고 했다. 그러다가 색출되는 일도 있다고 했다. 그리고 '마약'을 얼음 또는 빙두
라고 부른다고 했다.

싫어 가지고 안 했다고 하긴 했는데 그렇게 하시는 분들이 대부분이에요. 집에서 놀면서. 엄마가 장사를 했어요. 엄마 장사 따라다니고. 그리고 그때 저희가 살림이 진짜 어려워 가지고 다른 집 가사도우미 들어갔거든요. 저는 그 집에 들어가서 가사도우미 하면서 직장 얻기까지 그렇게 살았어요.

### (호텔에서 10년 근무) 집단생활 형태의 호텔근무

(호텔에서 일하게 된 이유는 무엇인가요?) 나선 하면 대개 중국 사람들, 러시아 사람들이 바다 보러 오거든요. 그러니까 바다 주변으로 해서 거의 호텔들이 쭉 다 있는 거죠 … 저는 직장을 다니다 보니 일을 했어요. 아침에 5시에 기상하는데, 호텔이다 보니까 일찍 일어나서 일찍 뭔가를 준비해야 했어요. 손님들 깨기 전에 먼저 일어나서 할 수 있는 거 다 해놔야 해서, 5시에 집단적으로 일어나요. 여자 기숙사, 남자 기숙사 따로 있었는데 남자 직원들을 깨워서 아침 체조를 해요. 저희가 원하고 좋아서 하는 게 아니고 원래 시스템이 그렇다 보니 체육복을 입고 나와서 30~40분 체조하고, 이후에는 각자 맡은 부분들 있잖아요. 데스크, 접대 등. 손님들 일어나기 전에 청소를 하고 아침에 손님들 나오면 맞이하고, 보내고, 청소하고 또 손님 받고. 거의 이런 일을 10년 넘게 반복하다 보니까 똑같은 패턴이 매일 반복됐어요. 저는 주로 카운터 봤어요. 노래방은 내국인용이 아니고 외국인들만 할 수 있는 곳인데요, 거기도 일하고요. 계속 이렇게 로테이션했거든요. 룸메이드를 하면 아침에 일어나서 체조하고 청소하는 건 똑같아요. 그런데 식사하고 방을 확인하러 가잖아요. 그러면 그때 비품이 있는지, 제자리에 있는지 확인하고 손님들 보내고 저희는 청소하고 다시 방을 정리하고 그래요. 저녁에 7시쯤 되면 그때부터 손님들이 들어와요. 저희는 중국인 관광객이 주로 메인이었고, 러시아 분들도 있었거든요. 그때 들어와서 손님들이 요구하는 것들 들어주고 빠르면 12시 늦으면 새벽 1~2시까지 일했어요. 손님들이 자기 전까지 저희

도 못 자니까, 손님이 못 자면 앉아서 기다려야 했어요. 돈 같은 경우는 월급을 쳤었어요. 한 달에 평균으로 하면 비수기, 성수기 있는데 50위안? (한국 돈으로 어느 정도 됩니까) 150위안이면, 잠시만요. 한 27만 원, 월급이 그 정도였어요.

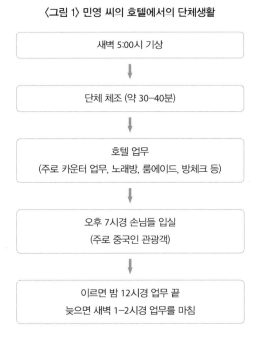

〈그림 1〉 민영 씨의 호텔에서의 단체생활

새벽 5:00시 기상

↓

단체 체조 (약 30~40분)

↓

호텔 업무
(주로 카운터 업무, 노래방, 룸에이드, 방체크 등)

↓

오후 7시경 손님들 입실
(주로 중국인 관광객)

↓

이르면 밤 12시경 업무 끝
늦으면 새벽 1~2시경 업무를 마침

## 눈치껏 챙기는 팁?

먹고 자고 하는 것은 회사에서 다 하는데, 그 외에 여자들은 아무래도 옷이나 화장품 그 외에 또 축의금 이런 것도 있잖아요. 근데 이것 가지고 충족하지 못해서 월급 외에 직장, 회사 안에서의 아르바이트는 아니지만, 용돈 나올 수 있는 그런 것들이 있어요. 예를 들면 손님들이 팁을 준다든가, 팁은 윗

사람이 보지 않으면 다 내 주머니에 들어올 수 있는데, 윗사람의 가이드나 또 보위원이 따라다니거든요. 손님 간 다음에 그 사람들한테 다 반납하는 거예요. 내가 수고해서 받았는데 다 줘야 해요. 다행히 그 사람 안 보면 내가 쓸 수도 있는 건데, 손님들도 눈치가 있으셔서 몰래 주는 경우가 많아 가지고 그런 용돈도 있었고. 노래방 같은 거 하면 시간당 얼마 있어 가지고 거기서도 조절해서 할 수가 있어요.

### 눈만 잘 굴러가면 먹고살만? 성수기 때는 300위안

저 같은 거는 호텔이다 보니까 비수기랑 나뉘거든요. 성수기 때는 한 달에 300위안씩 벌었어요. 그리고 쌀은 따로 주고 했는데, 저희 같은 거는 월급에 매달려 회사에 다니는 게 아니고, 손님들 간에 팁도 있고 그런 거죠. 내가 혼자서 눈만 잘 굴러가면 얼마든지 내 하나는 건사할 수 있는 벌이가 있었거든요. 그런 거 노리는 분들이 많아요, 젊은 여성들이. 20대 초반? 이런 분들은 거의 봉사원이죠. 여기서 서비스업이라고 하나요?

나선의 명소에 관해 묻자 '비파동'이라고 했다. 바다가 육지랑 이어져 있지는 않은데 다리를 만들어 놓았다고 했다. 그쪽에 가면 안에 작은 섬이 있는데, '비파섬'이라고 부른다고 했다. 그리고 그 섬에서 '물개'를 볼 수 있다고 했고, 많은 사람이 물개를 보러 많이 온다고 했다. 아마도 나선의 관광 사업이 아닐까 싶다. 사전을 찾아보니(위키백과, 2023), 그녀 말대로 비파도(琵琶島)는 조선민주주의인민공화국 행정구역상 라선특별시 라진구역 송평동에 있는 섬이며, 둑으로 연결되어 있어서 비파해수욕장에서 걸어서 섬으로 갈 수 있다고 한다.

## 평양 방문도 시켜줍디다

그런데 혼자 간 게 아니고, 직장에서 휴가 조직해 가지고 일단 비용을 다 직장에서 대준다니까 갔죠 … 평양 시내 거의 다 갔어요. 일단 김일성이 있는 동상, 만수대랑 거기도 갔다 오고, 천리마 동상이라고 그쪽도 가보고. 옥류관, 청류관도 갔다 오고. 그때 가면 주체사상 탑이라고, 거기 대동강 옆에 있는 거기. 그리고 요즘에 막 시위라고 해야 하나? 열병식이라고 행사하는 광장이 있거든요. TV에서 봤을 때는 엄청 크게 보였는데 가보니까 진짜 안 크더라고요. 작았어요.

## (전기 나올 때) 순풍산부인과, 몰래 보는 드라마 & 한국 노래

저희도 중국 드라마도 그렇고 중국 사람들도 많이 보잖아요. 그렇다 보니 여자들이 옷을 뭔가 중국 사람들처럼, 저 있을 때는 나팔바지랑 매니큐어도(샵은 없지만 혼자서 할 수 있는 일) 유행했어요. 사실 동네에서만 이렇게 입고 시내에 나간다든가 시장을 간다든가 하면 이렇게 절대 못 하거든요. 거의 사계절을 전문으로 단속하는 사람들이 있어요. 그렇게 입고 다니고 머리 매직을 하고 풀고 다니다가 단속에 걸리게 되면 찍히거든요. 청년동맹의 제일 위, 부장이 있는데 거기까지 이름이 올라가면 정말 힘든 게 거기서 그 사람이 다는 학교, 회사로 이름이 전해져서 학교나 회사 내 따돌림이나 왕따 당하기 쉬워요. 괜히 티 나게 입었다가 … 저희는 동네에서는 이렇게 하고 다녀도 되는데 거리나 그 밖에서는 안 됐어요. 드라마는 중국 드라마 많이 봤었죠 … 송혜교 씨 처음에 순풍산부인과 나오는 것도 아주 옛날 거죠. 그런 것도 봤어요. 전기가 없으니까 매일 보진 못했고, 일주일에 서너 번 정도 봤어요. 거의 중국 드라마를 많이 봤고, 음악은 한국 음악을 조금씩 들었어요. 음악 듣는다고 하고 몰래 듣는다고 하면 무조건 한국 노래였어요.

### (몰래 하는) 매직과 갈색까지 허용되는 염색

머리 매직은 일반적이었는데 이게 10cm를 넘으면 안 되거든요. 매직해서 묶고 다니는 건 괜찮았고 염색은 한국처럼 티 나게는 안 되지만 갈색까지는 허용해줬어요. 헤어샵이 있어서 매직이나 염색을 해주는데 몰래 해주는 거죠. 그분들도 알려지게 되면 사업하기가 곤란해서 몰래 해주죠. 근데 또 권력이 세거나, 돈이 많은 집안은 얼마든지 그렇게 하고 다녔어요. (걸리면) 엄청 혼내고 불려가고, 지도원이라고 있거든요. 거기에 불려가서 혼나는 것보다, 혼나고 학교를 청소시킨다거나 김일성, 김정일 있는 그런 곳을 청소시킨다거나 그런 처벌을 받아요. 그렇게 하고 선생님이 들어오셔서 청소 제대로 됐는지 확인하시고 그렇게 끝나요. 경제적으로 여유가 있으면 선생님한테 돈을 주고 부모가 와서 "이 학생 좀 봐달라, 내 딸은 진로가 그런 쪽이라 이해해 달라"라는 식으로 거짓 사정을 얘기하고 요구를 해요. 돈을 내고 그러니까 봐주는 것 같아요.

### 휴가? (관광업계 사람한테) 여가가 뭐인가요

한 달에 명절 같은 거 끼면 쉬긴 쉬거든요, 근데 이게 관광업계 같은 경우는 명절, 주말 관계없이 사람을 받다 보니까 거의 못 쉬고. 그래서 성수기에는 일체 가사도 없어야 하고 사적인 뭣도 없어야 하고 이미 그렇게 선포를 해요. 이때 빠지면 누구 대신할 사람 없다. 그래서 성수기 5개월 정도는 거의 쉬지 못한다고 보시면 돼요. 여가는 거의 없죠. 여기처럼 '여가를 가진다' 이런 말은 사실 거기서 잘 못 들어봤어요.

### (개인 집에 컴퓨터는 거의 없고) 노트북

컴퓨터가 있어도 유용하지는 않아요. 인터넷이 없어 가지고. 그런데 기업이라든가, 회사, 회계하시는 분들은 여기처럼 엑셀 같은 거 아무래도 해야 하니까 있고, 개인 집에 컴퓨터는 거의 없어요. 노트북 같은 거는 있는데 그걸로 다 게임만 해요.

## 선택할 수 없는 고통

내가 선택할 수 없다는 게 얼마나 고통스러운 건지 … 이해가 안 되실 수 있는데 … 북한에서 있으면 일하다가 내가 그냥 아무것도 안 하고 놀고 싶을 때가 있어요. 여기서도 일탈하고 싶을 때가 있잖아요. 이걸 내가 할 수 없는 게 2개월 되면 괜찮은데, 3개월 되면 못 놀게 하거든요. 3개월 넘으면 무직자를 색출해 내고. 이게 진단서나 법적으로 나를 대신할 수 있는 증거 같은 게 있으면 괜찮은데, 그런 게 없으면 그게 좀 불가능해요. 저는 당연히 했지만. 주위에선 3개월 이상 지났는데, 부모님이 백이 없어서, 돈이 없어서 … 진단서 떼려고 해도 다 돈이니까. 3개월씩 갔다가, 5개월씩 갔다가 그게 다 찍혀 가지고 아무 데도 직장도 구할 수 없고, 여행은 더더욱, 그래서 여행도 내가 어디 가고 싶어서, 물론 가긴 하는데 그 과정이 좀 복잡하죠.

민영 씨는 나선에서 10년이나 호텔에서 단체생활을 하였다. 그녀의 일상은 아침부터 늦은 밤까지 반복되는 매우 바쁜 일상이었다. 기존의 문헌을 보면(통일교육원, 2002, 통일교육원 2003), 북한사람들은 아주 특별한 경우를 제외하곤 하루 13시간 정도의 노동을 하는 것으로 이해된다. 민영 씨가 증언한 바와 같이 여가생활이라고는 찾아보기 어렵다. 아니, 여가라는 개념 자체가 전무해 보인다. 민영 씨의 경우, 한국 노래를 듣거나 중국 드라마를 보고 몰래 매직이나 염색을 하는 일 등이 일상의 소소한 즐거움인 듯하다. 그러니까 민영 씨의 일상은 필자의 시각에서 보면 다소 수동적이자 타인 의식적인 삶의 형태로 보인다.

## (2) 인천에서 간호조무사로 살아가는 민영 씨

민영 씨는 인천시 부평구에 소재한 작은 집에 전세로 살고 있다. 그녀는 그 집이 하나원 퇴소 후 국가의 주거지원제도로 받은 집이 아닌 점에 관해 뿌듯해했다. 그녀의 성격은 매우 내성적인 듯하다. 초면에 가족 이야기를 묻자 북한에 어머니와 동생이 있다는 말 외에는 꺼내려 하지 않았다. 난 눈치껏 다른 주제로 넘어갔고, 그녀는 모든 면에서 아끼며 산다고 했다. 그러니까 외식은 거의 없었고 앞으로도 그럴 것이라고 강한 어조로 답했다. 그러면서도 탈북과정에서 소위 말하는 트라우마 같은 게 없다고 하며, 감사한 일상을 보내고 있다고 했다. 정말 트라우마가 없는 것인지 아니면 빠르게 피해가고 싶은 건 아닐까 하는 의구심이 들었지만, 상담이 아니므로 패스하기로 했다.

**(배고픈 거, 또 누군가로부터 제재당하는 게 싫어서) 2016년부터 마음속으로 결심**

제가 좀 외국인들이 있는 데서 일하다 보니까 조금씩 접하게 됐어요. 특히 한국에 대해서 처음으로 듣게 됐고. 사실 17년도에 그냥 중국으로 도망치려고 했어요. 저희는 대개 여자들이 멋 부리는 걸 좋아하잖아요. 그런데 옷도 마음대로 못 입고, 머리도 내 마음대로 못 하고 이런 제재가 너무 심하다 보니까 저는 조금 그런 거 너무 싫어하고, 날 터치하고 그런 거 너무 싫거든요. 제가 그런 성향이 있거든요. 순종을 잘 못 해 가지고. 그러다 보니까 자꾸 외국인들의 그런 게 너무 부럽기도 하고, 아 저런 데 가서 한번 살고 싶다, 이런 게 딱 16년도부터 계속 그렇게 생각하다가 17년도에는 아, 나, 가야 하겠다. 그때 경제는 대북제재 그때 막 시작됐으니까. 그러면서 그냥 나는 갈 수밖에 없는 그런 거라서 일단 가보자. 한국을 목표로 했는데, 아는 사람도 없고 브로커도 없이 왔거든요. 그래서 그냥 중국을 먼저 갔다가, 일단 거기서 어떤 수를 써서라고 한국에 가기로 결심했어요. 결국은 저의 동기는 자유인 것 같아요. 두 번째는 또다시 배고플까 봐.

### 가족 … 언제 보려나? 볼 수는 있을까요

북한에서 좋았던 점은 아무래도 가족이겠죠? 가족이랑 같이 있으니까 항상 안정된 상태였죠.

### 무슨 트라우마?

엄마랑 동생은 위에 계시고 저 혼자 왔어요. 제가 오면서 겪었던 트라우마? 사실 여기서 잘 못 느끼고 살아 가지고요. 사실 북한에 있을 때도 그렇게 트라우마 받으면서 그렇게 안 자라 가지고 … 워낙 어머니가 저희를 잘 돌보셔서 고생하면서 유복하게 자랐다고 봐야죠. 탈북하면서 어떤 겪었던 그런 것들은 제 케이스가 특별히 잘 되었던 거라서 크게 어려움을 겪지 않았어요. 그래도 저는 엄청 힘들게 왔다고 생각했는데 또 다른 분들 얘기 들어보니까 진짜 어렵게 왔더라고요. 그에 비하면 저는 정말 괜찮은 케이스구나 … 저 스스로 그렇게 생각하고 있어요. 그리고 여기 와서도 막 힘들고 그런 적은 거의 없었던 것 같아요.

민영 씨는 자신이 북한 출신인 사실을 누구에게나 말하지 않는다. 남한 간호사 언니들이 그렇게 하라고 했다. 자본주의 사회에 왔으니 자기 것을 챙겨야 한다고 알려줬다고 한다. 그래야 사람들이 무시하지 않기 때문에. 그래도 민영 씨는 늘 고민이다. 남한에서 태어난 사람들과 많이 다르다는 사실이 문득문득 뼛속을 파고든다. 삼십 대 중반 나이에 간호조무사 자격증을 따려고 학원에 다니는데. 여기 사람들은 큰 평수의 아파트로 이사 가려고 발버둥 친다. 그때마다 마음에 먹구름이 내리지만, 다시 마음을 잡고 자신만의 신념을 다잡는다. 아니면 마음에 병이 생기니까. 고향에 계신 어머니가 가르쳐 주신 대로 '적당껏 살기'로 의지를 굳히곤 한다.

### 북한사람이라고 말하기? 사람 봐서 …

그냥 저는 계속 볼 분, 앞으로도 쭉 알아갈 분은 무조건 북한에서 왔다고 처음부터 소개를 하죠. 그런데 한번 스치는 사람들 진짜 많잖아요. 그 사람들한테는 굳이 내가 이렇게 말을 안 해도 되죠. 물론 말한다고 해서 나쁠 것도 없지만 … 말을 안 한다고 해서 뭐 좋을 거도 없죠. 주변 친한 간호사들이 말하지 말라고 하기도 하고요 … 고향이 어디예요? 그러면 그게 제일 난감한 질문이에요. 제발 물어보지 말았으면 좋겠는데, 내 말이 이상한 거 나도 알겠는데 그분도 궁금하시잖아요. 이 말은 어디 말이냐고, 고향이 어디세요 하면 제일 난감하고 … 북한이라고 밝히기 조금 싫은 것 같아요.

### 남한에서 태어난 사람 못 따라가죠 …

저는 아직도, 물론 이제는 한국사람이라고 생각은 하며 살기는 하지만 북한에서 왔다는, 북한에서 태어났다는 정체성은 없어지지 않아요. 어떤 새로운 도전하기도 두렵고, 저의 30대 또래 보면 저보다 엄청 앞서나간 걸 느끼거든요. 그분들이 생활하는 거나 얘기할 때 보면 솔직히 말하면 끼지도 못하고, 요즘 트렌드가 저런 거네 그냥 옆에서 듣고 있을 뿐, 쉽게 휩쓸리지를 못하기 때문에 저는 아직도 이런 게 많은 것 같아요. 나 북한에서 와서 많이 떨어져 있고 아직도 따라가려면 너무 벅차기도 하고. 그런 것 같습니다.

다행인 점이 있다. 다행스럽게도. 인터넷과 핸드폰을 잘 다룬다. 나이 든 탈북 언니들에 비하면 확실히 민영 씨가 우월하다.

### 다행인 건, 인터넷

조금 다른 게 있다면, 예전에 오신 기성세대 분들과는 인터넷 활용 능력에서 차이가 있는 것 같아요. 아예 그분들은 쉬운데 도전을 안 하려고 하는데 … 저는 어렵지 않아요.

빈영 씨에게 '자유'란 무엇일까? 질문을 던져봤다. 그녀는 '자유'와 '책임'이라는 두 개의 단어를 묶어 설명하였다. 그러면서 북한에서 선택할 수 없었던 고통이 얼마나 불편했는지 비교하며 설명했다. 그러면서 그녀는 자신이 속한 교회를 예로 들며 자유로운 남한이지만 때로는 자유롭지 못할 때가 있다고 이야기했다. 자신을 도와준 사람들이 교회 사람들이므로 그들을 배신할 수 없어 계속 공동체에 속해 있는 일이나 가기 싫은 야유회 같은 데를 가야 하는 일 등이 일상에서 귀찮게 느껴지는 모양이다. 어쨌든 그녀는 자유에는 책임이 뒤따른다는 사실을 믿고 있었다.

### 자유와 책임

저는 '자유'가 '책임'과 되게 가깝다고 생각이 들거든요. 내가 자유를 선택함으로써 그에 따른 나에게 다가오는 어떤 것들은 내가 책임질 수 있어야 하잖아요. 그걸 내가 선택할 수 있다고 생각해요.

### 선택할 수 있어 좋아요

남한에서 좋은 건 선택의 기회가 너무 많아서 좋아요, 저는. 내가 학교 가고 싶으면 갈 수 있잖아요. 노력하면 갈 수 있고. 근데 내가 대학교에 안 가고 취직하려면 그렇게 할 수 있고. 물론 선택에 따른 결과는 본인이 책임져야 겠지만 어쨌든 선택할 수 있는 길이 너무 많아서 좋아요.

## 자유로운데 자유롭지 않은 일상?

사실 여기서도 자유롭긴 한데, 어떤 공동체 안에서는 자유롭지 못할 때가 더 많더라고요. 교회 다니는 친구들 보면 교회 행사가 많잖아요, 수련회도 있고. 북에서부터 그게 너무 싫다 보니까 ⋯ 교회 공동체 생활이 너무 싫은 거예요. 교회 가서는 이렇게 솔직하게 말을 못 하거든요. 너무 잘 대해주니까 차마 거기에 "여기 공동체 생활 너무 싫어요" 이렇게 못 하겠는데 사실 저는 "어디 참가하세요, 어디 같이 가요" 이런 것도 너무 싫거든요. 병원 안에서도 자유롭긴 한데 그 안에서 룰이 있어요. 이제 그걸 안 지키면 안 되죠. 북한에서는 "나 아파서 못 나가겠네" 이런 걸 전혀 할 수 없거든요. 내 선택권이 아예 없죠.

민영 씨에게 남북의 '일(work)'이 어떻게 다른지 10점 척도로 질문하였다. 10점이 매우 힘들고 1점이 아주 수월하다고 할 때 민영 씨는 북한은 '10점', 남한은 '5점'이라고 했다. 두 배 정도 차이가 나는 것이다. 그러면서 그녀는 남한이 가장 좋은 점은 정해진 날짜에 월급이 들어오는 것이라고 했다. 북한은 돈이 들어오지 않아도 의문점을 갖거나 자신의 권리를 챙길 노동부와 같은 신고절차가 없다고 했다. 돈이 안 들어오는 달이면 못 받은 걸로 끝이 나는 것이다.

### 일의 강도, 여기서는 (10점 만점에) 5점

할 일이 정해져 있어서, 북한에서 일할 때랑 비교해 보면 너무 쉽거든요. 이렇게 일하는데 이만큼 월급을 타고 ⋯ 북한이랑 비교가 안 되죠. 저에게는 힘들지 않은 일이고. (0~10점, 10점이 힘든 숫자라고 하면 북한에서는 몇 점이고 한국에서는 몇 점이에요?) 여기서는 5점 정도. 북한에서는 10 정도?

### 돈에 대한 기준이 이제야 …

사실 북한에 있을 때 월급이라 하면 여기에 비해 진짜 아무것도 아니죠. 그렇지만 그 돈이 적은지 모르고 일했어요. 네, 기준이 없고. 사실 그렇게 주는 기업이 있다는 것 자체가 북한에서는 조금 신기한 일이라서. 여기 와서 일한 지 얼마 안 됐는데 … 저는 돈에 대한 개념이 확실해 가지고. 월급을 타면 어느 정도 정확하게 서축하고 쓸 거 따로 내놓고, 이런 걸 되게 하고 싶었는데 북한에서는 그게 안 돼서. 사실 여기서 뭔가 처음 돈을 내가 다뤄보고 내가 일한 만큼 받은 보수? 이런 게 처음이라서 이걸 어떻게 북한이랑 비교가 안 될 것 같아요. 북한에서는 월급 자체를 모르는 사람이 너무 많아 가지고.

### 급여가 들어온다는 사실에 대한 확신 …

이것이 여기는 다달이, 다음 달에 들어온다는 약속이 되어 있잖아요. 북한에선 그런 게 없어 가지고 50위안이 이번 달에 나한테 생길 수도 있고, 안 생길 수도 있으니까 …

이렇게 정해진 날짜에 돈을 받는 경험은 민영 씨에게 새로운 목표를 만들어줬다. 몇 달 모으면 옷을 사야지, 몇 년 뒤에는 전세자금을 모아봐야지 등 기초적인 삶의 터전을 만들겠다는 의지를 가져다준 셈이다. 또 하나 한국이 좋은 점은 자격증 제도가 있기 때문이라고 했다. 한국에서 그녀가 무엇으로 자신의 능력을 입증할 수 있으랴. 그녀는 간호조무사 자격과정을 밟아 병원 취업에 성공하였다. 혈혈단신 홀로 넘어온 그녀. 그녀는 자신의 노력으로 간호조무사라는 정체성을 획득하였고, 자신의 능력을 계발하고 증명해 보일 수 있다는 사실이 매우 다행스럽다.

**확실한 자격증 제도, 너무 좋죠!**

아 여기 와서요? 사실 저는 그게 가능하다고 생각했었거든요. 너무 좋다고
생각했죠. 내가 시간만 들이고, 노력 정성 들이고 하면. 그리고 여기 좋은 게
자격증도 많이 있잖아요. 일을 하려면 자격증이 있어야 한다든가. 그게 어떤
나를 대신하는 거라고 볼 수 있는데, 북한에는 이런 자격, 그런 게 없어 가지
고. 있긴 있어요. 많지 않아서 나를 어떻게 들여다볼 수 있는 그런 게.

아래 사진은 민영 씨가 2022년 처음으로 해외에 방문하여 찍은 사진이다.
상상만 했던 해외여행. 직접 발을 딛고 보니 감회가 새롭다.

〈사진 1. 민영 씨의 생애 첫 해외여행〉

그녀는 안전감을 추구하는 유형으로 보인다. 나처럼 섣부른 도전은 좋아
하지 않는 스타일. 게다가 무엇을 하든, 자신을 혹사시키지 않을 정도까지만

한다. 이 점도 나와 아주 다른 점이다. 그녀에게는 중요한 삶의 원칙이 있다. '적당히 살자'는 것이다. 치열하게 돈을 모으거나 과도하게 공부하는 일은 없다. 본래 그녀는 간호사가 되고자 공부한 적이 있는데 공부할 게 너무 많아 포기하기로 결심했다. 북에 계신 어머니의 가르침대로 부족하지 않을 정도로만 살아가는 것이 중요한 그녀의 삶의 원칙이다.

### 나를 … 혹사시키지 않을 정도?

많이 벌고 싶다기보다는 그냥 제가 할 수 있는? 너무 힘들게 일하는 건 좀 별로 … 나를 너무 혹사시키면서 돈 버는 것을 안 좋아해서요. 그냥 제가 엄청 말라서, 쓰러지지 않을 정도로 체력 단련하면서. 전 사실, 좀 창피하긴 한데 여기서 알바를 못 해봤거든요, 아직. 알바에 대한 경험도 없고 다른 일에 대한 경험도 없긴 하지만. 그렇게 엄청 돈을 벌면 좋긴 하지만 그렇게 벌면 사람들이 귀가 넓어져서 사기를 당한다거나, 다단계에 뛰어들고 그런 사람을 많이 봤어 가지고. 그냥 너무 넘치지도 않고 너무 비지도 않고 적당히 있는 게 저는 좋은 것 같아요.

### 간호사를 할까, 간호조무사를 할까

처음에 간호사를 하려고 쭉 와서 봤는데, 제 나이가 적지 않잖아요. 여기서 새로 시작하기엔. 뭔가 이제 자격증 따서 할 수 있는 게, 의료 쪽에 인력이 많이 부족하잖아요. 그쪽은 거의 취직이 100% 된다고 해서. 검정고시 만났던 멘토 선생님이랑 그런 고민을 하고 간호과를 했었는데, 간호학과 나잇대가 15살 차이 이모뻘 되는데, 제가 공부가 안되더라고요.

마지막으로 민영 씨에게 한국사람들의 북한사회나 북한사람에 대한 편견과 고정관념이 어떤 거 같냐고 물었다. 너무 진지한 답변을 기대했을까. 그녀는 시간이 지나면 자연스럽게 통합될 것이라고 했다. 특히 자신들이 남한 주민답게 살아야 한다고 했다. 공식적인 회의석상에서 주로 나왔던 거창한 답변과는 아주 다른 민영 씨만의 솔루션이다.

### 여기 주민답게 살면

개개인의 관점이 일단 북한사람을 보는 시각이 바뀌어야 하지만요 사실 시간이 지나면 그것도 바뀌지 않을까 싶어요. 요즘은 사실 잘 넘어오는 분들이 엄청 줄어들었잖아요, 예전에 비해. 여기 사람들이 북한사람들을 차별적인 시선으로 보는 게 저는 당연하다고 생각해요. 근데 시간이 지나면 이것도 그 한국 모든 분들이 이것 또한 당연한 것으로 받아들이지 않을까. 그러기 위해서 오신 분들 모든 분들, 또 여기 와서도 북한처럼 사는 게 아니라 여기에 왔으면 여기 주민답게 살다 보면 자연히 통합이 될 수 있다고 생각해요.

민영 씨는 북한에서와는 분명 다른 일상을 경험해나갔다. 북한에서는 당이 정해준 호텔리어로 살았기 때문에 어떤 직업이 자신에게 맞을지 크게 생각해본 적이 없다. 그러니까 단체생활이 불편한 건지 괜찮은 건지 별다른 의식도 없었다. 모두가 그랬던 것처럼. 성실하게 일했을 뿐이다. 대부분 시키는 대로. 그런데 남한에 와보니 어떤 게 맞냐고 자꾸 묻는다. 진로 검사를 하고 적성과 개성을 찾아야 한다고 하고. 먹고살 만한 월급이면 충분할 거 같은데 말이다. 이러한 과정에서 그녀는 삼십 대 중반의 나이를 걸어가는 사람으로 앞으로 길게 할 수 있는 일이 무엇일지에 관해 초점을 두었다. 그리고 선택한 길이 간호조무사의 길이었다. 병원에 입사해서 다행이었고 눈치껏 적응해나갔다. 간호사들의 눈치를 보며. 실수하지는 않을지, 한국식 말투는 잘 쓰고 있는지 등에 관해서 말이다. 경력 없는 초자 간호조무사는 석 달 정도 하루가 끝나야만 안도의 한숨을 내쉬곤 했다. 그래도 친절한 몇몇 간호사들은 민영 씨를 잘 챙겨주었다. 가끔 북한에 있는 가족들이 보고 싶다고 말도 할 수 있을 정도로 가까워졌다.

그녀는 자기 혼자 남한에서 편하게 사는 게 죄책감이 들 때도 많다. 그럴 때마다 교회에서 만난 그룹홈 언니 동생들을 벗 삼아 수다를 떨 수 있으니 다행이다. 인터뷰를 마쳐가는 시점, 민영 씨는 결혼계획이 있다고 했다. 난 남한사람인지 북한사람인지 물었다. 괜히 물어봤나 싶었다. 그녀는 남한사람이라고 했다. 그리고 새 아파트가 있다고 강조하여 말했다. 보금자리는 그녀에게 아주 중요한 것 같다.

> ☑ **연구노트**[7]
>
> 인터뷰를 마치고 석 달쯤 지난 시점이었다. 필자는 인터뷰 자료 분석의 내용에 왜곡이 없는지, 또한 식사도 할 겸 겸사겸사 만나기로 했다. 그녀는 내게 마라탕을 좋아한다고 몇 차례 이야기했던 적이 있다. 그래, 마라탕도 먹어볼 겸, 난 양재역 부근의 한 마라탕 집으로 약속 장소를 잡았다. 그녀가 그날 강남 쪽에 일이 있기도 했고, 좀 더 정확히 말하면, 그녀는 자신이 식재료를 마음껏 골라 먹을 수 있다는 점이 마라탕의 매력이라고 했다. 어쨌든 약속 장소에 도착했다. 이미 줄을 서있다. 줄 서서 기다리는 걸 좋아하지 않는 나로서는 벌써 지쳐오는데 … 운이 좋게도 마지막 테이블을 잡았다.
>
> 약속 시각이 넘어도 그녀는 나타나지 않았다. 줄 서 있는 사람들의 눈초리가 매우 불편했다. 당연히 난 화가 났고 핸드폰만 만지작거렸다. 잠깐 동안 여러 생각이 스쳐 갔다. 북한사람 문화인가. 오늘만 벌어진 그녀의 실수인가. 전화를 해도 받지 않았다. 나가야 할지 말아야 할지 고민할 찰나 그녀에게 전화가 왔다. 지금 일이 끝났다고 했다. 휴. 한숨부터 나왔지만. 일단 테이블을 비워주는 게 우선되는 일일 듯하여 밖으로 나갔다. 그녀는 40분 정도 늦을 것이라고 했다. 그녀를 밖에서 처음 만나는 일이었으므로 원래 그녀가 약속을 잘 지키지 않는 것인지 아닌지 알 길이 없었다. 난 동네 맛집들을 구경하며 그녀를 기다렸다. 목적 없이 배회하는 일을 오랜만에 해서 그런지 사람 구경에 기분이 괜찮았다.
>
> 40여 분이 지나자, 저쪽에서 한 여성이 걸어왔다. 자그마한 키에 흰색 마스크를 끼고 걸어오며 어리둥절한 모습이 사람을 찾는 듯했다. 그녀가 맞다. 난 화가 났지만, 초면이므로 내색하지 않았다. 그녀는 발을 동동 구르며

---

7  연구노트란 연구자가 연구의 시작부터 결과도출에 이르기까지의 과정에서 기억 왜곡을 최소화하고 연구참여자를 사회적 맥락에서 보다 정확하게 파악하기 위해 기록한 자료를 말한다.

빠른 걸음으로 내게 다가왔다. 우리가 식당으로 들어가자 다행스럽게도 점심시간이 지난 시점이므로 바로 테이블에 앉을 수 있었다. 난 마라탕을 먹어보지 않았으므로 그녀의 안내에 따라 움직였다. 그녀는 내게 큰 볼을 건네더니 새우, 오뎅, 버섯 등 여러 재료를 볼에 담으라고 했다. 갑자기 신선한 재료들 때문일까. 재밌는 기분이다. 난 큰 볼을 저울에 올리며 계산을 마쳤다. 그녀 거까지.

우리는 식사를 시작했다. 예상대로 그녀는 말수가 없었다. 침묵이 흐르다 말다, 하는데 … 우리는 여러 차례 인터뷰의 시간을 거쳤으므로 곧 이야기에 몰입할 수 있었다. 병원에서 일하는 건 괜찮은지, 북에 계신 어머님은 한국에 오실 계획이 있는지 등에 관해 자연스럽게 이야기를 나눴다. 그녀는 말을 건네기 전에는 잘 말하지 않았다. 날 경계하는 건지 스타일이 그런 건지 모르겠다.

우리는 식사를 마치고 가까운 카페에 들러 차를 마셨다. 그녀는 따뜻한 오미자차를 마시고 난 시원한 레몬차를 마셨다. 카공족들이 많아 아주 조용했다. 그녀는 몇 모금 차를 마시더니 자신의 결혼계획을 전해왔다. 한국에 가족도 친척도 아무도 없다고 했다. 남편은 어디 사람이냐고 물었다. 이런. 급한 성격에 후회했다. 남편은 남한에서 태어난 남성으로 다섯 살 많다고 했다. 그녀는 날 초대한다고 했다. 왜일까. 난 흔쾌히 참석한다고 했다. 그런데 아직 초대한 남한사람은 한 명도 없다고 했다. 그럼 난 어떤 자격으로 참석해야 하는 건가. 잠깐 고민이됐다. 부디 그녀가 의지할 수 있는 배우자를 만나 진심 어린 행복을 키워나갈 수 있기를 바라며, 내년 4월에 웨딩드레스를 입은 그녀를 다시 만나야겠다. 마지막으로 그녀는 조심스럽게 약속 시각에 늦어 좀 그랬죠? 라고하며 미안한 마음을 밝혔다. 북한사람이라 그런 게 아니라 간호 일이 늦게 끝나 늦게 된 그녀에게도 아주 가끔벌어지는 오늘만의 실수였다.

### 사례 2  "해외 선교를 꿈꾸는 여대생" (22세, 여성, 정예나)

예나 씨를 안 지는 3년이 넘었다. 3년 전 그녀는 자신이 얼마나 북한사람인 사실을 말하고 싶었는지 모른다고 하며 하루 종일 시간 가는 줄 모르고 그녀의 탈북과정에 관해 이야기한 적이 있다. 초밥을 먹으며 차를 마시고 다시 차를 타고 드라이브를 하며 그녀와 많은 시간을 보냈다. 다른 연구에서 처음 연구참여자로 만난 이후로 계속 인연을 맺어오고 있다. 그래서인지 그녀와의 전화와 만남은 내게 익숙하다. 이번에도 흔쾌히 연구에 참여 의사를 밝혀주어 고마웠다.

## 사례자 소개

저는 2018년도 남한으로 왔습니다. 아시죠? 교수님?! 이번에는 어떤 주제로 만나는 거예요? 저랑 같이 책 쓰실래요? 교수님?! 저 이번에 해외여행 다녀왔어요. 캄보디아. 아, 그런데 이번에 학점이 안 좋아요. 교수 되려면 학점 좋아야 하죠? 교수 되고 싶어요. 방학이 길잖아요. 안정적이고요. 왜 이리 하고 싶은 게 많죠?! (몇 살이더라?) 23살입니다. 참, 이제야 브로커 비용 다 갚았습니다. 오빠는 분가했어요. 조카는 예쁜데 새언니는 안 친해요. 아시죠? 아무튼, 저 북한에서 어떻게 살았냐고요? 혜산이라고 잘 아시죠? 거기서 저 인기 많았었잖아요. (하하하) 저희는 가족 다 왔고, 이모네 가족들도 다 여기 계시잖아요. 운이 좋은 거죠. 혼자 오신 분들도 많은데요 ⋯ 근데 몇 년간 브로커 비용 갚느라고 죽는 줄 알았습니다. 제가 간호학과 다니잖아요. 영어도 안 되는데 ⋯ 그니까 남들보다 공부 더 해야 하는데 밤새 편의점 알바해서 돈 벌어 보탰죠. 부모님 도와드려야죠. 당연히! 고생하시는데요. 가끔 생각해요. 여기서 태어났다면 어땠을까. 여기 애들만큼 더 빨리 잘 했을 텐데 말입니다. 저희 이번에 파주에 아파트 샀어요. 이제야 임대아파트에서 벗어난 거죠. 새언니가 알려줘서 약 2억 후반대 아파트 대출 끼고 샀는데요 좋죠! 늘 옷장 갖는 게 소원이었잖아요. 이제야 옷장이 생겼습니다. 지금은 휴학 중이에요. 영어 마스터 하려고요! 영어 잘해야 유리한 거 같아요. 교수 되려면요. 왜인 줄 아세요? 방학이 길기 때문에. 선생도 아니더라고요. 저는 여행 다니는 거 좋아해서 방학이 길어야 하거든요. 방학 때 해외여행 다니려고요. 가끔 선교도 가고요. 여기 교수님들은 체면 중요한 거 같아요. 맞죠? 근데 저는 교수로 자리 잡아도 투잡 쓰리잡 뛰어 돈 벌 거예요. 여러 가지 일하면서 돈 벌어야 여기 애들 따라잡잖아요. 한국은 맛집도 많고 예쁜 카페도 많고. 와! 정말 하고 싶은 게 너무 많아요. 노래방도 얼마나 예쁘고 좋은지! 사진 보실래요? 맛있는 거 사 먹으려면 아르바이트 해야죠. 참, 저 남친이랑 헤어졌어요. (음 … ) 그래도 뭐 어쩔 수 없죠. 인터뷰 언제 끝나요? 저 아르바이트 가야 하거든요.

## (1) 혜산에서의 쾌활한 예나 씨 일상

북한은 가족 성분이 중요하다고 하지 않은가. 예나 씨가 말한 대로 '엄마가 노동자면 자식도 노동자, 엄마가 간부이면 자식도 간부'인 걸까. 그렇다. 크게 운이 좋은 경우가 아니면 대부분 북한사람의 행동반경은 크게 바뀌지 않는다. 어쨌든 국가체제는 그러하나 예나 씨에게는 소소한 고향에서의 추억거리가 많다. 친구들과 길거리에서 신나게 춤췄다고 한다. 한국과는 다르게. 신촌이나 홍대 앞마당에 다니는 청년들이 특별한 자리가 마련되지 않는 이상 평상시에 신나게 춤추는 일은 본 적이 없다. 이 얘기를 듣다 보니 북한이 어떤 면에서는 훨씬 자유로워 보인다.

그리고 예나 씨는 해바라기 씨를 까먹던 추억을 자주 언급했다. 친구들이 그리운 듯하다. 그녀는 유복한 편이었고 친구들 사이에서 인기가 좋았다고 했다. 여기에서처럼 무시 받는 경험은 거의 없었다. 어디를 가나 자신이 주목 받는 위치에 있었던 것 같다. 집이 어느 정도 살았으므로 먹을 것이 있었기 때문이라고 했다. 옷도 캐릭터가 그려진 옷을 입을 정도였으니 인기가 괜찮다. 특히 기억나는 추억이 있다. 방과 후 친구들과 MP3를 듣고 왁스(본명은 조혜리로 1972년생 대한민국의 가수) 노래 가사를 받아 적어보던 일이다. 그리고 단속하지 않는 지역에서 유행하는 옷을 입어보곤 했다. 다만 뭔가 모르게 자유롭게 말할 수 없었던 느낌은 온전히 지울 수 없다고 했다. 뭔가 억압된 느낌이랄까.

### 엄마(또는 아빠)가 노동자면 자식도 노동자

북한에서는 그런 것 같아요. 엄마가 노동자면 자식도 노동자고, 엄마가 간부이면 자식도 간부이다. 이런 게 있어요. 공부를 엄청 잘하는 여학생이 있었어요. 근데 그 친구가 집이 좀 가난했어요. 학교 나와서도 대학 못 가고 그 성적이면 얼마든지 원하는 대학에 갈 수 있는데, 못 가고 돌격대대, 열차를 건설하고 그런 일 하는 곳에 갔어요. 제 일은 아니지만 보면서 아까운 친구였어요.

### 자유로웠던 북한 생활 & 표현이 없는 불행

외적인 것이 아니라 내적으로 자유. 사상에 어긋나지 않는 선에서 내 마음대로 할 수 있는 것. 길거리에서 춤을 추고 즐겁게 놀던 시절 … 표현이 없는 것이 불행한 것 같아요. 보고 싶으면 전화해서 보고 싶다고 말해야 하는데 그것을 못 하는 것이 억압받는 것이. 내 마음을 표출하고 싶은데 못 하는 것? 그것이 불행이 아닐까 싶어요. 마음을 전달하지 못하는 것 말입니다.

### 수업, 국수집

고등학교 때 같은데요. 8시 반이어서 8시까지 등교했던 것 같아요. 학교 가서 수업 다 끝나면 저희도 2시였어요. 밥 먹으러 갔다가 3시까지 다시 학교를 나와야 해요. 그 1시간 동안 집에 가기 싫고 하니까 친구들이랑 밥 먹으러 가요. 그 동네에 저희는 시장 안에 학교가 있었어요, 그래서 학교를 나오면 먹을거리가 엄청 많았어요. 친구들이랑 몇 명이 밥 먹고, 친구 중에 국수집 하는 친구가 있어서 거기 가서 국수 먹고 그렇게 하고 다시 학교에 가요. 5시까지 복습 공부를 하고 집에 가는 루틴. (중, 고등학생 때 같이 노는 것이 뭐가 그렇게 즐거웠어요?) 수업 같이 안 듣고 같이 꽁냥꽁냥 하고 해바라기 씨 까먹고 같이 끝나면 오고 그랬던 것.

### 방과후 친구들과 놀고 ⋯ 영어공부 ⋯ 왁스 노래 받아 적기?

집에 가서 할 일이 없으니까 저는 영어 배우기 전에는 친구 집에 놀러 가요. 저는 공부하는 학생은 아니었고, 그래서 친구들이랑 놀러 가요. 먹으러 가든 어딜 놀러 가요. 수영하러 가거나 산에 올라가거나, 산, 바다, 강이 근처에 있었거든요. 그렇게 놀러 갔다가 9시 돼서 집에 들어가서 씻고 잠들죠 ⋯ 저희는 할 재능이 없으니까, 한국 노래를 듣고 그걸 해석해요. MP3를 듣고 막 가사를 써요. 그 노래 썼어요, 왁스 노래인데 '날 떠난 이유'[8]인가? 그런 노래가 있었어요. 다른 노래는 다 괜찮은데 그 노래만 말이 엄청 이상하게 전달이 돼서 밤새 노트에 적는 작업을 했어요.

### 유행하는 옷도 입어보고 ⋯

학교 밖 외부에서 몰래 유행을 따라 하는 학생은 80% 되는 것 같아요. 외부에서 만날 때 어떤 지역에 가면 걸리지 않는 지역이 있어요. 걸리지 않는 곳으로 가서 유행하는 옷을 입거나 해요.

### (입장료 없이) 산에서 썰매를 타고 ⋯

산 올라가는 사람들이 있잖아요. 그 사람들이 계속 올라가다 보면 길이 만들어지는데 얼음 눈을 치우지는 않잖아요. 그 길마다 비닐을 하나 놓고 썰매를 탈 수도 있고 ⋯

---

8 〈날 떠난 이유〉는 2000년 대한민국 가수 왁스의 노래이다. 가사는 아래와 같다. 〈문득 바람에 뒤를 돌아봐. 가고 싶은 길이 하나 있어. 모를 일이야. 이런 나의~ 맘 잊고 살아야만 할 길인데. 차마 너에겐 갈 수가 없어. 삶은 내게 용길 주지 않아. 알고 싶었어. 나를 떠난 이유. 사랑을 늘 이별도 아쉬워. 비 내리는 이 길에 서서. 하늘 보며 기다렸어, 매일. 나를 버린 죄책감에 아파하는 너. 소식이라도 들을까 해서 사랑 때문에 친굴 버렸어. 내게 있는 모둘 버려야 했어. 그것만으론 부족했었나. 내게 남은 건 오직 추억뿐. 비 내리는 이 길에 서서. 하늘 보며 기다렸어. 매일 나를 버린 죄책감에 아파하는 너의 소식이라도 들을까 해서, 용서하고 다시 시작하고, 과거를 과거로 돌리는 것이. 사랑하기에 겪어야 할 고통이라면. 기쁨으로 나 살아갈 텐데. 기쁨으로 나 살아갈 텐데.〉

아래 사진은 예나 씨가 북한에서 친오빠와 그의 친구들과 함께 방문했던 량강도 삼지연시에 위치한 삼지연(三池淵)이다. 당시 예나 씨가 핸드폰으로 촬영한 사진이다. 집에서 서너 시간 택시를 타고 갔다고 했고 도착한 후 한국의 아파트와 유사한 형태지만 훨씬 낙후한 곳에 들어가 숙박이 가능한지 물었다고 했다. 그곳은 돈을 내고 식사를 할 수 있었으며 얼음 축제가 있어 어떠한 제약 없이 즐겁게 놀다 왔던 추억의 장소라고 했다.

〈사진 2. 예나 씨가 방문한 삼지연〉

북한사람들은 의무적으로 생활총화⁹라는 것을 한다. 내가 만난 북한이탈

---

9  생활총화란 북한 주민들이 자기가 소속된 당이나 기관, 근로 단체에서 매주, 매월, 매 분기, 연별로 각자의 업무와 공·사생활을 반성하고 상호 비판하는 모임(통일부, 2023)을 말한다.

주민들은 한국에서는 이 모임이 없으므로 좋다고 했다. 그들에게 시간이 좀 더 충분히 확보될까? 반드시 그렇지만은 않은 듯하다. 예나 씨의 경우 여분의 시간을 아르바이트로 꽉 채웠다. 그녀는 여러 종류의 아르바이트를 해봤다. 이종사촌과 함께 지하철 앞에서 전단지 돌리는 일부터 편의점, 식당 등이다. 전단지 돌리는 일은 정직하게 하지 않았으므로(일부 빼돌림) 양심의 가책을 느끼고 갑자기 종료했다고 했다.

한국에서의 아르바이트는 그녀에게 매력적이다. 계약서를 쓰기 때문에 아르바이트 급여를 안정적으로 확정할 수 있다. 그리고 오너가 돈을 주지 않으면 권리를 주장할 수 있는 창구가 마련되어 있다는 점이 좋다고 했다. 이와 달리 북한에서는 교실 청소부터 꽃을 심고 흙을 파는 일 등 여러 일에 동원되었지만 아무런 대가가 없었던 점을 비판했다.

### 일주일에 한 번, 생활총화

일주일에 한 번씩 생활총화를 했는데 그럴 때마다 한 친구가 계속 지목받은 적도 있어요. 선생님 있고 그 옆에 분단위원장 앉아 있고 그 옆에 학생들이 앉아 있는데, 선생님도 듣다가 나가시고 분단위원장 친구가 혼자 책임지거든요. 저희 학교는 그런 시스템이었어요. 거의 장난식이었어요. 그렇지만 분단위원장이 보고서도 써서 내야 하고 진행을 해서, 참여하는 시스템은 맞는데 그 안의 내용은 장난도 있었어요. 무섭진 않았고, 어릴 때는 한 기억이 없어요. 소학교 1, 2학년까지는 분단위원장이 없어요. 3, 4학년부터 분단위원장 나가고 있거든요. 그때부터 제대로 하는데, 그 전에는 선생님들이 앉아서 아이들이 아직 미숙하니까 뭘 읽어줬어요. 김일성, 김정일 관련 업적을 읽어주고, 이후에 분단위원장이 나오고 그 체계를 배웠고, 기본적으로 된 건 중학교 때부터였어요. 소학교 때는 시스템을 다지는 때였어요.

### 보상 없는 삶

아무리 학교에서 수업을 듣고 열심히 청소를 해도 보상이 없잖아요. 당연한 거고. 여기서는 고등학교 다닐 때는 환경 가꾸는 것을 했거든요. 그러니까 상도 타고 보상이 따르니까 너무 좋고요. 알바를 할 때 일을 꼼꼼하게 하니까 나에게 신입 교육을 하도록 애들을 붙여주고.… 그런 것들이 지친다고 해도 누군가가 믿어주고 보상을 주니까요. 그런데 아무것도 안 하면 뭔가 피폐해지는 삶이 되고 보상도 따르지 않고 나를 인정받을 길도 없고요. 불행은 아닌데 그런 삶이 싫은 것 같아요.

한국에 와서 생각해보니 북한의 학교시스템은 매우 이상했다. 선생들이 돈을 걷어 교실 환경을 꾸민다? 어이없는 일이다. 학생들에게 돈을 걷어 교실에 놓을 TV를 사고 스피커를 구매했던 일도 있었다. 모두 어처구니없다. 이제야 북한의 교육환경이 제대로 보인다. 그리고 암기를 잘 못 하는 사람도 뇌물 하나면 통과된다. 선생에게 필요한 물품을 바치면 패스! 한마디로 부도덕하고 불법이 일상이다. 그리고 돈 있는 애들은 선생에게 돈을 주고[10] 부족한 과목을 보충받던 일도 많다. 돈이면 뭐든 되는 사회라고 했다.

### 학생에게 돈을 걷어 교실 환경을 업그레이드?

돈이 많으면 TV나 스피커 등을 다른 반보다 빨리 꾸밀 수 있는데, 그런 반이 1등 반이 돼요. 그래서 선생님이 계속 재촉하죠. 빨리 돈 내자든가, 뭘 하자고 하고, 그게 잘되지 않으면 학생들보다는 선생님이 더 이기려고 분단위

---

10 북한에서는 근로 소득 외 부수적으로 생기는 부수입을 '먹을 알'이라 칭한다고 한다. 과거 최고의 직업으로 꼽혔던 노동당 간부나 보안원보다도 현재 '먹을 알'이 더 많이 확보되는 택시기사가 최근 선호 직업으로 여겨지고 있으며 유명 호텔이나 음식점 등에서 음식을 서빙하고 무대에서 공연도 선보이는 접대원은 꾸준히 북한 여성들에게 인기 있는 직종으로 여겨지고 있다(KBS World, 2023).

원장이나 학급 반장에게 돈을 더 걷어내고 그런 것 같아요. 선생님이 오히려 바쁘고 학생들은 되면 좋고 안 돼도 별생각 없는 것 같아요.

### 선생에게 주는 뇌물

경제적으로 여유가 있으면 선생님한테 돈을 주고 부모가 와서 "이 학생 좀 봐달라, 내 딸은 진로가 그런 쪽이라 이해해 달라"라는 식으로 거짓 사정을 얘기하고 요구를 해요. 돈을 내고 그러니까 봐주는 것 같아요.

### 암기 못 해도 …

(사상에 관한 암기) 성적을 잘 받으려고 외우는 친구들이 있고, 나중에 고등학교에 올라가면 빨간 넥타이를 매잖아요. 그때 외우는 100문답이 있는데, 그걸 다 외워야 통과할 수 있어요. 한 학생당 10문제라거나, 아니면 다 외워서 통과하는 친구들도 되게 많아요. 네, 그렇지 않으면 넥타이를 못 매니까 … 근데 거의 다 올려 보내줘요. 그래서 매번 외우러 와요. 못 외우면 다른 시스템이 있어요. 김일성, 김정일 사진이 있는 전시관이 있으면 거기서 필요한 물품을 사 오는 것으로 대체하는 시스템이 있어요. 정말 못 외우는 친구들은 어쩔 수 없어서요.

## (2) 파주에서 살아가는 예나 씨의 일상

그녀에게 자유란 무엇일까. 그녀의 설명이 잘 이해되지 않았으나 남한사회의 법체계가 복잡하다는 의미 같다. 그러면서 그녀는 도통 이해할 수 없는 말을 했다. 북한은 (MBTI 성격검사[11]를 들며) 사고형인 'F(Feeling)'들이 살기 좋은

---

11 MBTI는 성격검사의 한 종류이다. 이 검사는 카를 융의 초기 분석심리학 모델을 바탕으로 1944년에 작가 캐서린 쿡 브릭스(Katharine C. Briggs)와 그녀의 딸 이사벨 브릭스 마이어스(Isabel B. Myers)

곳이며, 남한은 감정형 'T(Thinking)'들이 살기 좋은 곳이라고 한다. 도대체 성격검사가 왜 나오는지 도통 모르겠다.

### 자유가 있는 듯, 없는 듯

(북한과는) 다른 것 같아요, 자유. 거기는 그냥 자유가 있다면 체계적인 자유가 없었고, 여기서는 체계적인 자유가 있고 그런 자유는 없는 것 같아요. 거기서는 법에, 단체 속에서의 자유는 없는데, 개인 각자의 삶에는 자유가 있던 것 같고. 여기서는 그런 정부에 대한 억압은 없지만, 개인이 뭐만 하면 법에 걸린다거나 누군가 좀 예뻐서 쳐다보면 성추행으로 걸릴 수 있고 그래서, 그런 자유는 없는 것 같아요. 아기가 너무 귀여워서 보면 나중에 범죄자로 몰아가고, 그런 자유는 없는 것 같아요. 고향에는 그런 자유가 있는 것 같아요. 아기가 너무 귀여우면 귀여워서 보기도 하고 … (거기서는 막 춤추고 놀았는데 … ) 그것도 시끄럽다고 얘기하고 막 민원 넣고, 그게 자유가 없는 거죠.

### 북한은 F들이, 남한은 T들이 살기 좋은 곳?

뭔가 대한민국은 T들이 살기 좋은 곳, 북한은 F들이 살기 좋은 곳? MBTI로 봤을 때. 대한민국이 경쟁도 치열하고 너무 힘들다고 했잖아요. 공부하는 것도 그렇고요.

아래 두 개의 글(〈네들이 북한을 아냐?〉, 〈백두산에 호랑이가 있나?〉)은 그녀가 쓴 글이다. 첫 번째 글에서 그녀는 북한에도 한국만큼 있을 건 다 있다는 주장이다. 무언가 모를 자존심이 강하게 엿보인다. 두 번째 글에서는 백두산에 호

---

에 의해 개발된 자기 보고형 성격 유형 검사이다. 이 성격검사에서는 사람의 성격을 16가지의 유형으로 나누어 설명한다.

랑이가 있냐고 질문한, 한 선생님을 문제 삼고 있다. 진짜 호랑이가 있나? 난 재작년 북한에 사는 동물을 연구하는 한 영국인을 만났다. 호랑이 연구하러 한국에 왔는데 북한사람을 소개해달라는 이메일을 받고 말이다. 내 코가 석 자인데 난 그에게 서른 명에 가까운 친구들을 소개해줬다. 어쨌든 그를 만나면서 알게 된 점은 호랑이는 국경이 없다는 점. 그것이 사람과 가장 큰 차이점이라고 했다.

### 네들이 북한을 아냐?

북한에 초코렛 있어?

솜사탕 있어?

음악도 들을 수 있어?

이런 많은 질문을 받았다.

70년 떨어져 산 동포가 어떻게

문화 차이를 알 수 있으랴.

'네들이 북한을 아냐?!'

기분이 몹시 나빴다.

하지만 어느새 이런 질문들에

익숙해진 나를 발견했고,

나의 불편한 마음을 눈치챘는지

나에게 친구들도 더 이상 물어보지 않았다.

북한에도 한국처럼 '없는 것' 빼고는 다 있다.

### 백두산에 호랑이가 있나?

북한에 호랑이가 정말 사는가?

북한에 백두산 호랑이가 많이 살고 있냐고

대한민국 사람들이 자주 물어봤다.

난 북한에서 18년을 살았지만 잘 모른다.

진짜 백두산에 호랑이가 있나?

진짜일까? 가짜일까?

난 백두산 근처에서 살았었고,

그러므로 산에도 많이 가봤다.

그리고 탈북하는 과정에서 백두산을

내 발로 24시간 밟은 여자다.

그런데 호랑이 그림자도, 호랑이 발자국도

본 적이 없는 건 왜일까?

1960년대에는 백두산 무인 지대였기에

백두산에 호랑이 있었다고

할머니들이 옛말처럼 해주곤 했다.

백두산 호랑이 본 사람 찾습니다.

### 무시하는 분위기, 담임샘의 당황스러운 질문

그러면서도 저한테 같은 통진읍에 사는데, 그래도 저는 도시에서 살았었거든요. 저한테 이것도 아냐 저것도 아냐 물어보고 … 사는 게 얼마 다르지도 않으면서, 같은 임대아파트 살면서 저는 다른 취급하고 이러는 거예요. 그리고 저한테 사탕은 먹어봤냐고 얘기를 하는 거예요. 당연히 먹어봤지 얘기하고. 그리고 수업하다가도 교수님이 저한테 "너 백두산 쪽에 살았으면 호랑이 봤니?" 이러시는데 지금 어디 호랑이가 있어요. 물어봐도 진짜 … 제가 지방에서 학교 다녔었거든요. 늘 이런 프로그램이(사회문화 통합 관련 프로그램) 있으면 얘기하는데, 서울만 그런 교육을 하는 게 아니라 지방도 교육해줬으면 좋겠다. 제가 읍에서 살았거든요, 통진읍이라고. 거기 사람들은 그런

분이 있었어요.

결국, 그녀는 상처를 받고 통진에서 이사했다. 물론 위 사건 하나 때문은 아니다. 복잡한 친구 관계와 서울 부근으로 와야 한다는 의지도 함께 작동한 결과였다. 어쨌든 그녀는 자신을 무시하는 학교가 마음에 들지 않았다.

이러한 과정은 그녀에게 오기를 불러일으켰다. 남한 애들을 이겨야 한다는 강박으로 작동했다. 북한에서 태어난 사람도 탁월하게 공부를 잘할 수 있다는 사실을 증명해 보이고 싶었다. 그런데 그녀의 의지만큼 잘되지 않았다. 모르는 게 많았다. 학원 시스템도 몰랐고 그녀를 지지해줄 만한 경제적 여건도 부족했다. 박스회사에서 일하고 일용직 노동자로 일하는 부모님이 애처롭기만 했다. 동시에 혼자 헤쳐나가야 하는 현실이 억울하고 분했다. 특히 주말이면 스테이크를 먹으러 외식하러 나가는 여유로운 가족들이 늘 그녀의 마음 한편에 불편한 장면으로 아른거렸다. 그럴수록 더 이를 악물고 북한사람이라는 열등한 라벨 딱지를 떼버리려고 발버둥 쳤다. 좌절과 낙심, 강박적으로 이겨야 한다는 의지와 실패감 등 다이내믹한 역동으로 격한 마음의 파도는 쉽게 잦아들지 않았다.

**남한 애들 이겨야지 …**

(남한에서 태어난 애들 못 이기면?) 서운하죠. 개보다 월등해야지. 그쪽에서 왔으니까라는 인식도 있잖아요. 이런 인터뷰하는 것도 북한이랑 남한이랑 달라서 다른 점 조금이라도 찾으려고 인터뷰하잖아요. 그런데 내가 게네보다 나태해지면 "북한 애들은 원래 그래"라고 생각할 수 있잖아요. 그게 얼마든지 할 수 있는 건데. 자존심. 성취하는 만큼 행복감 수치가 점점 올라가잖아요.

### 그런데 노력해야 겨우 …

같은 북한사람이지만 언제 넘어왔냐는 출발선이 다른 … 아예 나는 30~40대에 넘어와서 회사 가고 돈 벌고 이러면 상관없는데, 학생 때 왔잖아요. 제 친구도 학생 때 왔는데, 그 친구는 완전히 어릴 때 왔잖아요. 그 친구는 학원도 다니고 엄마 아빠가 보내주고, 여기서 똑같은 삶을 살았는데. 저는 와서 학원이란 걸 못 다녀보고 그냥 학원 시스템도 잘 몰랐고 하니까 그런 공백기간이 느껴지니까 어떻게 해서든 비슷하게 만들어야 한다는 강박? 나는 북한사람인데 북한사람 안 되고 싶은 느낌 있잖아요.

사는 게 힘들었다. 대부분. 그래도 적응해나갔지만 … 어느 날 점심시간은 얼굴이 화끈거렸다. "땡땡땡!" 점심 종이 치길래 배가 고파 집으로 달려가려고 신발을 끄집어냈다. 그때, 친구들은 그녀의 행동을 이상하게 쳐다봤고 눈치를 챈 몇몇 친구가 급식실에서 밥을 먹을 수 있다고 알려주었다. '아, 여긴 한국이지.', '아, 내가 무얼 잘못한 걸까.' 눈치를 보고 있을 때쯤 급식실이 있다는 사실을 깨닫게 됐다.

### 밥 먹으러 집에 가는데 …

북한 학교에 급식실은 없었다.
탈북하고 고등학교 입학했다.
점심시간이었다.
종소리가 울리자
바로 신발을 챙기고 집에 가려고 했다.
그런데 친구들이 어디에 가느냐고 말을 건넨다.
나는 친구들에게 밥을 먹으러 집에 간다고 했다.
친구들이 의심스러운 눈빛으로 나를 쳐다봤다.

그리고 이렇게 말했다. 2층에 급식실이 있다고.

나는 급식실이 어떤 뜻인지 몰랐다.

어쨌든 친구를 졸졸 따라갔다.

점심을 맛있게 먹고 교실로 돌아왔다.

친구들에게 물어봤다.

대한민국 모든 학교가 급식실이 있냐고.

친구들이 나에게 이런 말을 했다.

너희 고향에서는 어디에서 밥을 먹었냐고.

난 (북에서는) 집에 가서 먹었고,

학교에는 급식실이 없다고 했다.

이 말에 엄청 놀란 모습으로

친구는 나를 쳐다만 봤다.


치열하게 공부했다. 남한에서 태어난 친구들보다 월등해지려고 말이다. 그녀는 노력 끝에 남들이 부러워할 만한 서울 소재 한 대학 간호학과에 입학했다. 성공의 쾌감! 가족들과 행복을 누릴 때쯤 대학 공부가 만만치 않음을 깨달았다. 특히 영어가 부족했다. 온전히 한국사람처럼 되고 싶었다. 머리끝부터 발끝까지. 북한사람인 걸 아무도 눈치채지 못하도록 말이다. 성공적이었다. 현재까지 그녀의 대학 친구들은 그녀가 북한에서 온 북한사람인 사실을 알지 못한다. 딱 한 명의 베프(가장 친한 친구)만 빼고 말이다.

큰 짐이 되는 브로커 비용을 갚는 일이 우선이었으므로 틈나는 대로 일했다. 무엇이든 닥치는 대로 일했는데 특히 밤새워 일할 수 있는 편의점에서 일을 많이 했다. 수업 마치고도 할 수 있으므로. 그렇게 피곤한 삶을 살자니 종종 슬픔이 밀려오곤 했다. 육체적으로 노동하시는 부모님이 떠오르고 여행을 다니는 여유로운 친구들의 가정이 대비되어 그려지기 일쑤다.

다행인지 불행인지 한국의 환경은 그녀가 슬퍼할 겨를 없이 시각적인 유혹들을 마주하게 했다. 홍대 거리의 푸드트럭, 디자인 숍, 쇼윈도에 장식된 트렌치코트와 가방, 구두와 액세서리 집 등이다. 무엇보다 향수는 그녀가 가장 좋아하는 것이다. 향뿐만 아니라 우아한 자태의 향수병들. 그녀는 할 수 있는 건 다 해보고 죽겠다고 한다. 그리고 해외여행과 선교, 다른 문화를 경험하는 일만큼 즐거운 일이 있을까. 마지막으로 자유란 무엇인지, 왜 공부하는지, 인간은 왜 사랑하는 사람을 찾아 헤매는지 등 철학적인 토론의 장이 즐겁다. 이런 인터뷰도 좋다고 했다.

### 바쁘게, 바쁘게, 바쁘게

바쁜 것이 행복한 것 같아요. 바쁘지 않으면 잡생각을 하게 되고 내 삶이 폐쇄적이게 되는 것처럼 뭔가 바쁘게 살고 만약 내일은 뭔가 할 수 없는 병에 걸린다면 좀 그렇잖아요. 이 상황을 최선으로 다하고 싶은 마음.

〈사진 3. 예나 씨의 편의점 야간 근무 中〉

## 시간 관리, 치열한 일상

일단 아침에 무조건 8시에 일어난다? 제가 지금 휴학했는데, 휴학하기 전엔 6시에 일어났는데 휴학을 하고 무조건 8시에 일어나고 무조건 12~1시에 자는 시스템 … 전에 12시까지는 과외 하고 공부하고, 오후에는 밥 먹고 씻고 2~3시 되면 독서실 가서 공부를 6~7시까지 하다가 집에 들어와서 밥 먹고 남은 시간 2시간 정도 공부를 하고 … 네, 그건 휴식 시간을 없앤다거나, 아니면 저녁 공부 시간을 없앤가 아니면 야간 알바를 하든가 그렇게 하는 시스템.

## 호기심 천국

너무 궁금한 게 많잖아요, 대한민국에 왔으면. 북한에서 그렇게 모르고 살면서, 유튜브도 없지, 해외 나갈 수도 없지. 근데 여기 오니까 해외 나갈 수도 있고, 그런 궁금함? 북에서는 그러잖아요, 여기서는 다 로봇이 해주는데 왜 바쁘지? 그런데도 할 게 많잖아요. 북한에서는 빨래도 내가 하고 밥도 내가 하고, 불도 내가 하고 막 바쁘지 않잖아요, 할 게 그것밖에 없으니까.

## 구경할 게 끝이 없네

거기서는 제가 만약에 오늘의 나랑 거기서의 나랑 있었으면, 거기서의 나는 아마 밥하고 밥 먹고 친구들이랑 놀고 그랬을 거예요. 근데 여기서는 여기서 일 2시간 하고, 영어공부 2시간 하고, 알바도 나가고, 동영상도 보고, 밖에 나가서 예쁜 카페 둘러보고 이렇게 하면 시간이 금방 가잖아요. 이쪽에 내가 있을 때 바쁜 환경이 많이 주어지는 것 같아요. 뭘 할 수 있는 환경이? 거기는 환경이 안 주어지는 것 같아요, 그래서 바쁜 것 같아요.

### 철학적 생각의 즐거움

그 대신 여길 와서 느낀 건데, 북한에서는 내가 살아도 살아있는 것 같지가 않은 느낌? 그러니까 철학적인 질문을 할 수 없는 내가 너무 한심한, 나를 바보로 만드는 사회? 여길 와서 "자유란 뭐지?"라는 생각을 가질 수 있는 게 너무 좋은 것 같아요. 그게 사람의 성향인데, 저는 이렇게 살든, 저렇게 살든 남들 생각하는 거 나도 다 생각해보고 싶다? 동물들과 다른 점이잖아요. 동물들은 생각을 못 하는데 인간들은 생각할 수 있는 거. 나는 인간인데 그런 걸 생각을 못 하고 살았던 게 싫죠.

그녀는 인터뷰가 끝나갈 무렵 자신이 외롭다고 했다. 남자친구와 헤어졌기 때문일까. 아니, 남자친구가 있을 때도 외롭다고 했다. 그녀의 외로움은 무엇 때문일까. 모든 사람은 외로운 건지, 그녀 개인의 문제인지, 한국사람들의 편견 어린 시선 때문인지, 북한 출신 남한사람이기 때문인지 잘 모르겠다.

### 여전히 외로운 상태

여기 온 사람들이 북한 그립다고 하는 게 외로워서 그런 것 같아요. 여기 왔는데 안정적인 생활이 아닌 데다가, 주변에서 저에게 관심도 없고 … 처음에는 엄청 관심을 줘요. 6개월까지는 관심을 주다가 그 이후로는 관심을 끊고 복지도 끊기니까 더 허전하게 느껴지고, 특히 혼자 온 사람들은 너무 외롭게 느껴지고. 너무나 삶이 바쁘니까, 서로 바빠야 외로운 것도 없어지는 것 같아요. 어쩔 수 없는 것 같아요. 로마에 가면 로마의 법을 따르라고 하잖아요.

### 편견과 무시

어른들은 모르겠지만 애들은 싫어하는 것 같아요. 어린애들은 힘들게 벌어

가지고 … 그러니까 어른이 될수록 많은 걸 겪어봐서 마음이 넓어진다고 얘기하잖아요. 어른들은 많이 못 만나봐서 잘 모르겠지만, 그래도 너네 거기서 와서 힘들었겠다, 이러시는데, 어린애들은 그런 것보다 "얘네 내 세금 얼마나 떼어먹을 거지?" 이런 생각이 먼저 드는 것 같아요. 그게 사회의 핍박 때문에 그러지 않을까? 커뮤니케이션이 너무 활발하니까 모르던 사람들도 그걸 보고 "진짜 그런가?" 생각하고 … 어려움을 겪었던 거. 눈치는 주진 않는데 "이것도 모르지? 저것도 모르지?" 뭔가 북한사람을 낮게 보는 그런 게 있었어요. 그게 좀 어려움이었고, 그리고 나는 같은데 달라 봤자 문화가 다른 데서 살았을 뿐인데 하는 생각? 그냥 좀 뭔가 이상한 애로 생각하고 지능이 낮은 애로 생각하는 거?

갑작스럽게 그녀는 북한 언니들의 외모를 자랑했다. 갑자기 외모 이야기? 맥락이 안 맞아 조금 당황스러웠다. 북한 언니들은 '순수하고', '예쁘다'라고 했다. 순수하다. 이 말은 윗동네 분들께로부터 자주 들었던 말이다. 남한사람들은 그렇지 못하다고 말하면서 북한사람들은 순수하다고 하는 말 말이다. 순수하고 예쁘다는 기준이 무엇일까. 그녀가 꽤 길게 북한 언니들의 외모에 관해 극찬하는 모습을 보고 있자니 다소 어색했다. 어떤 목적으로 외모를 극찬하는 것일까. 마치 북한사람들의 장점을 약간 억지로 끄집어내려는 듯했다. 아닌가.

### 북한사람, 정말 예뻐요, 순수하고 …

자부심이라면 저도 되게, 북한에서 살았고 저는 여행을 하는 걸 궁금해하고 좋아해서 여행을 많이 다녔거든요. 북한 어디든 다녔어요. 그래 가지고 북한 백두산도 갔다 오고 김정수군이라는 그런 데가 있는데 거기도 갔다가 평양도 갔다가 … 궁금하면 갔었거든요. 그런 데서 살고 여기 와서도 여기저기 가고. 다른 애들은 여행을 어디 가봤어 하면은 저는 더 좋은 데도 가봤다는 자부심? 북한사람이라는 자부심? 북한사람은 원래 좀 예쁘잖아요. 뭔가 거기 사람들 보면 다 그냥 예쁜? 북한사람들 봤을 때 예쁜 사람은 진짜 예뻤던 느낌? 여기 배우들 보면 제 친구들이랑 비슷하게 생긴 사람들 되게 많았어요.

그래도 내 주변에는 나쁜 사람이 없다는 게 자부심인 것 같아요. 그래도 내 고향 사람들이 착한 게 다행이고 너무 자부심인 것 같아요. 만약에 예시를 들어서 내가 일본에서 왔는데 일본 사람들이 너무 악착같고 그랬는데 내가 여기로 이민 왔으면 너무 자부심이 없잖아요, 그런 무리에서 왔다는 게. 그래도 착한 사람들의 무리에서 왔다는 게 너무나 좋은 것 같아요. 저희 친구들 사이에서는 다 친하고 좋지만 만약에 재랑 남남이 되었을 때까지 생각하잖아요. 북한에는 그런 게 없거든요. 그런 게 순진하지 않을까요.

그녀에게 미래에 뭐가 되고 싶냐고 물었다. 교수라고 한다. 왜일까. 쉽지 않은 길일 텐데 … 방학이 길고 안정적이기 때문이라고 했다. 그러면서 그녀는 자기는 결혼을 할 것이며 그 목적은 둘이 함께 돈을 모을 수 있기 때문이라고 했다. 결혼의 목적을 10년 가까이 고민하며 연애를 10년 하고 결혼식을 올린 나로서는 그녀의 명쾌한 답이 부러울 정도였다. 분명 그녀에게 돈과 안정된 삶은 매우 중요해 보이지 않는가.

### (방학이 길어 좋은) 교수를 꿈꾸며

저는 안정적인 직업을 원해 가지고요. 방학 기간에는 저 해외 봉사했잖아요. 선교 이런 것도 다니고 싶고 그래요. 그런데 진짜 많은 직업 중 방학 긴 게 교수밖에 없더라고요. 교사도 한 달이 채 안 되더라고요. 방학이 있는 직업이 좋아요. 교수여야만 한두 달 정도 되더라고요. 그래서 교수가 제일 적합한 직업이라고 생각해요. 물론 힘들겠지만 하나하나 석사과정, 박사과정 이렇게 하면서 가보지 않을까 싶어요.

〈사진 4. 병원실습 中〉

## 계획적인 슈퍼 J의 결혼 목적

제가 엄청 슈퍼 J예요. mbti. 저는 일단 한 25, 26살쯤에는 대학교 졸업하고, 그리고 한 3년 동안은 29살까지는 취업해서 전문직의 노하우를 쌓고 일단. 그리고 29살인가 그때 되잖아. 그때 일단 석사과정을 일단 먼저 따놓고, 그리고 서른 살 됐으면 되면 결혼하고 … 일단 자식은 좀 나중에 낳을 계획이라. 그렇게 하고 있다가 좀 생활이 그래도 어느 정도 웬만하면은 박사과정까지 따고 그게 한 35살 정도 아마 따고, 그리고 한 36살부터는 아마 대학교교수로 있지 않을까 하는 생각을 했어요. 그렇게 해서 그때는 아기를 낳고안정적인 가정을 만들어서 살지 않을까. 결혼하는 목적이 돈을 함께 모으기위해서 하는 목적이에요. 혼자는 많이 못 모으잖아요. 둘이면 충분히 많이모으거든요. 일단은 결혼을 해 가지고 돈을 같이 모으고 집을 사 가지고 한

40살까지는 집을 사야겠죠. 그리고 그 돈도 다 일단은 벌고, 한 60쯤에서부터는 그 집을 쓰는 체계로 되는 그런 구조로 딱 만들어놨어요.

예나 씨는 일상 모든 면에서 호기심이 많다. 나와 비슷하다. 그래서인지 그녀의 말에 공감 가는 부분이 많았다. 인기가 많았던 북한의 리즈 시절부터 한국에서도 열심히 살아가는 그녀의 모습을 보고 있자니 기특하고 대견하다는 생각이 들었다.

그녀는 모든 것이 초기화된 남한에서의 삶을 시작하는 시점부터 대학생이라는 신분에 이르기까지 쉴 새 없이 노력해왔다. 그녀는 (브로커 비용을 모두 갚고 아파트를 구매하여 이사한 후) 최근에야 가족이 처음으로 외식했다고 말하며 사진 한 장을 보여주었다. 사진 속에는 붉은색 와인이 든 와인 잔 석 잔이 중심부로 하늘 방향을 치솟고 있었다. 예나 씨와 부모님 세 명의 손도 조금 보였다. 그 세 명의 손은 앞으로도 서로 의지하며 살아보자는 결심을 다지는 모습으로 보였다.

끝으로 인터뷰에서는 잘 드러나지 않은 예나 씨의 간증을 잠깐 소개하고자 한다. 그녀의 생활방식의 핵심부에는 기독교 세계관이 자리 잡고 있다. 기독교 서적이 아니므로 간략히 소개하겠다. 탈북과정에서 믿게 된 신(하나님)은 그녀의 삶에 절대적인 존재가 되어 있었다. 그녀는 어머니와 둘이 중국을 거쳐 탈북했는데 탈북과정에서 브로커가 잡히는 사건이 발생했다. 예나 씨와 엄마는 둘이 중국의 한 호텔 방에 갇히게 되는데, 눈앞이 캄캄한 상황에서 그녀는 누구에게 빌었는지 모르게 긴 밤이 새도록 두 손을 모으고 간절히 기도했다. 몇 시인지 알 수 없었지만 아주 어두운 밤이었다. 창밖에 별들이 많았다. 그리고 유일하게 하나의 별이 눈물 고인 그녀의 눈에 크게 다가왔다. 이런 걸 신의 섭리라고 해야 할까. 어쨌든 그녀는 그 별을 하나님이라고 믿었다. 북한에서 막연하게 들어봤던 이름이자 금기시되었던 이름 아닌가. 이후로 예나 씨는 초롱초롱하고 유난히 어두컴컴한 밤에 파랗게 보였던 그 별을 만난 이후 (김정은이 아닌) 신을 믿게 됐다. 인터뷰 당시 그녀는 한국으로 온 이유가 신의 섭리 안에 있다고 했다. 그녀는 앞으로 무엇을 할까. 내게도 신의 섭리가 있다면 무엇일까 궁금해졌다.

아래 사진은 정예나 씨(가명)가 2023년 캄보디아 해외 선교 봉사를 경험하며 찍은 사진이다. 이 병원은 한국, 미국과 캐나다에 있는 여러 교회와 후원자들의 도움으로 2010년 준공된 곳이라고 했다. 그녀는 헤브론 병원 앞에 서서 한국인으로서 자긍심을 느낄 수 있었다. 그러면서 미래 자신 역시 사회에 조금이나마 보탬이 되는 간호전문가이자 교수로 활동하고 싶다는 꿈을 포부 있게 밝혔다.

〈사진 5. 예나 씨가 해외 선교로 방문한 헤브론 병원〉

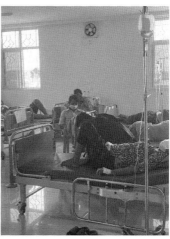

우리는 인터뷰를 마치고 그녀가 좋아하는 '예쁜 카페'에서 만나기로 했다. 아래 사진이 바로 그곳이다. 그녀의 거주지 부근에 있는 대형카페로 실내에는 초록 식물이 가득하고 팥빵이 유명한 곳이라고 했다. 벌써 그녀를 안 지 몇 년 되었으므로 우리는 익숙하게 만날 수 있었다. 그녀의 거주지 부근에서 우리는 차를 마시며 인터뷰에서 못다 나눈 담소를 나누었다. 이야기는 무르익어 약 두 시간가량 차를 마셨는데 그 시간이 충분치 못해 다시 삼계탕을 먹으러 갔다. 삼계탕은 편한 사람이랑 먹어야 맛있다고 하면서. 그러면서 우리는 그간 못다 한 이야기를 한참 나눴다. 학전관리는 어떻게 해야하는지, 좋은 병원에는 어떻게 취업할 수 있는지, 결혼은 해야 할지 말아야 할지, 나와 책을 같이 써보고 싶다는 등 주제 없이 이야기 나눴다.

이야기가 끝날 무렵, 그녀는 광화문에서 약속이 있다고 하여 함께 차로 이동하기로 했다. 토요일 저녁 막히는 차 안에서 우리 둘은 이야기가 다시 무르익어갔다. 앞으로 어떻게 살아야 하는지, 브로커 비용을 다 갚고 얼마나 마음이 홀가분한지, 영어공부를 어떻게 마스터할 수 있을지, 다시 언제 만날 수 있을지 등에 관해 이야기를 나누었다. 우리는 20년의 차이를 넘어, 또한 남과 북의 문화 차이를 넘어 좋은 친구가 되어 있는 듯했다. 여러 이야기를 하다가, 남북한사람들의 인간관계 맺는 방식이 다른지 같은지 열띤 토론을 하게 됐는데 답을 찾기는 어려웠다. 그녀는 북한사람 출신이므로 여러 에피소드를 들려주는데, 그중에 인상 깊은 점으로는 베프에게 자신의 아파트 비번을 알려준다는 사실이었다. 그러면서 성급히 내게 자신의 비밀번호를 카톡으로 날렸다. 매우 부담스러웠다. 아니, 당황스러웠다. 나도 알려줘야 할 거 같아서. 얼버무리다가 기회가 되면 같이 연구해보기로 했다. 친밀한 관계에 관해 남한사람과 북한사람은 어떻게 다르게 인식하는지 말이다.

〈사진 6. 인터뷰어와 인터뷰이가 찾은 카페〉

**사례 3** "북한학 교수를 꿈꾸는 엘리트 청년" (30세, 남성, 최강직)

**사례자 소개**

저는 2018년 내려왔습니다. 태어난 곳은 평양이에요. 5살까지 평양에 살다가 남포라는 동네로 이사 갔습니다. 남포[12]라고 아시나요? 지금은 B대학에서 공부하고 있습니다. 경제학과 북한학 두 개 전공하고 있습니다. 북한에서도 치열하게 공부했습니다. 리과대학 졸업하고 왔습니다. 연구원도 해 봤고요. 제1중학교 나와 군 복무도 10년이나 하고 왔습니다. 경험이 많죠?! 한국 사람들은 잘 모르는데 저희 동네는 경쟁이 치열했습니다. 그렇게 빡센 동네 살다가 여기 오니까 뭐랄까요. 대학생활이 너무 빡세지 않아 아쉽다고 할까요?! 각자 수업 몇 개 듣고 집에 가고 그러잖아요. 한국 좋은 점이요? 라이브로 축구 볼 수 있는 거요? 북한에서도 유일하게 했던 게 철봉이나 축구 정도입니다. 연애도 안 해보고 이게 뭔가 싶네요. 그래도 아버지처럼 교수로 대학에 자리 잡아볼까 싶어요. 언제 수업할 때 학교 교수님들이 가끔 (북한에 관해) 틀린 말 하시더라고요. 북한에서 살아본 저는 아무래도 경험이 있다 보니 아는 게 있지 않습니까? 뭐 도움이 될까 싶기는 합니다만 그래도 북한에서 살아본 사람이 북한학과 교수하면 더 생생하지 않을까요? 책으로만 다 이해할 수 없는 경험도 중요하지 않을까 싶습니다.

## (1) 남포에서의 최강직 씨의 일상

강직 씨는 북한에서도 치열하게 살았다. 학구열이 높은 부모님 밑에서 태어나 북한의 영재학교로 알려진 제1중학교를 거쳐 자신이 목표한 리과대학

---

12  남포시(南浦市)는 한반도 북서부 해안에 위치한 조선민주주의인민공화국의 항구 도시이다. 동쪽에서 서쪽으로 흐르는 대동강 하구 북쪽에 위치해 있다(위키백과, 2023).

에 입학하였다. 이후 연구원으로서의 경험도 지녔다. 그는 부족한 과목을 보충하기 위해 담임 선생님께 별도의 과외를 받았을 뿐만 아니라 선택된 소수만이 입학할 수 있는 학교에 들어가 이른 아침부터 늦은 저녁까지 일등을 놓치지 않기 위해 살아왔다.

### 치열한 제1중학교 시절

저는 앉으나 서나 공부였죠. 제일중학교는 100%가 다 군대나 가서 흐름대로 살겠다는 사람보다는 거의 대부분 공부를 누가 더 잘하나 경쟁을 엄청하죠. 무조건 다 대학 갈 것을 목표로 하고 있고요. 대학을 졸업하고 자기가 원하는 직업을 선택하겠다는 생각이 확고한 사람들이죠.

### 좀 사는 집들은 …

일반고등학교는 대체로 오전 수업 끝나면 웬만하면 다 노력동원이고요. 100% 노력동원 합니다. 노력동원이 하기 싫죠. 그래서 집에 능력이 좀 된다고 하면 돈이 있는 집 자녀들은 부모들이 선생님한테 따로 어느 정도 돈을 챙겨줍니다. 개별과외[13]라고 하죠. 개별과외 시키는 부모님이 있고. 그렇지 않고 학교에 소조가 잘되어 있는 경우도 있습니다. 예를 들면 축구 소조가 있고 음악 소조가 있고. 남자들은 대체로 축구 소조 가려고 하고 여자들은 대체로 음악 소조 가려고 합니다. 여기서 자기 재능을 배우려고 하지 노력동원 하는 건 좀 피하는 시스템이었습니다.

---

13  북한은 실리주의로 나아가 컴퓨터, 과학기술, 외국어 등의 학습을 강조하나 실제 가르칠 교사들은 부족한 상황이다. 이 때문에 가정 형편에 따라 별도의 시간과 비용을 들여 사교육이 팽창하고 뇌물과 입학 비리가 만연하고 있다. 예컨대 평양에서는 제1중학교 시험 입시를 앞두고 대학 추천받는 기간에 대학모집 과장이나 교육과정들이 연락을 단절하고 은둔생활을 하며, 한꺼번에 몰려오는 수십 통의 전화와 부탁 등으로 감당할 수 없기 때문에 집 문 앞을 지키는 사람을 두기도 한다(박정숙, 2013).

**김정은에게 가까이, 또 가까이 …**

북한은 어느 정도 정해져 있습니다. 딱 진로가 말입니다. 북한사회 전체를 보면, 어떤 사람은 출신 정군에 앉겠다 하고 또 어떤 사람은 '어머니 아버지 따라서 장사하겠다 사업하겠다'라고 합니다. 그럼 그들은 돈 버는 쪽을 택하고 가는 거죠. 아니면 난 조금 머리가 괜찮은 것 같아. 공부 좀 잘하니까 공부 잘해서 공무원이 되겠다고 그러죠. 그래서 김정은 가까운 곳으로 간다. 약간 이런 식의 목표가 있다고 보시면 됩니다. 그러다 보니까 진로 선택에 있어서 크게 고민이 많이 없었던 거 같아요. 대체로 가는 방향이 정해져 있다 보니까. 그러면 이제 윗사람들과 관계만 잘 맺고 어느 정도 손만 잘 잡으면 자기가 지향하는 목표점으로 가는 시간이 빨라지는 거죠. 그럼 국가 공무원이 되고 김정은이 인정할 만큼의 능력이 높아지는 뭐 그런 거죠. 이렇게 가까이 가면 갈수록 북한사회에서 삶은 편안해진다고 할까요.

북한은 사회주의 노동법에 직업선택의 자유를 보장하고 국가 차원에서 인민을 위한 노동력 배분을 명문화하였으나, 궁극적으로는 당이 직장배치의 결정권을 가지며 계획경제체제의 운영과 연동되어 노동력이 필요한 곳에 필요한 규모로 배치한다(장건화, 2004). 즉 북한에서의 '노동'은 강직 씨가 언급한 바와 같이 자신의 선택권대로 직업을 결정하며 자기실현을 이루는 것이 아니다. 북한에서의 노동은 국가를 위한 애국적 행위(이의진 외, 2021)로 이해된다.

### 북한의 대학교 vs 남한의 대학교

제가 북한에 있을 때 대학교 생활은 정해진 시간표에 따라 움직입니다. 고등학교처럼 공부하는 거죠. 그런데 대한민국의 대학교는 자기가 원하는 시간에 맞춰서 수강신청을 하고 그러잖아요. 자기 편한 시간과 날짜를 잡아서 수업을 잡잖아요?! 그러다 보니까 1학년 때는 뭐가 뭔지 모르니까 되는 대로 신청을 했었고, 그다음부터는 제 일정에 맞춰서 편한 시간에 자유롭게 수강신청을 했습니다. 내 일정에 맞춰서요. 그러니까 대학교 수업 가기 전날에는 빨리 자고, 좀 일찍 일어나려고 노력하는 것도 생기고 그랬던 것 같습니다.

북한은 소학교 5년, 초급중학교 3년, 고급중학교 3년의 의무교육 기간을 거친 후 성년기를 시작하는 북한 주민들은 크게 대학진학, 군입대, 직장배치 3가지 진로의 기로에 서게 된다. 주로 남자는 군입대, 여성은 직장배치를 받게 되며 곧바로 대학에 진학하는 '직통생'은 중학교 졸업생의 약 13%이다. 대학은 직장생활 또는 군대 생활 중에 추천을 받아 들어가기도 하며 중학교 졸업생의 직장은 본인 의사와 거의 상관없이 배치가 된다(통일부 북한인권포털, 2016). 이러한 북한의 교육시스템을 보면, 강직 씨는 교육자 부모님 아래에서 성장하는 상류층 계급에 속하는 자로 김일성에게 보다 가까이 다가가 국가에 충성하기 위한 한 사람이었던 것이 분명하다.

(2) 서울 도심에서 살아가는 강직 씨의 서울살이

그는 왜 남한에 넘어왔을까? 몇 번의 인터뷰로 탈북 동기를 정확히 알아차리려 했던 건 나의 착오였다. 그는 탈북 동기를 정확히 말하지 않았다. 어쩌면 당연한 일이 아닌가 싶다. 난 잠시 얼버무리다가 '자유'가 무엇이라고 생각하는지 물었고 그는 진지하게 답했다. 자유가 무엇인지 북한에서는 한 번도 생각해본 적이 없다고 지금까지도 그러하다고 말했다. 어처구니가 없다고 해야 할지 당황스럽다고 해야 할지 잘 모르겠다. 그는 영재출신 아닌가.

이제, 무엇을 질문해야 할지 난감하다.

### 살기 위해 남한에 왔습니다

저는 굳이 자유를 찾아서 온 것보다는 살기 위해서 왔습니다. (침묵)

### (자유가 무엇인지) 북한에서는 한 번도 생각해본 적이 없습니다

'자유'라는 것이 광범위해 가지고 … 자유를 뭐라고 생각하는지는 딱히 말하기 어려울 것 같습니다. 북한에 있을 때는 자유라는 말은 노래에서나 들어봤습니다. 북한에 이런 노래가 있거든요, "자유가 없으면 살아있어도 죽은 목숨이다." 이런 노래가 있어요. 뭔가 김일성 시대에 … 뭐 그런 의미를 담은 노래에요. 자유 그 노래에서만 듣고, 그 노래에서만 듣고 자유가 뭔지 북한에서는 한 번도 생각해 본 적이 없는 것 같습니다.

그는 한국에서의 삶을 '제로(0)부터 시작하는 삶'이라고 했다. 그래서 허무하다고 했다. 공든 탑이 무너지는 격이다. 나이도 서른 살로 적지 않았다. 그와 비슷한 또래 남자들은 취업했거나 취업을 준비하거나 할 나이이지 않은가. 빠르면 가정을 이뤘을 테고 자수성가하여 집 한 채를 구매해뒀다고도 하고 억대 연봉을 받는 친구들도 있었다. 그는 이런 또래들과 비교되지 않을 수 없었다. 그럴수록 좌절은 반복되었다. 특히 북한사람이라고 따가운 시선과 마주치는 날이면 마음이 한 번에 쪼그라들기 일쑤다. 이럴 때마다 그는 강박적으로 되뇌었다. '잘하고 있잖아.', '좀 늦으면 어때.', '천천히 가보자.' 그러면서 북한에서 살아본 경험이 북한학 교수를 하는 데 유리할 수 있다고 생각해본다. 그가 과연 교수로 자리 잡을 수 있을까.

### (남한에) 빨리 올걸 …

북한에서 어느 정도 군 복무도 열심히 했고, 어느 정도 공부도 했잖아요. 그래서 거의 지위가 괜찮았죠. 내가 올라갈 위치가 거의 다 정해져 있었다고 할까요. 그런데 한순간에 까딱함으로 인해서 한국에 오다 보니까 그 모든 게 다 제로로 된 겁니다. 한국에 어린 나이에 온 것도 아니고 말입니다. 나이가 이젠 시회 나와서도 다 지금 제 나이 때는 대리나 과장 정도 해야 할 나이인데 그 나이에 대학에 다니고 있으니 좀 그렇죠. 도대체 내가 이때까지 어떻게 살았을까 … 좀 더 빨리 올걸 … 약간 이런 허무함이 저한테 제일 큰 것 같습니다.

### 대학생활, 마감 적네

너무나 자유롭죠. 저한테는 (대학생활이) 좋게 다가왔는데요. 살짝 대학생활이 이렇게 편해도 되나?! 이런 느낌도 받았습니다. 대학생활이 편하면 안 될 텐데 … 제 개인적인 느낌은 학업에 있어서 조금 어느 정도 어려움은 있겠지만 그래도 제가 상상했던 대학생활과는 너무나도 차이가 있어요. 이건 너무나 편한 대학생활이랄까요. 이 정도는 어렵지 않을 것 같다, 쉽게 다가갈 수 있는 느낌?! 너무 편하고 자유롭고, 대학생활치고는 너무 호사하는 것 같다?! (하하하) 북한에서 저는 중학교만 졸업하고 군대 나갔다가 이제 군 복무를 10년 하고 왔습니다. 조직생활을 해서 그런가 모르겠는데, 너무 자유롭고요. 늦잠 자고 수업 시간 못 맞춰서 나갔다가 들어와도 되고. "마감 적네"라고 하죠, 학교에서 귀가하기 전에 어디 동원되는 그런 것도 없고 나가서 자기 강의만 끝나면 들어오면 되고요. 그 느낌이 사실 수월하죠. 북한의 대학교는 그렇지 않거든요.

## 한국사람이 되어가고 있는 건가?!

자유로운 대학생활, 지금 한국사람이 되어가고 있는 건지 만족스럽습니다. 그런데 제가 초심으로 돌아가서 보면 그래도 대학은 지식을 획득하는 곳이라 빡세게 통제받으며 공부할 줄 알았던 느낌이라, 그렇게 마음이 편하진 않지만, 지금은 잘 적응하고 있습니다.

## 부담스러운 자기소개

일단 저는 북한에서 군 복무를 하고 오다 보니까 지금 대학교 들어가서 같은 나이 또래가 없습니다. 그래서 어느 정도 학생들과 융합되기 힘들다고 해야 할까요? 같이 팀플하고 이럴 때 외모적인 거나 이런 데서 차별을 받거나 그런 것은 없는데. 가끔 자기소개를 하고 나이를 말하잖아요, 저는 나이 말할 때 싫긴 하지만 거짓말할 수 없어서 나이 말하거든요. 이때까지 없었던 … 대학이 너무 부담스럽다. 학생들에게는 자기네들과 거의 10년 차이가 나니까 오빠라고 불러야 할지 어떻게 모를 정도로 긴장하고 어리둥절하더라고요.

## 북한 출신 남한사람? 남한사람? 북한사람?

저도 뭐 북한 출신이라는 배경이 있기 때문에, 오늘날의 제가 있다고 생각해서 굳이 다르게 뭔가. 북한 출신 남한사람이라고 하는 거 딱히 뭐 이의 없습니다.

## 한국사람들이 할 수 없는 일을 나는 했다

제가 어디 가서 발표하고 대화하고 반박을 하려 해도 제가 아직 한국 억양을 제대로 구사할 수 없어요. 전 북한 평양에서 살다 와 가지고 평양말을 쓰니까, 저는 어디 가서 말하면 즉시 북한에서 왔다고 다 아는 상황이라서 군

이 북한에서 온 걸 숨기려고 하지도 않고 일단 소개할 때 "저 북한에서 왔습니다" 하고 먼저 소개하는 편입니다. 물론 자부심을 가지는 측면이 있다고 하면, 제가 북한학 전공도 같이 하고 있다고 하지 않았습니까? 북한학 교수님들과 대화를 나누고 이런 측면, 또는 북한학과에 같이 재학하는 학생들과 같이 대화를 나누고 그럴 때 교수님들도 물론이고 연구나 정책적인 문제나 깊이 들어가서 북한의 역사에 대해서는 지식적으로 너무 정확한 정보를 가지고 계시지만, 제가 평양에 살았기 때문에 북한에서의 정책이 어떻게 발생하는지 잘 압니다. 김일성 시대 때도 핵심적인 정책 시행에 있어서 그런 측면에 있던 지역에 살다 보니까 아무래도 교수님들의 강의를 들으면서 이런 배경이었지만 북한의 현실은 교수님이 강의하시는 내용과는 다른 방향인데 잘못 알고 계시는 부분도 있고. 이런 측면을 볼 때는 저는 북한을 경험했고 한국사회도 경험하고 있고 한국에서 잘 적응하고 살아가기 위해 노력하고 있는 상황이라 누구보다 풍부한 경험을 가지지 않았습니까? "한국사람들이 할 수 없는 일을 나는 했다" 하는 자부심은 있는 것 같습니다.

강직 씨는 한국에서의 기대치가 북한에서보다 훨씬 낮아졌다. 북한에서는 출세하여 부모의 기대를 충족시켜 주고자 노력했고 이것이 바로 효도하는 일이라고 생각했었다. 하지만 남한에서는 환경도 마음도 바뀌었다. 자신을 알아봐 주는 사람이 없으므로 편했다. 효도해야 할 부모님도 눈치 볼 사람도 없는 상황이므로 자신이 무얼 하든 타인을 의식할 일이 적어졌다. 그래서일까. 그는 먹고살 만큼만 일한다고 했다. 타인에게 피해 주지 않고, 만약 가능하다면 가끔 봉사하고 좀 살 만하면 사회에 조금 기부도 하며 살 수 있는 삶을 원했다. 그리고 가능하다면 자신의 꿈인 교수가 되어 몇몇 연구자들과 자신의 경험과 지식을 나눌 수 있다면 좋겠다고 했다.

## 오히려, 낮아진 기대치

저는 (북에서는) 부모에 대한 효도와 주변의 명예를 얻고자 했습니다. 하지만 여기서는 나를 알아봐 줄 수 있는 사람도 거의 없고 굳이 내가 잘 보일 사람도 없습니다. 명예욕이나 또는 내가 주변 사람들 인정 이런 것보다는 그냥 내 삶을 내가 편안하게 여유롭게 살자는 식으로 바뀌었어요. 내가 먹을 수 있을 만큼 돈을 가지고 있고, 내가 쓸 수 있을 만큼 돈을 가지고 있으면 되지 않을까요? 누구든 자기가 만족한 삶을 살면 된다는 생각이 조금씩 들더라고요. 물론 제 개인적인 생각입니다. 개인적으로 만족하는 삶이 중요하죠. 그리고 주변에 피해 주지 않는 삶, 봉사하고 헌신하고. 또 이제 살 만할 때 조금 기부할 수 있는 정도의 삶. 이 정도만 살면 괜찮지 않습니까?

## 선택 장애 걸릴 듯 …

폭넓은 선택과 자유가 있다고 해서 다 좋은 건 아닌 거 같아요. 부정적인 건, 너무나 많은 자유 너무나 이런 게 많다 보니까 오히려 머리가 아픈 겁니다. 도대체 내가 어떻게 해야 하는지 모르는 거죠. 이걸 해야 할 것 같고 저것도 해야 할 것 같고 그런 거죠. 선택 장애가 생기는 것 같습니다.

## 돈과 빽, 힘이 중요한 건 남이나 북 마찬가지

개인의 삶을 영위하는 데 있어서 목표를 지향하고 찾아가는 데 있어서 그 방식은 똑같지 않을까요? 물론 그 목표와 지향점은 다르겠지만 그 위치까지 가는 방식은 똑같은 거 같습니다. 크게 다른 게 없죠. 빽이 있어야 하고, 돈이 있어야 하고 힘이 있어야 하는 건 어느 사회나 다 마찬가지일 겁니다. 그것을 선택함에 있어서 자신만의 고충을 겪는 것도 똑같은 일이고 말입니다.

**교수의 꿈을 꾸며 …**

아, 미래요? 북한에 관한 연구가 지금 현재로서는 어떨까 생각합니다. 연구를 조금 해볼 생각이라서요. 지금 교수님들 모습이 미래의 제 모습일 것 같은 생각이 듭니다.

아래 사진은 강직 씨가 2023년 10월 19일 보내온 사진이나. 나는 그의 신로 고민을 듣는 과정에서 자신의 미래 '꿈'에 관해 하나의 사진이나 그림으로 표현해달라고 요청하였다. 며칠 뒤 그는 한반도의 통일을 만드는 키 메이커가 되겠다고 설명하며 아래 사진을 보내왔다. 인터뷰에서 다소 소박한 미래를 살겠다고 다짐한 내용과는 약간 달랐다. 강직 씨의 통일에 대한 열망과 포부가 느껴졌다. 그는 한국사회가 '탈북자'를 가리켜 '먼저 온 통일'이라고 말하고 있으므로 그에 대해 응답하겠다고 했다. 그 의지로 '키(key) 메이커'라는 단어가 담긴 사진을 보냈고 그게 바로 자신의 꿈이라고 했다. 설명을 듣고 있자니, 보고 싶어도 볼 수 없는 부모님을 향한 강직 씨의 마음이 어떨까 생각되었다. 그가 보여준 '열쇠'는 거창한 정치적 남북통합이 아닌 부모님을 향한 그리움을 깨고 현실에서 직접 그들과 얼굴을 맞댈 수 있는 순간이 아닐까 싶다.

〈사진 7. 한반도의 통일을 만드는 키 메이커를 꿈꾸다〉

강직 씨에게는 지금까지 공부하는 일상이 거의 전부인 듯하다. 능력 있는 부모 밑에서 성장하며 뇌물을 주고 부족한 공부를 보충할 수 있었고, 제1중학교에 입학하여 선택된 자이자 자랑스러운 아들로 존재했었다. 그가 어떠한 이유로 남한에 왔는지는 명확하게 밝혀지지 않았지만, 그가 말했듯 자유나 희망 등 거창한 이유로 넘어온 건 분명 아니었다.

입남 후, 북한에서 상류층에 속한 한 사람으로서 부족하지 않게 살았던 강직 씨는 모든 것이 물거품이 되는 제로의 현실을 경험하였다. 하지만 그는 좌절하지 않고 무언가에 도전했고 삶의 의미를 찾고자 했다. 대학에 입학하였고 북한학을 전공하고 있다. 위험을 감수하며 당당하게 북한사람이라고 말하며, 북한학 교수들의 말에 귀 기울이는데 가끔 틀린 것을 비판하거나 바로잡기도 한다.

그는 북한학 교수로 대학에 자리 잡을 날이 올 것이라고 확신에 찬 어조로 말했다. 강직 씨는 북한에서 살아본 사람이자 북한학 전공자로서 학계에서 발언권을 갖기를 원하고 있었다. 그는 한국사회에서 탈북자라는 소수자의 위치에 있음에도 불구하고 끊임없이 자신이 지닌 자원들을 발굴해나가고 있었다. 특히 북한사람도 한국사람만큼 권력을 갖고 리더로 살아갈 수 있음을 입증해 보이려고 하는 듯하다. 마지막으로 강직 씨는 인터뷰어인 연구진들과 함께 연구할 수 있는 날이 오기를 바란다고 강한 어조로 말하며 인터뷰를 마쳤다. 나 역시 강직 씨와 치열하게 토론하는 공동 연구자로 만날 수 있는 날이 올 것이라 믿는다.

그는 비대면 인터뷰에서 얼굴을 거의 드러내지 않았다. 필자 역시 한국에서 대학 입시를 위한 경쟁 사회를 경험했지만, 그는 서울에서 태어난 나보다도 훨씬 치열한 경쟁 사회를 치른 것처럼 느껴졌다. 한때 '공부를 잘하는 일'이 전부였던 것처럼 느꼈을 때가 있었지만, 지금 돌이켜보면 '성적을 잘 받는 일'과 '(지식을) 안다는 것'은 일치되지 않는 듯하다.

그는 어떤 사람일까. 그에게 공부란 어떤 의미일까. 그가 학구열이 높은 동네에서 태어나지 않았다면 무엇을 하고 있을까. 지금 그는 왜 북한학을 공부하고 있을까. 북한의 실상을 경험한 엘리트 출신의 '똑똑한 사람'으로 한국 정치에 관여하고 싶은 건 아닐까. 아니면 연구에 진정한 흥미가 있는 걸까. 어쨌든 그가 말한 것처럼 언젠가는 인터뷰어(interviewer)와 인터뷰이(interviewee)[14]의 관계를 떠나 공동 연구자로 참신한 주제를 연구해보고 싶다. 무엇보다 인터뷰에 진지하게 임하는 강직 씨의 태도가 눈에 들어왔기 때문에.

**사례 4** "평양 출신 공부의 신" (30세, 남성, 권율)

### 사례자 소개

저는 2017년도 7월 대한민국에 들어왔습니다. 평양 음정구역이 고향이고요. 딱 서른입니다. 북한의 의과대학을 졸업했고, 연구사로 배치되어 연구원(국가과학원, 약 7개월, 6급 연구원) 일도 했었습니다. 지금은 K 대학에 다니고 있습니다. 전자 · 전기공학과 전공입니다. 학교에 잘못 갔는지 죽어라, 공부만 하고 있습니다. 가족은 모두 북한에 계세요. 혼자 왔죠. 북한에서도 공부만 했습니다. 제1중학교 나와서 부모님께 효도하려고 애썼죠. 가문의 영광을 위해서! 학구열이 부모님이 높으셨어요. 두 분 다 교수님이셨는데요. 환경이 중요한 모양입니다. 북한에서는 저 스스로에 대해 기대치가 높았어요. 가족

---

14　인터뷰어(interviewer)란 면접관, 진행자로 자신이 목표로 하는 정보나 의견을 얻어내기 위해 질문을 하는 사람을 말하며, 인터뷰이(interviewee)란 특정 주제에 관해 자신의 경험, 지식 및 의견에 관해 질문을 받는 사람으로 면접 대상자를 뜻한다.

모두를 만족시키고 이름을 날려야겠다고 생각했습니다. 근데 한국 오니까 편하고 좋아요. 저를 아는 사람이 있습니까? 아무도 없거든요. 아, 사람이 꼭 그렇게 살 필요는 없겠구나, 생각했습니다. 살 만한 집이랑 자동차, 그리고 먹고살 수 있는 적당한 직업이 있다면 만족스럽지 않을까 싶습니다. 조금 안정되면 사회에 기부도 조금 하고 최소한 남들한테 폐는 끼치지 않을 정도로 살면 되지 않을까 싶습니다.

## (1) 평양에서의 권율 씨의 일상

권율 씨 역시 강직 씨만큼이나 북한에서 치열하게 공부한 사람으로 보인다. 그는 보통 새벽 6시 30분에 일어나 학교까지 30여 분 걸어가고 7시 10분경 도착한다고 했다. 도착해서 바로 하는 일은 독서, 청소 아니면 숙제 검사받는 일. 이후 오후 5시경 수업을 마치고 생활총화를 한다. 그리고 귀가 후 집에 와서 잠깐 쉬었다가 담임선생님네 집으로 방문하여 과외를 받는다고 했다.

북한에도 사교육[15]이 많다는 것은 이미 잘 알려진 사실이다. 한마디로, 권율 씨도 서울 강남의 유명한 대치동 학원가만큼이나 목숨 걸고 공부하는 풍경이다. 그는 공부를 못하면 '가문의 수치'라고 여겼다. 그에게 공부란 선택된 자만이 할 수 있는 우월한 세계이자 가문의 영광을 위한 통로였다. 그는 유학을 꿈꾸며 제1중학교[16] 코스를 밟아갔다. 아울러 북한의 학교생활에서

---

15  사교육의 확대 배경의 주된 원인은 고난의 행군 이후 배급 중단으로 일선 학교 교사들은 생활에 심각한 타격을 입게 되어 사교육 시장으로 눈을 돌렸다는 점을 꼽을 수 있다. 즉 젊은 교사들을 중심으로 시장경제 참여가 늘고 있으며 사범대학 학생들도 교사발령보다는 사교육을 통해 경제적 이익을 얻기를 선호하고 있다고 한다(북한연구소, 2017).

16  북한은 전반적 의무교육 제도의 사회이다(박정숙, 2013). 통일부(2022)에 따르면 북한은 1956년 김일성 초기 집권 당시 '일하면서 배우는' 학교 체제를 구축하면서 4년제 초등 의무교육을 발표하였다. 이후 1958년 인민학교 4년과 중학교 3학년을 합한 7년제 중등 의무교육을 실행하였고, 1980년대 이후 과학기술 분야 수재 양성을 위해 힘썼다. 그 일환으로 각 시도에 영재 교육기관인 제1중학교를 세

는 학업 위주의 한국사회 교육과는 달리 김일성, 김정은 생일, 6.6절, 소년단 창립일 등 정치행사도 중요한 일이다.

〈그림 2〉 평양에서의 권율 씨의 하루

새벽 6:30분 기상

7:10분경 학교 도착

독서하기 or 청소하기
or 숙제검사받기

학교 수업
(오후 5:00시경 일정 끝)

생활총화(오후 5:00~6:00)

귀가후 부족한 과목 과외받기
(~오후 10:00시경 마침)

---

왔고 컴퓨터 분야의 중등 영재 교육기관의 지정, 대학 수재반 설치 및 운영이 이루어졌다. 그리고 이후 김정은이 정권을 잡으면서 기존의 소학교 4년제가 5년으로 변경되었고 '전반적 12년제 의무교육'이 시행된 바 있다. 즉 북한에서는 만 5살~16살에 이르는 11년제 의무교육제가 1972년 9월 말부터 시작되어 1975년 9월에 완전히 실시되었다고 명시하고 있으며, 11년제 의무교육은 1년간의 학교 전 의무교육(유치원 높은 반), 소학교 4년, 중학교 6년으로 나뉜다(박정숙, 2013). 이후 2012년 9월 25일 최고인민회의 제12기 제6차 회의에서 기존 11년제에서 12년제로 의무교육을 시행하는 내용을 골자로 하는 법령 '전반적 12년제 의무교육을 실시함에 대하여'가 발표되면서부터 소학교 과정을 1년 더 늘려 12년제 의무교육제로 개편되었다(박정숙, 2013). 이 외, 과학기술 분야의 수재 양성을 위해, 북한은 1980년대 중반 이후 각 시도에 영재교육 기관인 제1중학교를 신설하고, 컴퓨터 분야의 중등 영재 교육기관을 지정하며 대학에 수재반을 설치하였다(국립통일교육원, 2023).

**(북한에서의) 권율 씨의 하루**

아침에 한 6시 반에 일어나서 학교까지 30~40분 되는 거리여서. 학교에 도착하면 7시 10~15분 돼서 정성사업 하고. 그리고 뭐 독서하는 시간도 있었고, 그리고 청소 내가 당번이면 해야 했고. 한 8시부터 8시 반까지는 전날에 내준 숙제를 체크해요. 그 담당이 있어요. 8시 40분에 수업이 시작하고 점심먹고 2시쯤에 오후 수업을 하고 자체학습을 5시까지 하고 5시부터 6시까지 총화를 하고 집에 오면 과외는 아니고 담임선생님의 집으로 가죠. 거기서한 10시까지 공부하다가 집에 와서 11시부터 12시까지 공부하고 자고 아침에 일어나서 학교 가고 그랬죠.

**생활총화 & 정치행사**

(생활총화) 진짜 할 게 많아요. 사업계획서도 작성해야 하고, 보고서도 작성해야 하고, 월 계획서도 작성해야 하고. 아마 제가 생각하기로 5건 정도 있던 걸로 기억이 나는데, 거기서 월 계획서랑 사업계획서 같은 경우는 중앙단 지도원이 써줬고 나머지는 제가 했던 것 같아요. 그리고 장난을 안 쳤던것 같아요. 분위기가 되게 엄숙한 분위기였거든요 … 정치행사의 경우는 김일성과 김정일 생일, 6.6절 소년단 창립일이나 청년동맹 창립절 등의 날에는 정치행사가 되게 많았었고, 김일성 김정일을 추앙하는 공연과 같은 정치선전 활동도 했어요. 방학에는 보통 일주일에 3번 정도 학교에 가서 생활총화도 하고 각종 여러 가지 활동도 했어요. 대부분은 학교 건설하는 활동을주로 했어요. 나무를 심고, 주변 조경도 관리하고 위에서 내려오는 사회적가재 있잖아요, 흙이나 비료를 부담을 주어서 그런 것도 정해진 시간에 나가서 제출했던 것 같아요.

## 과외, 쌀 20kg에서 20~30달러

(과외가 많은가?) 그렇게 많지는 않은데, 동네에 한 명? 학원이 있는 것도 아니고 개인 집에서 다 가르치는 거기 때문에, 과외는 분명하게 있어요. 옛날에는 막 내가 중학교 다닐 때만 해도 현물을 줬거든요. 쌀 20kg … 그런데 내가 대학교 다닐 때 보니까 달러로 주더라고요. 20, 30달러 … 세상이 많이 변하긴 했다.

## 제1중학교, 친구랑 목숨 걸고 공부

확실히 아침에 등교할 때는 책을 들고 등교를 해야 했어요. 오후에 6시까지는 절대 외부 출입을 못 하고 그렇게 활동을 했던 것 같아요 … 모르겠어요. 거기를 못 가면 저는 농대를 가야 돼가지고, 목숨 걸고 했죠. 제 옆에 있던 친구가 전교 1등을 하던 친구인데, 그 친구에게 동기부여를 받은 것 같아요. 4학년 때부터 열심히 했던 것 같아요. 그 친구랑.

## 깨끗한 평양 & 핸드폰과 노트북

평양시 같은 경우는 엄청 깨끗해졌어요. 평양시가 김정일일 때 2008년도 2009년도에 이제 평양을 자주 들락날락했거든요. 진짜 어지러웠어요. 그런데 김정은이 스위스에 있었잖아요. 그러니까 뭔가 본 게 있어요. 환경을 되게 깨끗하게 관리하려고 하고 건물도 예전에는 조금 옛날 건물들이 많았는데, 싹 다 철거하고 이제 북한에서 늘 요구하는 사회주의적 형식에, 민족적 형식에 사회주의적 내용을 담은 건축물들을 많이 만들려고 했는데, 사실상 보면 다 외국 건물처럼 이렇게 고층 빌딩을 많이 만들기 시작했고, 그게 이제 김정은 때죠 … 2011년도부터는 핸드폰도 많이 싸졌고, 전에는 진짜 비싸 가지고 감히 엄두도 못 냈었거든요. 네 근데 이제 뭐가 됐든 양적 완화라고 하면 양이 많아지다 보니까 뭐가 됐든 값이 싸지더라고요. 그래서 그게 김정은의 어떤 덕택인지 모르겠지만 뭐가 됐든 노트북도 확실히 대수가 많아지고, 핸드폰도 개수가 많아졌어요. 그러다 보니까 역시 개당 가격 자체가 많이 다운이 됐어요 … 노트북은 다 가지고 있는 분위기였어요. 핸드폰은 없어도 노트북은 공부 때문에 다 가지고 있었던 것 같고, 그래서 2012년도 쯤에는 노트북은 거의 다 있지 않았나. 가격대는 한 140달러 정도였던 것 같고, 핸드폰에 비해 가격도 싸거든요. 핸드폰은 기기가 380? 350? 정도 되어야 쓸 수 있지만, 노트북은 130 정도 하면 이제 괜찮은 거 사거든요.

## 오직, 공부만. 리과대학[17]을 가기 위해

일단 저희 동네가 강하권이라는 동네고요, 여기로 말하면 카이스트, 개성 같은 동네였어요. 그래서 부모님들이 다 교수, 박사고 그러니까 거기 분위기는 무조건 가야 하는 거였고, 못 가면 가문의 수치 이런 거였죠. 무조건 반에서 1등을 해야 리과대학을 가니까. 입학했죠.

## 대학생활

(북한 대학생활은?) 이건 요일마다 다르거든요. 화, 수, 토 3일 빼고는 비슷한데. 화요일 같은 경우는 아침 7시 40분부터 … 너무 복잡한데. 수업 끝나서도 모여서 맨날 모여서 위대성 교양 … 6교시 반인가 수업 끝나는데 그때부

---

17 리과대학(理科大學, University of Sciences)은 1967년 1월 17일 수재 교육을 강화할 데 대한 김일성의 교시에 따라 김일성종합대학의 분교로 창립되었다. 지리적으로 평안남도 평성시에 위치해 있지만, 행정구역상으로 평양시 은정구역 과학동으로 되어 있다. 1990년대에 과학자들을 우대하기 위한 정책으로 평성시 덕산동 일대의 리과대학을 포함한 과학원 지구를 평양시 은정구역 과학동으로 명명하였다(위키백과, 2023). 리과대학에 온 친구들이 잘 사느냐는 질문에 대한 연구참여자의 답변은 아래와 같다. "그렇게 잘 사는 친구들이 오지는 않아요. 어차피 돈 있고 권력 있는 친구들은 다 이제 김일성종합대학 김책대학으로 빠집니다. 저희 같은 경우는 공부는 진짜 잘하는데 돈이 좀 없는 친구들. 그러니까 공부를 좀 하려고 하는 친구들이 온 거죠. 진짜 잘 사는 사람은 이제 반에 두 명 정도 됐고 20명 중에. 계네는 거의 진짜 진짜 많이 잘 쓰는 애들이고, 한 5명 정도가 이제 밑에 무리가 되고 나머지는 다 골골했어요."

터 20~30분 동안 김정은이 뭘 해서 감사해야 한다. 이런 여러 가지 얘기를 해줘요. (한국과 달리 스케줄이 짜여있죠?) 네. 교복도 입고요.

### 철봉과 축구

(여가라면) 쉬는 시간에는 철봉하고, 뭐 축구나 그것밖에 없었던 것 같아요.

### 일탈 無

한 번 실수하면 6년 동안 세운 탑이 무너지니까 … 청소년 비행 드라마를 본다든지, 한국 노래를 들으면 저희는 바로 처벌을 당하니까 아예 그런 것을 할 수 없었고 … (한국의 대중 드라마, 영화 등을 볼 수 있는지) 이것도 좀 시기마다 다르긴 한데 요즘은 아마 못 볼 거예요. 무서워서. 내가 있을 때까지만 해도 반동사상문화배교법[18]이라는 게 없어 가지고 노래도 많이 듣고, 심 카드도 막 넣고 다녔어요. 나보고 진짜 겁대가리 없다고 옛날에는 선배들이 뭐라 뭐라고 했었는데, 서로 암묵적인 합의가 이뤄져요. 그래도 봤는데 요즘은 좀 안 되는 것 같아요.

### 유행에 민감했던 일본 귀국자

(유행) 저는 잘 모르겠습니다. 주변에 관심 있는 친구들은 있었던 것 같아요. 근데 저는 패션 이런 데 감각도 없고 관심도 없었어요. 그런데 재일본교포 출신의 자식들이 있는데 그 친구들은 유행에 민감하기보다는 유행에 앞서 나가더라고요. 머리 스타일도 본인들에게 맞는 것을 알아서 하는데 되게 멋있었어요.

---

18  반동사상문화란, 인민 대중의 혁명적인 사상의식, 계급의식을 마비시키고 사회를 변질 타락시키는 괴뢰 출판물을 비롯한 적대 세력들의 썩어 빠진 사상문화와 우리식이 아닌 온갖 불건전하고 이색적인 사상문화이다(뉴스핌, 2023).

### 모범생 코스, 선택된 자들

저희는 특수학교거든요. 대학원의 특성에 맞는 학교다 보니까 많이 갔어요. 140명 중의 24명이 갔거든요. 근데 다른 지역에서는 한두 명이 와요. 다 멋있는 친구들이 와요.

### 교사를 먹여 살려야 …

(분단위원장 되려고 뇌물을 주나요?) 기본적으로 담임교사와 부모님이 친밀한 관계를 맺고 거의 분단위원장이 교사를 먹여 살리는 정도가 돼야 가능한 부분이어서요. (얼마였어요?) 저는 잘 모르겠어요. 어머니가 하셨던 거라.

### 유학을 위해 성적관리

저는 2학년 때 유학을 가려고 성적을 관리해야 했어요. 그래야 유학을 갈 수 있으니까요. (노는 건) 경험을 못 해서 잘 모르죠. 환경이 저희는 밤새는 게 일상이다 보니까.

북한의 영재교육 기관으로 제1중학교가 대표적이다. 제1중학교는 1980년대 중반 출현하였다. 당시 김일성은 동유럽 공산권 국가 교육현장을 답사하며 북한의 심각한 교육문제를 깨닫고 '우리도 수재들을 골라 따로 공부시키라'라는 지시를 내렸다(한영진, 2015). 이러한 지시하에, 1984년 평양 제1고등중학교를 세웠고 1985년에는 각 도 소재지마다 제1고등중학교가 생겨났다고 한다. 평양 제1고등중학교에는 전국에서 우수한 영재들이 선발되어 오며 뒤떨어진 북한 과학기술의 후진성을 극복하기 위해 노력하고 있다(한영진, 2015).

북한의 수재 교육은 소수정예의 실리주의 교육으로 제1중학교 입학을 위해 소학교 4학년 때부터 특별교육을 받으며 수차례의 시험으로 걸러지므로 실력 있는 학생들이 입학한다. 이러한 북한의 수재 중심 교육정책은 모든 학생을 위한 교육의 질 향상이라는 교육의 평등성보다는 일부 수재들에 대한 전략적 투자를 통한 국가발전이라는 수월성 중심의 교육정책을 선택한 것이다. 이는 사교육을 확산시키고 교육 불평등 현상을 심화시켰으며 출신 성분이 아닌 부모의 경제적 능력에 의해 학업성취와 진로가 결정되는 현상을 확산시켰다.

### (2) 학업에 매진하는 권율 씨의 일상

남한에서도 권율 씨는 여전히 공부에 집중하는 중이다. 북한에 계신 가족을 잊기 위해서라도 무언가에 집중해야 했다. 그래서인지 여전히 치열한 일상이다.

그는 한국을 의심 많은 나라, 믿지 못하는 사회라고 했다. 그러므로 그는 인간관계에서는 늘 거리를 두었다. 그는 자신의 진로에 집중된 삶이다. 미래에는 자신의 아버지처럼 교수를 하고 싶지만 왜 공부해야 하는지에 대한 본질적인 질문에 아직 명쾌하게 답하지는 못했다.

**여전히 공부만**

(빡센 대학에 와서) 지금 너무 죽지 못해 살고 있습니다. 지금 해외여행도 한 번 못 가보고요 … 연애할 시간도 없고요 … 지금 해외여행도 한 번 못 가보고요.

**왜 그렇게 공부를 열심히 해요?**

모르겠어요. 당연한 걸로 생각하고 사나 봐요.

## 빨래는 세탁소, 가사일은 스스로, 밥은 학식으로

빨래 같은 경우는 세탁소에 가서 맡기고, 가사일은 제가 알아서 하고, 식사
는 대부분 학교에서 학식 먹고 그렇게 하고 있습니다.

## 그리운 고향

여기는 가고 싶은 곳도 가고, 집도 경기도 살다가 강원도에도 살고 이런 이
동이 많잖아요. 월세도 많고. 근데 북한은 산 집에서 20여 년을 살잖아요. 그
래서 그 환경이 그것만 바라봐도 눈물 나는 정도? 고향에 대한 향토애가 진
짜 그런 것 같아요. 제가 대학교 때 농촌지원을 먼 곳에 두 달 나갔다가 들
어왔는데, 고향에 들어오는 순간 그 냄새가 있잖아요. 그 고향 냄새. 진짜 그
런 게 있더라고요. 원래 못 느꼈었는데, 딱 들어서는 순간에 고향의 바람 그
런 거에 눈물이 났어요. 그때도 탈북 생각을 하고 있었는데, 그걸 느끼면서
"나는 탈북 못 하겠다, 이렇게 고향을 좋아하는데 어떻게 탈북을 할까" 그랬
는데 현실은 탈북을 하게 됐더라고요.

## 뭔가 고립되는 느낌

그런 게 좀 비슷하지 않나요. 저희는 집을 자주 이사하니까 옆집 사람들과
별로 관심도 없고 말도 잘 안 하잖아요. 근데 그쪽은 같이 20여 년을 얼굴
을 마주 보고 사니까 아무리 싸워도 다시 친하게 가까워지고, 북한에는 유
대관계가 사실 친척보다 옆집이 좋다는 말이 그래서 있는 말이거든요. 그래
서 한국에 오니까 뭔가 고립되는 느낌. 사람들이 점점 개인화가 되고 다른
사람들의 삶에 관심이 없고, 비즈니스 목적으로 관심을 두는 경우는 있지만
순수한 목적으로 뭔가 질문하고 이런 사람은 거의 없더라고요.

### 과연, 믿을 수 있나요?

인터넷을 통해서 만나도 다 이상한 사람들이니까, 오히려 그런 것에 대한 신뢰도 생기지 않고요. 제가 북한에 있을 때는 자본주의 나라가 되게 신용이 좌우하는 나라라는 말이 있는데 여기 오니까 신용보단 의심이 더 많습니다.

### 교수나 힐까

네, 아빠가 교수여서 아빠처럼 그냥 교수나 돼야지 하고 있어요.

권율 씨는 평양에서 태어나 엘리트 집안이자 상류층에 속하는 가족 문화권에서 유복한 어린 시절을 보냈다. 그는 자신이 성장한 지역이 한국 서울의 강남권과 같은 학구열이 매우 높은 지역이라고 했다. 그는 학구열이 높은 강남권에 사는 아이들처럼 또래 친구들과 비교하며 제1중학교에 입학하기 위해 치열한 일상을 보냈다. 그 결과, 소수만이 입학할 수 있는 리과대학에 들어가는 데 성공했고 여전히 대학에 가서도 학업에 매진한 것으로 보인다.

그는 입남 후 남한에서도 공부에 초점을 두는데, 열심히 노력한 탓에 최고 명문대학에 입학하는 데 성공한다. 하지만 '왜 공부해야 하는지'에 관해 명쾌한 답은 찾아가는 중인 것으로 보이나, 공부가 그에게 잘 맞는 것은 사실인 듯하다. 특히 권율 씨는 인지력과 암기력이 뛰어날 뿐만 아니라 한국사회에서 소수자로 살아가는 자신의 정체성도 빠르게 알아차린 듯 보였다. 자본주의 사회에 빠르게 적응했고, 명성 높은 대학을 가는 일이 탈북자라는 소수자의 타이틀에서 벗어나기 위한 매우 빠른 방법이자 여러 기회를 얻을 수 있는 길이라고 자각하였다. 그러면서 그는 자신이 보유한 자원들을 헤아리는데, 예컨대 어린 시절부터 훈련된 집중력을 활용하여 공부의 세계에서 탑이 될 수 있다는 자신감과 지식의 축적이 언젠가는 사회에 빛을 발휘할 것이

라는 확신으로 가득하다. 하지만 여전히 그는 한국사회의 약한 유대관계를
지적하며 고독하고 외로운 자신의 마음을 드러냈다. 그러면서 순수한 인간
관계가 그립다고 하는데 … 난 이런 말을 연구하면서 수차례 들어왔다. 도대
체 윗동네 사람들에게 '순수한 인간관계'란 무엇일까.

---

### ☑ 연구노트

모니터 화면에 등장한 권율 씨의 체구는 건장해 보였다. 평균 키가 하나원 통계 기준을 보면
5–10cm 남녀 모두 한국인에 비해 작다고 하는데 그의 키는 클 것이라 예상되었다. 아마도 평양 출
신인 탓일까. 잠시 후, 그를 살피는 여러 시선이 불편했는지 그는 단호하게 얼굴 등장을 거부하고
인터뷰를 이어나갔다.

소위 북한에서 상류층 집안의 아들. 그는 '왜, 한국에 왔을까?' 본인이 말한 대로 모든 것을 '제로'부
터 시작해야 하는 환경인데 … 부모님도 같이 오지 않고 혈혈단신 홀로 탈북한 이유가 무엇일까. 이
야기할수록 그 이유가 궁금해졌지만, 충분히 라포가 형성되지 않은 시점에는 연구자의 호기심은 접
어둘 수밖에 없었다. 그는 제1중학교 출신이자 북한에서도 남한에서도 명문대 출신이다. 그의 일상
에서는 '공부'하는 일 외에는 거의 찾아보기 어렵다. 그에게 '공부/배움/앎'은 어떤 의미일까.

그와의 대화에서, 그가 얼마나 고립되고 한국사회를 불신하는지 알 수 있었다. 조금 미안한 마음이
들기도 했고, 여러 정책과 연구기관이 존재해오고 있는 지금도 한 개인의 외롭고 불안한 마음을 해
결해줄 수 없다는 점과 여전히 사회에 대한 불신이 높다는 점이 안타깝게 느껴졌다. 특히 인상 깊은
점은, 북한에서보다 훨씬 낮은 기대치를 갖게 되었다는 것이다. 북한에서 명예와 부모에게 효를 다
해야 한다는 강박적인 열심은 거의 사라지고 작은 집과 자동차, 먹고 살 수 있는 직업이 있다면 충
분하다고 했다. 무엇 때문에 스스로에 대한 기대가 꺾인 것일까. 출발선이 다름을 인정한 결과일까
아니면 시간이 지나면서 개인적으로 자연스럽게 변화한 걸까. 그가 북한에 계속 살아간다고 상상해
봤다. 그를 바라보는 시선은 여기와는 전혀 다를 것이다. 연구원으로 좋은 대학을 나온 엘리트로 그
의 존재가치는 상당히 높을 것이며, 부모는 그를 매우 자랑스럽게 여길 것이다. 그 역시 당당히 어
깨를 펴고 우쭐대며 다녔을 수도 있다.

국가체제가 바뀐 사실과 환경의 변화가 개인의 삶에 막대한 영향을 미치는 건가. 거꾸로 내가 북한
에 이동하여 산다고 상상해봤다. 직업까지는 가늠이 안 되고 분명한 것은 나 역시 김정은에게 가까
이 다가가려고 할 듯하다. 명예와 권력을 위해. 그런데 대부분의 일상이 매우 불편할 듯하다. 도로의
포장상태가 엉망이라 먼지가 자주 날릴 듯하고, 자동차가 지금처럼 원활하게 다니지 못할 테니 불
편한 날들이 늘어나지 않을까 싶다. 그리고 무엇보다 빠르게 로켓배송이 되지 않아 어디서 무엇을
사야 할지 난감할 듯하다. '빠르게, 빠르게' 살아온 나는 아마도 분노에 폭발하거나 머지않아 남한으
로 탈북할 것이다.

## 2) 2030 탈북청년들의 생활양식 특징 및 논의

지금까지 우리는 2017-2019년도 탈북한 4명의 20-30대 탈북청년들을 만나보았다. 그들의 증언이 어떠한가. 우리는 몇몇 청년들의 이야기를 통해 북한에서 그들은 어떠한 일상생활을 보냈는지, 또한 입남 후에는 무엇에 가치를 두고 어떠한 모습으로 생활하고 있는지 등 생활양식에 관해 살펴볼 수 있었다. 연구참여자들의 인터뷰 자료를 분석한 결과는 부록으로 넘겨두고(부록 1), 이 장에서는 연구참여자로 참여한 탈북청년들의 생활양식 특징을 세 가지로 분석하고 시사점과 향후 연구의 방향성에 관해 논의하고자 한다.

첫 번째로 참여자들은 북한에서 주로 가족 성분 위주의 삶을 살아왔지만, 입남 후 '자기(self)'를 중심으로 고유한 자신만의 정체성을 확보해나갔다. 연구참여자들은 실패와 좌절을 두려워하지 않고 자신만의 삶의 기준과 목표를 형성하며 정체성을 형성해나갔다. 이러한 이유는 크게 두 가지로 해석되었다. 우선 연구참여자들은 학업 및 일 경험에서 남한 출생자들과는 출발선이 다르다는 한계점을 자각하면서, 동시에 개인의 강점과 자원(Strengths and Resources)을 활용[19]하여 심리적 안전감을 획득해나갔다. 예컨대 연구참여자들이 겪는 역경은 북한 잔여 가족에 대한 그리움과 향수(참 1), 탈북과정에서 발생한 브로커 빚에 대한 부담감(참 2), 남한출생 또래들을 따라가야 한다는 학업에 대한 압박감, 위축감(참 3, 4) 등이었다. 그들은 이러한 요소들로 인해 심리적으로 위축되거나 좌절할 수 있는 얼룩진 부분을 딛고 탄력적인 회복력을 보여주었다. 일례로 어머니의 가치관을 따라 중도의 삶을 이어가며 자신

---

19 셀리그만(Seligman)은 긍정심리학자로 자신의 성격적 강점을 발휘하고 사는 것은 진정한 행복을 이루는 데 큰 기여를 한다고 주장하였다(Seligman, 2002). 북한이탈여성들의 심리·사회적 자원에 관한 전주람(2016)의 연구에서 역시, 그들은 내려놓음, 수다, 감사와 낙천성, 갈등의 회피, 자기 존재 인식 등 여러 자원을 활용해나감을 알 수 있었다.

의 중심을 지키고자 하는 의지, 출발선이 달라 뒤처질 수밖에 없는 현실에 대한 마음 내려놓기, 일상에 만족하는 연습과 감사의 실천(참 1), 자기 욕구충족을 위한 적극적, 능동적인 태도, 삶에 대한 열정과 패기(참 2), 학업에 대한 집중력과 인내심, 영재학교를 거치며 훈련된 빠른 인지력(참 3, 4), 북한과 남한 두 국가에서 살아봤다는 자긍심(참 3) 등 자신들만이 지닌 고유한 내면의 힘과 자원 및 능력을 발굴해나갔다. 생물학적, 환경적 요인과는 무관하게 회복탄력성은 모든 사람의 내면에 본성적인 자질로 존재한다.

다음으로 연구참여자들은 학교, 직장, 종교기관 등에서 만난 타인과의 인간관계를 통해 유대감과 친밀한 관계를 맺고 처절하고 절망스러운 환경을 개선하거나 혹은 그 안에서 버티며 살 수 있는 힘을 얻어나갔다. 본 연구에 참여한 연구참여자들은 모두 대학이라는 공간에서(참 2, 3, 4), 또 다른 연구참여자는 병원(참 1)이라는 자신의 직장에서 소속감(sense of belonging)으로 기초적인 안정감을 확보하고 타인과 교류 관계를 맺고 있었다는 점이 공통적이다. 이를 통해 탈북청년들은 남북한의 여러 문화를 습득하고 공감하면서 자기 정체성을 새롭게 구축할 수 있었다. 이는 탈북청년들에게 일차적으로 소속감의 중요성을 시사한다.

마르틴 부버(Martin Buber)는 '나(I)'라는 존재는 '너(You)'와의 관계 속에서 태어나고 성장 및 완성되어 가는 존재라고 하였다. 연구참여자들 역시 모든 것을 처음부터 시작해야 하는 남한사회에서 경제적, 문화적 소수자로 살아가며 타인과의 교류를 통해 자아정체성(ego identity)을 구축해나갔다. 자아정체성은 개인의 자아가 내적 충동 및 요구들과 외적 압력 및 유혹이나 도덕적인 구속들을 자기만의 독특한 방식으로 조정하고 통합함으로써 고유한 자기동일성을 견지해나가려고 하는 자각과 의식, 무의식적 노력이라고 할 수 있다(서봉연, 1975). 탈북청년들에게 기초적인 생활적 적응과 더불어서 필요한 것은 자아정체성을 확립하거나 확보하는 것이다. 그래야 남한에서 온전하게 주체적인 사람으로 자발적으로 생활을 할 수가 있을 것이기 때문이다. 이러한 과정에서, 연구참여자들은 자신이 소속된 집단을 중심으로 타인과의 관계를 통해 자신(self)이 누구인지 탐구하고 인생의 목표와 의미를 발견해나갈 수 있었던 것으로 해석된다.

이러한 결과는 북한이탈주민 12명을 대상으로 자기 돌봄에 관해 연구한 전주람과 임정택(2022)의 연구에서 그들 역시 자아개념을 새롭게 인식해나간 다는 결론과 일맥상통한다. 이러한 변화는 개인의 이익보다 수령과 당을 중심으로 한 집단으로서 사회의 조직, 운영 및 통제가 이루어지는(임수진, 2021) 북한사회와는 다른 자유와 개인의 자율화가 보장되는 남한사회 가운데 위치한 자신(self)을 경험하는 과정에서 만들어진다. 사회학자 앤서니 기든스(Anthony Giddens)에 따르면 자아정체성이란 개체가 스스로 가진 인격적 특질이 아니라 인생 경험을 바탕으로 반성적 자아를 확립하는 것이라고 하였고, 이러한 개인의 정체성은 그가 소속된 보다 확대된 집단을 통해 구현되는 것이다.

마샤(Marcia, 1966)의 정체성 지위 이론(Marcia's identity statuses theory)[20]을 근거로 보면, 연구참여자들은 북한에서 주로 부모나 다른 역할모델의 가치나 기대 등을 그대로 수용하여 살아가는 경우에 해당되는 정체감 유실(identity

---

20  마샤(J. Marcia)의 정체성 이론은 네 가지로 분류된다. 정체감 혼미(identity diffusion)는 자아에 대해 안정되고 통합된 견해를 갖는 데 실패한 상태, 정체감 유실(identity foreclosure)은 충분한 정체성 탐색 없이 지나치게 빨리 정체성 결정을 내린 상태를 말한다. 그리고 정체감 유예(identity moratorium)는 삶의 목표와 가치에 대해 회의하고 대안을 탐색하기는 하지만 구체적인 수행과업에 관여하지 못하는 상태를 말하며, 정체성 성취(identity achievement)는 네 가지 정체성 지위 중에서 가장 발전된 단계로, 삶의 목표, 신념, 진로, 정치적 견해 등에서 위기를 경험하고 대안을 탐색했으므로 스스로 의사결정을 할 수 있는 확고한 개인적 정체성을 갖는 단계를 뜻한다(김춘경 외, 2016).

foreclosure)의 단계를 보였다. 하지만 입남 후 그들은 진정으로 자신이 누구인지에 관해 질문하고 답변해가는 과정에서 정체감 성취(identity achievement)의 단계로 나아갔다. 물론 모든 탈북청년들이 기능적인 양방향의 단계를 밟는 것은 아니겠지만, 이 연구에 참여한 탈북청년들은 모두 자신의 결핍을 극복하고 자원 및 강점을 발굴해나간다는 특징을 살펴볼 수 있었으며 이는 매우 기능적인 심리상태와 회복탄력성을 보인다고 해석된다.

두 번째로 연구참여자들은 보다 나은 일상을 경험해나가고자 시간, 돈 등 자원을 적극적으로 설계 및 관리해나갔고, 자신의 입지구축을 위해 자격증 제도를 활용하였다. 참여자들은 해외여행을 가거나(참 1, 2), 외식을 하는 경우(참 2) 지역사회 행사에 주로 참여하며 자신의 경제적 자원을 절약하는 방식의 전략을 보였고, 대학 수업시간 외 틈나는 시간을 활용하여 아르바이트로 용돈을 버는(참 2) 등 경제적으로 절약할 수 있는 방안을 찾고 자신의 학업 능력을 유지하는 자기관리 능력을 갖추어 나가는 것으로 보인다. 아울러 참여자들은 자신의 입지를 구축하기 위해 자신에게 적합한 간호조무사 자격을 취득하고(참 1), 영어 능력을 확보하여 자신이 목표로 하는 토익점수를 얻고자 하거나(참 2), 대학에 입학하여 치열하게 학업에 매진(참 3, 4)하는 등 자신의 영역 확보를 위해 노력하는 모습들을 찾아볼 수 있었다. 이는 공통적으로 남한 또래와 비교하여 자신의 출발선상의 위치가 열등함을 자각하며 수용했고, 이에 남한 또래들과 유사한 능력 혹은 월등한 능력을 갖추기 위해서는 무엇이든 더 많이 노력해야 한다고 인지한 결과라고 볼 수 있겠다.

특히 연구참여자들은 돈과 시간의 사용과 의사결정 등 모든 영역에서 자신의 선택이 가능하다는 사실을 발견하며, 돈과 시간에 대한 개념과 사용방식을 새롭게 만들어갔다. 예컨대 연구참여자 2는 입남 초기에는 아르바이트하여 번 돈을 거의 대부분 저축했었지만, 1-2년의 시간이 지나면서 꽃다운

스무 살, 스물한 살의 청춘도 중요하다는 사실을 깨닫게 되었다. 그동안 아르바이트로 번 돈의 대부분은 부모님께 드렸고 그 돈은 결국 브로커 비용을 갚는 일에 쓰였었는데, 그 과정에서 그녀는 자신에게 시간이 어떠한 의미를 지니는지, 자신이 벌어들인 돈의 기능과 자기 삶을 연관 지어 살펴게 했다. 이 과정에서 그녀는 부모님을 도와드리는 일도 필요하지만 자신을 위해 돈을 투자하는 일도 자신을 챙기는 일이자 행복한 상태를 유지하는 데 필요한 일이라고 판단하게 되었다. 그래서 그녀는 종종 자신을 위해 투자한다. 한 예로 그녀가 즐겨 가는 신촌의 한 옷가게에 종종 들러 예쁜 옷을 머릿속에 넣어두고 아르바이트를 한 후 일정 금액을 옷을 구매하는 일에 사용한다. 그녀에게 옷은 자신을 아름답게 표현하는 일이자 소소한 행복이라고 했다. 얼마 전 그녀는 자신의 이불을 처음으로 구매했다. 이불은 13만 원이었고, 그녀는 '13만 원'이라는 금액이 통장에 찍혀있는 것보다 날마다 포근한 침구를 통해 자신의 기분을 정화시키기로 결심한 것이다. 또한, 북한에서는 부모에 대한 효도와 명예를 위해 살겠다는 의지로 가득했던 참여자 3의 경우, 남한에서는 쾌적한 집 한 채와 생계가 보장되는 집을 갖는 정도의 수준으로 기대치를 낮춘 이도 있었다. 즉 그에게 적합한 돈의 크기는 자신이 기본적인 일상생활을 불편감 없이 영위하는 정도에 그치고 있다. 이처럼 탈북청년들은 물리적으로 남한으로 이동하여 정치, 경제, 문화 등 모든 면에서 새롭게 적응하며 자신에게 적합한 사고방식과 행동 양식을 끊임없이 생산해냈다.

이러한 과정은 연구참여자들로 하여금 개인주의를 지나치게 억압하여 자아, 이성과 자율성이 억눌리며 분열되어 개인적 실체를 모호하게 만든 전체주의(김윤애, 2016)에서 점차 해방되어 새로운 자신(self)을 만나는 과정이다. 그리고 북한사회와 달리 자신이 노력한 만큼 주어지는 보상이 명확한 편이다. 월급, 4대 보험, 식대, 선물 등 경제적 보상뿐만 아니라 일과 학업을 마친 후

보람찬 마음, 뿌듯한 기분과 자긍심 등의 심리적 보상(참 1, 2), 또는 종종 부모님을 외식시켜 드리며 자녀로서 누리감 만족감(참 2) 등 긍정적인 정서 경험도 빼놓을 수 없다.

세 번째로 참여자들은 북한사람에 대한 무시와 편견을 경험했지만, 북한 출신 남한사람으로서 자기 존재의 의미를 발견하고 사회적 가치와 의미를 탐색해나갔다. 참여자들은 직설적으로 학교환경에서 또래와 담임선생님으로부터 '북한사람'이라는 이유로 무시를 당하는 경우(참 2)도 있었고, 직접적인 차별은 적었으나 사회문화적으로 북한사람이라는 이유로 위축되며 고향이 어디인지 말하기를 꺼리는 상황(참 1, 4)도 있음을 알 수 있었다. 물론 참여자 3의 경우는 대학에서 당당하게 북한학을 전공하는 사람이라고, 탈북한 사람이라고 자신의 고향을 가감 없이 드러냈지만 여전히 마음이 편치 않은 상황들은 완전히 배제할 수 없었다.

하지만 연구참여자들은 여러 편견과 고정관념 등으로 인한 심리적 불편감 등과 같은 방해요소에 얽매이는 데서 벗어나 보다 자신이 성장할 수 있는 방향을 택했다. 개인적이든 사회적이든 우리 사회에서 가치 있는 사람으로 존재하기 위해 무엇을 해야 할지 고민하며 자신의 길을 찾아 나갔다. 일례로, 큰 욕심 없이 간호조무사로서 성실하게 살아가고자 결심하거나(참 1), 해외 의료가 부족한 나라에서 간호사로서 아이들을 치료해주기도 하였다(참 2). 또한, 자신의 지적능력을 발휘하여 대학교수가 되기를(참 2, 3, 4) 꿈꾸는 자들도 있었다. 이 과정에서 참여자들은 삶의 가치와 태도를 확고히 해나가게 되는데, 한 예로 현실에 만족하는 삶을 살겠다는 중도의 신념(참 1)이 강조되기도 했고, 주변에 피해를 주지 않고 봉사하며 살아가는 데 만족하겠다는(참 4) 소박한 삶의 이야기도 들을 수 있었다.

종합해보면, 본 연구결과에서는 남한사회에서 어떻게 살아가야 할지에 관해 고민하는 탈북청년들이 사회적, 경제적 소수자로 여러 제약을 경험함에도 불구하고, 자신의 심리 내·외적 강점과 자원들을 활용함으로써 주체적으로 미래 설계를 위해 시간, 돈, 지식 등 유·무형의 자원을 관리해나감을 확인할 수 있었다. 아울러 자신들이 소속된 집단을 중심으로 타인과의 교류 관계를 경험하며 자신의 가치관을 확립해나가며 자신에게만 초점을 두는 데서 벗어나 사회적으로 가치 있는 일이 무엇인지에 관해 관심을 두는 등 자아의 확장을 이루고 있음을 확인할 수 있었다.

본 연구의 결과는 북한에서 중류층 혹은 상류층 계급에 속한 중상류층 이상의 4명(중류층(참 1), 중상류층(참 2), 상류층(참 3, 4))으로 한정된 계층에 분포된 자들의 탈북청년들을 대상으로 탐색했다는 점에서 일반화의 한계점을 지니며, 북한에서 거주했던 지역 역시 나선, 혜산, 남포와 평양 지역에 한정되어 북한의 여러 지역을 두루 아우르지 못했다는 점에서도 분명 한계점을 지닌다. 아울러 본 연구에 참여한 연구참여자들은 모두 자신의 정서 조절과 인지적 능력이 대체로 양호하여 자기정체성이 확고한 편이라는 특징을 보였다는 점도 연구의 한계점으로 남는다. 그럼에도 불구하고, 이 연구는 북한사회와 북한 사람에 대한 편견과 고정관념이 존재하는 한국사회에서 북한이탈주민이라는 정체성을 지니고 소수자로 살아감에도 불구하고, 자신의 성격적 강점과 자원을 활용하며 주체적으로 자신의 가치관과 신념을 설정하고 고유한 생활양식을 확고히 해나가며 살아가는 탈북청년들의 일상이 어떠한지 사례에 초점을 두어 살펴본 데 의의가 있다.

본 연구의 향후 연구의 방향을 두 가지로 정리해보면 다음과 같다. 첫 번째로 탈북청년들의 생활양식 관련 연구에서는 탈북 시기, 제3국 경유국 및 경유국 거주 기간, 사회적 계층, 경제적 수준, 남한 입국 시기를 고려한 다양한 계층 표집에 관한 연구가 필요하다. 탈북청년들의 생활양식이 어떠한지 일반화된 결론에 이르기 위해서는 개인 내적인 심리적 변수와 가족 및 환경적 변인을 고려하여 차별화시켜 검증하고 동시에 양적 연구 또는 혼합연구를 병행하여 생활양식의 특징을 설명할 수 있는 기초자료의 축적이 필요하다. 두 번째로 북한이탈주민들의 생활양식의 특성을 파악하기 위한 표준화된 척도개발 등 보다 진전된 연구가 필요하다. 이를 통해 탈북청년들이 지향하고 있는 생활양식의 특성을 파악할 수 있고 그들이 어떠한 심리적 적응지표들을 일상에서 활용해나가는지 확인할 수 있을 것이다. 이를 통해 궁극적으로 남한사회에 거주하는 북한이탈주민들의 심리적 적응력 제고뿐만 아니라 북한에 거주하는 북한 주민들의 일상문화를 간접적으로 예측할 수 있을 것이다.

# 부록 1. 연구 참여 동의서

## 동 의 서

연구주제 : 북한이탈주민 청년들의 생활양식에 관한 탐구

1. 나는 본 연구의 설명문을 읽었으며 담당 연구원과 이에 대하여 의논하였습니다.
2. 나는 위험과 이득에 관하여 들었으며 나의 질문에 만족할 만한 답변을 얻었습니다.
3. 나는 이 연구에 참여하는 것에 대하여 자발적으로 동의합니다.
4. 나는 이 연구에서 얻어진 나에 대한 정보를 현행 법률 및 관련 규정이 허용하는 범위 내에서 연구자가 수집하고 처리하는 데 동의합니다.
5. 나는 이 연구가 학회지에 게재됨과 동시에 단행본으로 출판되는 데 동의합니다.
6. 나는 언제라도 이 연구의 참여를 철회할 수 있고 이러한 결정이 나에게 어떠한 해도 되지 않을 것이라는 것을 압니다.
7. 나의 서명은 이 동의서의 사본을 받았다는 것을 뜻하며 연구 참여가 끝날 때까지 사본을 보관하겠습니다.
8. 인터뷰에 참여한 연구참여자들에게 적절한 보상료를 지급합니다.

　　연구참여자의 기록은 개인정보에 관해 이니셜 처리되며, 학회지 게재 및 단행본 출간을 위해 활용됨을 밝힙니다. 연구자에게 제출한 모든 사진과 녹취록은 연구의 목적으로만 사용할 것을 밝힙니다.

| 연구 대상자 | 성명: | 서명: | 서명일: | 년 월 일 |
|---|---|---|---|---|
| 연구 책임자 | 성명: | 서명: | 서명일: | 년 월 일 |

# 부록 2. 연구참여자들의 생활양식에 관한 구성요소

| 대주제(4) | 소주제(8) | 주요 내용 |
|---|---|---|
| 환경과 가족 성분 중심의 일상 | 선택할 수 없는 고통 | 북한 사회에서는 일을 하고 싶지 않아도 3개월 이상 쉴 수 없음, 북한에서는 윗선 눈치가 보여 사회에 대한 불평을 말할 수 없음. |
| | 가족 성분 중심의 일상 | 호텔로 배치되어 일했을 뿐 나의 선택은 아니었음, 장남으로 내가 성공했다는 모습을 가족에게 보여주고 싶은 욕망이 우선함, 부모에 대한 효도가 매우 중요함, 명예가 매우 중요한 가치로 작동함. |
| 자기 욕구 실현의 가능성 확대 및 적합한 나만의 고유한 라이프스타일 기준 설정 | 자기 욕구 실현의 가능성 확대 | 자유가 많고 조금 노력하면 모든 걸 얻을 수 있는 남한사회라는 인식, 노력하면 원하는 대로 편안하게 살 수 있을 것이란 기대감. 아르바이트로 수입을 늘려 멋진 식사와 디저트 등 예쁜 카페를 즐김, 다양한 티비 채널로 축구경기를 라이브로 즐길 수 있음. |
| | 적합한 나만의 생활기준 및 양식 탐색 | 명예나 사회적 인정보다 내가 원하는 삶이 무엇인지 고민하고 가치관을 찾아 나감, 힘들게 굳이 막 열심히 해서 부자가 되기보다는 아담한 집과 타고 다닐 수 있는 작은 자동차면 충분함. 간호학 교수가 되어 방학 때 해외여행과 의료선교 다니기를 원함. 북한에 계신 어머니의 가르침대로 너무 힘들게 살지 않기로 함. |
| 한국사회 정착을 위한 자기관리 및 미래 설계와 준비 | 시간과 돈의 적극적인 설계 및 관리 | 대학교 가기 전날에는 빨리 자고, 일찍 일어나려고 노력함, 수업 중간에 비는 시간에 아르바이트로 용돈 벌기, 우엉 이천 원어치를 사서 손수 말려 우엉차를 끓여 먹음. 내 돈으로 외식하는 경우는 거의 없고 대부분 집에서 만들어 먹는 편임, 단체에 참여하여 무료로 해외여행을 다녀옴. |

| 대주제(4) | 소주제(8) | 주요 내용 |
|---|---|---|
| 한국사회 정착을 위한 자기관리 및 미래 설계와 준비 | 적절한 보상과 자격증 제도 | 북한의 호텔에서 일할 때는 다음 달에 돈(50위안)이 들어온다는 약속이 지켜질지 불분명했음. 남한은 노동한 만큼 돈이 대부분 정확한 시점에 들어옴. 북한에서는 자격증이 없어도 됐지만 한국에서는 자격증으로 자신의 능력을 증명함. 간호조무사 자격 취득을 위해 코스를 거쳐 취득함. |
| 가치관의 혼돈과정을 통한 정체성 형성 및 자아 확장 | 북한에 대한 무시와 편견 | 북한 애들은 대학교 들어가면 다 떨어진다는 얘기를 듣고 일단 무시 받지 않기 위해서라도 대학에 들어가기로 결심함. 고등학교 다닐 때 몇몇 친구들이 이상한 시선으로 쳐다본 적이 있었음. 담임선생님이 백두산에 호랑이가 있냐고 많은 친구들 앞에서 물어봐 매우 당황스러움. 북한 애들은 대학교 적응 못하고 퇴학한다고 무시함. |
| | 확고해지는 신념, 정체성과 삶의 방식 | 넘치지도 부족하지도 않은 삶을 살기 원함. 대학교수가 되어 해외여행을 많이 다니고 싶음. 입남 초기 북한사람들의 이미지가 나쁜데 이미지 개선을 하겠다고 했으나 시간이 지나면서 굳이 그럴 필요가 없다고 느낌. 만족하는 삶, 주변에 피해 주지 않는 삶. 봉사하고 헌신하는 삶을 살기로 함. 왜 공부하는지에 관해 의문을 갖고 공부의 의미를 찾아 나가는 중임. |
| | 사회적 의미 탐색 및 자기 존재의 의미부여 | 북한학을 전공하여 북한 사회를 경험한 지식을 학계 연구자들과 공유. 의료선교로 필요로 하는 사람들과 자신의 의료지식을 공유하고자 함. 교수가 되어 전문가의 위치에서 지식을 보다 많은 사람들과 공유하고자 함. |

제2부

제2장

# 북한이탈주민 다음 세대의
# 사회정체성과 사회통합

손인배
(연세대학교 인문사회의학교실)

# 1. 북한이탈주민의 정착과 다음 세대

인간은 새로운 기회를 찾고, 빈곤과 갈등, 자연재해에서 벗어나기 위해 이주를 한다. 이러한 국제 인구 이동은 개인뿐 아니라 국가 및 지역 간 관계, 사회적 관계, 공공정책, 안보, 국민 정체성, 주권에 영향을 미쳐 전 세계의 국가와 사회를 변화시킨다(Castles, S., Miller, M. J., 1993/2013, 11, 25, 52, 53).

북한이탈주민[1]의 이주 또한 빈곤과 갈등에서 벗어나기 위해, 더 나은 삶을 위한 선택이었다고 할 수 있다. 1990년대 고난의 행군을 경험한 많은 수의 북한 주민은 식량난으로 인해 북한을 탈출하여 남한으로 입국하기 시작했다. 2007년 북한이탈주민의 남한 입국은 1만 명을 넘어서게 되고, 2023년 9월까지 3만 4천여 명이 남한에 입국하였다(통일부, 2023). 특별히 한국사회의

---

1 「북한이탈주민의 보호 및 정착 지원에 관한 법률」(1997. 1. 13 제정)에 따르면 북한이탈주민이란 군사분계선 이북지역(이하 "북한"이라 한다)에 주소, 직계가족, 배우자, 직장 등을 두고 있는 사람으로서 북한을 벗어난 후 외국 국적을 취득하지 아니한 사람을 말한다(2조 1항). 국가법령정보센터 (2023). 북한이탈주민의 보호 및 정착 지원에 관한 법률. Retrieved from http://www.law.go.kr/%EB%B2%95%EB%A0%B9/%EB%B6%81%ED%95%9C%EC%9D%B4%ED%83%88%EC%A3%BC%EB%AF%BC%EC%9D%98%EB%B3%B4%ED%98%B8%EB%B0%8F%EC%A0%95%EC%B0%A9%EC%A7%80%EC%9B%90%EC%97%90%EA%B4%80%ED%95%9C%EB%B2%95%EB%A5%A0 (검색일 : 2023. 06. 12).

변화를 이끌어 갈 수 있는 북한이탈주민 다음 세대인 탈북청소년은 952명 (2020년 탈북청소년 실태조사 기준)으로 비율은 2.8%를 차지하고 있으며, 다른 기준이지만 다음 세대인 탈북 학생은 2022년 기준 2,061명으로 집계되고 있다. 입국 당시 연령을 기준으로 다음 세대라고 할 수 있는 20대 이하 북한이탈주민의 수(2020년 기준)는 10,000여 명에 이른 것으로 나타났다.[2]

일반적으로 북한이탈주민 정착에 대한 관점은 다음의 변화를 거쳐왔다.

남북한의 극심한 체제 경쟁 속 북한이탈주민의 정착은 남한 사회에 잘 적응하는 것을 의미했다. 적응(adaptation)은 상태(state)로서 유기체, 종, 사회 집단 간의 관계 또는 존재하거나 성장하기에 유리한 기관을 뜻하기도 하고, 과정(process)으로 환경과 우호적인 관계를 통해 하나가 되는 것을 말한다. 이는 개인의 본능을 포함하는 뇌, 신경세포 등은 각각의 차이를 가지고 생물학적 진화를 하지만, 언어, 도덕, 법 등 사회적 요인들은 교육을 통해 정신적 진화를 하는 것과 연관 지어 생각해 볼 수 있다(Bristol, 1915, 8-9). 사회적 적응(social adjustment)은 사회적 순응이라고 정의될 수도 있는데, 개인과 사회적 환경의 상호작용을 통해 사회에서 요구하는 역할을 개인이 인식하고, 적절히 수용하여 행동하는 과정이라고 할 수 있다(Weissman, 1975, 357).

1980년대까지 북한을 탈출하여 남한에 입국한 북한이탈주민들은 남한 체제의 우월성을 증명하는 정치적 가치로 의미를 가졌으며, 정치 논리가 경제 논리를 압도하는 시기 속에서 국가로부터 전폭적인 지원을 받게 되었다(윤인진, 2009, 19). 1980년 이전까지 북한이탈주민은 법률에 의거해 월남 귀순자, 귀순용사 등으로 불려온 것이 이를 뒷받침해준다. 또한, 1980년대 후반 남

---

2  본고의 북한이탈주민 다음 세대는 현재 기준으로 탈북청소년 및 20-30대로 정의하여 논의를 전개하고자 한다.

한 경제가 활성화되며 북한 경제를 압도한 남한[3]은 북한이탈주민을 정치적 대상보다는 경제적 지원 대상으로 명시하고, 1993년 「귀순북한동포보호법」 (1993.06.11. 제정) 제정 이후 북한이탈주민 주무 부처를 국방부·국가보훈처에서 보건복지부로 이관하게 된다(신효숙 외, 2016, 49).

1990년대 남한으로 입국하는 북한이탈주민 수가 증가하자 북한이탈주민의 정착은 체제 선전용에서 사회통합 대상으로 인식되기 시작했다. 사회통합은 사회적 연대 및 사회 발전을 토대로 이주민들이 사는 국가에서 사회적 안정과 충성심을 갖는 것이며, 이주민과 이주민을 수용한 이주국의 상호 권리와 의무를 수행하는 과정이다(김영란, 2013, 7). 유엔 경제사회국(DESA: Department of Economic and Social Affairs)에서는 사회통합의 목표를 권리와 책임을 가진 개인들의 역할을 통해 "더 안정적이고, 안전하며, 모두를 위한 사회를 창조하는 것"이라 정의하고 있다(UN, 2021). 즉, 사회통합은 사회 구성원들과 도덕적 가치를 공유하고, 협력을 통해 새로운 공동체를 만들어가는 과정이라고 할 수 있다. 사회통합은 통합의 개념에서 시작되었는데, 통합의 개념을 통해 사회통합을 살펴보면 다음과 같다.

통합(integration)은 사회적 분화에 대한 새로운 형태에 대한 요구나 압력에 대한 반응으로, 이를 잘 수용하지 못하는 경우 사회적 해체 내지는 아노미가 발생할 수 있다는 점에서 중요한 개념이다(이재열 외, 2013, 117). 록우드(Lockwood, 1964)는 통합을 사회통합(social integration)과 체계통합(system integration)으로 구분했는데, 사회통합이 행위자들 간 계층이나 갈등적 관계와 연관되

---

3  1950년대 북한의 경제 수준은 남한 GDP의 50% 수준, 1960년대는 60% 수준이었다. 그러나 남한 경제가 급속히 성장하면서 1970년대 북한 GDP 규모는 남한 대비 20%까지 하락하고, 1980년대 말 10% 이하로 하락하게 된다. 이석·김두얼(2011). 남북한 장기 경제 추세 비교와 대북정책에의 시사점. *KDI 정책연구시리즈*. 2011-10. 14-15.

어 있다면, 체계통합은 사회체계의 부분으로서 적합하거나 적합하지 않은 관계에 집중하는 것이라 할 수 있다. 즉 록우드의 통합 구분은 사회적 질서와 무질서를 구분할 때 행위자들 간의 협력과 갈등의 관계, 제도 안에서의 적합성과 비적합성을 이해하는 데 유용한 도구가 된다고 할 수 있다(Mouzelis, 1997). 갈통 (Galtung, 1968)은 통합을 가치통합으로서의 통합(Integration as value-integration), 행위자 통합으로서의 통합(Integration as actor-integration), 부분과 전체의 교환으로서의 통합(Integration as exchange between parts and whole)으로 분류했고, 통합이 둘 또는 그 이상의 행위자들이 새로운 행위자로 형성되는 과정이라고 정의했다.

크레켈(Kreckel, 1999)도 통합을 사회통합(social integration)과 체계통합(system integration)으로 구분했다. 기존 통합 연구와의 차이점은 사회통합과 체계통합을 구분함에 있어 체계통합은 도덕적 연대 없이 가능한 경제와 권력의 통합인 반면, 사회통합은 사회 구성원들의 연대가 기반이 된다. 즉, 사회통합은 사회 구성원들 간 협의와 명백한 협력이 필요하다고 주장한다. 크레켈 (Kreckel)은 이를 도덕적 통합 혹은 가치통합(moral integration)이라고 명명했다. 이상의 사회통합 논의를 토대로 이주민과의 사회통합을 생각해보면 사회통합의 핵심 요소는 새로운 이주민에 대한 문화적 차이 인정과 이주민과의 상호작용이라 하겠다.

이에 1990년 대 후반 「북한이탈주민의 보호 및 정착 지원에 관한 법률」 (1997.1.13. 제정)은 북한이탈주민을 미래의 남북통합 대상 측면에서 주무 부처를 통일부로 하여 북한이탈주민을 지원하게 된다(신효숙 외, 2016). 한편, 지구화로 인한 '이주의 시대'에 110만여 명의 다문화인(통계청, 2023)의 등장은 3만여 명의 북한이탈주민을 초국적 이주[4]의 관점으로 보기도 한다.

---

4   초국적 이주는 이주가 용이해지면서 많은 사람들이 둘 이상의 사회, 정치, 경제, 사회적, 문화적 관계를

지금까지 북한이탈주민을 정착의 관점에서 살펴보았다면 공간과 시간적 측면에서 북한이탈주민의 위상을 살펴볼 필요가 있다. 북한이탈주민은 공간적 관점에서 체계적인 환대와 체계적인 적대를 경험한다. 즉, 북한이탈주민은 한반도의 대립 구도의 상징이자 경계인적 속성을 가진다고 할 수 있다. 1945년 일본 항복 선언에 따른 한반도의 해방은 한반도에 온전한 자유를 가져다주지 못했다. 한반도는 자유주의와 공산주의로 양극화된 세계체제 속에서 미국과 소련에 의해 분할 통치를 받게 되었고, 1948년 대한민국과 조선민주주의인민공화국이라는 두 정부를 만들어냈다. 이 두 정부는 전쟁이라는 물리적 폭력을 경험하였고, 70여 년이 지난 지금까지 체제 갈등, 군사적 갈등을 지속하고 있다. 이러한 갈등은 남한 사회 속 북한이탈주민을 통해 나타났다.

남한은 북한의 경계를 넘어온 사람들에게 정착지원이라는 체계적인 시스템으로 환대를 제공한다. 그러나 환대 이전에 북한이탈주민보호센터에서 군, 검찰, 국가정보원의 합동조사 시스템을 통해 적대의 대상인지 아닌지를 조사한다. 이처럼 남한 내 북한이탈주민은 남북 대립으로 인한 환대와 적대 사이의 존재자임을 확인시켜 준다. 그리고 북한이탈주민은 시간적 관점에서 과거의 트라우마, 현재의 정체성 형성, 미래 역할에 대한 기대를 안고 살아가게 된다.

과거적 관점에서 북한이탈주민은 북한을 벗어나 남한에 입국한 사람들로서, 북한 이탈 이후 사회적 지위에 대한 혼란과 트라우마를 겪었던 사람들이다. 국민이라는 법적 지위를 얻기 전까지 난민적 지위, 불법체류자, 무국적자

---

지속하는 현상이다. Castles, S., & Miller, M. J. (2013). 이주의 시대 (한국이민학회 역). 서울: 일조각. (원서출판 1993). p.26.

등으로 명명되고, 그 과정에서 트라우마를 겪게 되는 경우가 많기 때문이다 (전우택 외 2011: 김성경, 2011: 최현실, 2011: 강미정, 2014: 조정아, 2014: 김종군 외, 2017: 강채연, 2018).

현재 관점에서 북한이탈주민은 남한 사회 안에서 국민으로 삶을 살아가는 사람들로서, 북한이탈주민은 남한 사회 속에서 많은 정체성이 있는 사람들이다. 이에 북한이탈주민은 자기 인식 속 북한 출신 남한사람, 북한사람, 탈국가적 개인주의자 등으로 불린다(전우택 외, 2011).

미래 관점에서 북한이탈주민은 남한 사회에 대한 기대가 있는 사람들이자 남한 주민과 함께 더 좋은 사회, 평화와 통일의 한반도를 만들어가야 할 이웃이라 할 수 있다. 북한이탈주민은 남한 사회에 민족이라는 의식과 함께 정치적 자유를 위해, 식량문제를 해결하기 위해, 더 나은 삶에 대한 기대를 품고 남한에 입국한 사람들이다. 그리고 남한 사회 또한 북한이탈주민의 미래 역할에 대한 통일의 전령, 통일의 역군, 남북한사회통합의 주역, 평화를 만들어갈 이웃이라는 기대를 하고 있다(윤여상, 2001: 윤인진, 2009: 김주삼, 2016).

이처럼 북한이탈주민에게 응축되어 있는 공간적 측면의 남북 간 대립 구도, 시간적 측면의 트라우마로 인한 상처, 사회적 지위의 혼란, 미래에 대한 기대 등은 북한이탈주민의 경계성이 이질적인 문화적 측면뿐 아니라 공간과 시간적 측면으로 확장되어 있다는 사실을 알게 해준다. 이에 북한이탈주민 다음 세대 구성원들을 정의해본다면, 적응, 통합, 초국적 이주라는 여러 정착의 관점과 공간과 시간 속에서의 여러 위상 안에서 삶을 살아내면서 자신의 정체성을 형성해가는 존재라고 할 수 있다. 그렇기 때문에 북한이탈주민 다음 세대 구성원들의 사회통합을 논의하려면, 정체성 형성에 있어 중요한 요인들이 무엇인지를 확인해야 하고, 그 요인들을 보호하고, 발전시킬 수 있는 방법을 찾아야 한다. 이를 위해 먼저 사회정체성 이론의 고찰과 다문화 2-3

세대의 정체성 형성, 북한이탈주민 2-3세대 정체성 형성에 대한 선행연구를 살펴보고자 한다.

〈그림 1〉 북한이탈주민의 위상과 정착의 관점

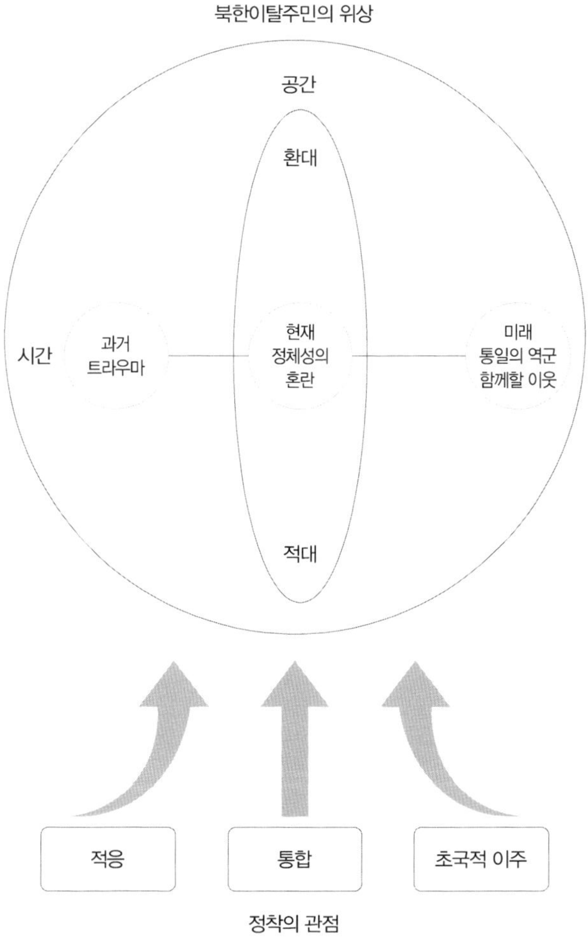

## 2. 다문화 및 북한이탈주민 다음 세대들의 사회정체성 형성

### 1) 사회정체성[5]

정체성은 자신에 대한 성찰, 자신이 있는 곳, 자신이 해야 하는 역할 등의 판단에 대한 집합이라고 할 수 있으며, 이것은 고정된 것이 아니라 전 생애에 걸쳐 발전하는 것이라고 할 수 있다(이화연, 2022). 이에 정체성의 핵심은 자신을 역할의 점유자로 범주화하고, 해당 역할과 그 수행과 관련된 의미와 기대를 자아 안으로 통합하는 것을 말한다(Stets et al, 2000).

이러한 정체성은 자기 자신이 불리는 이름과 사회 구조 속에서 학습된 역할이라는 것을 통해 타인과 비교하는 자아정체성, 집단 내 구성원으로서 자기를 정의하는 사회정체성으로 구분할 수 있다(이화연, 2022: Stets et al, 2000; Turner, 1999).

사회정체성은 '사회적 범주 구성원으로서 자기 정의(Turner, 1999, 10)' 또는 '집단 구성원으로 어떤 감정적인 것과 가치의 중요성을 가지고 특정한 사회집단 구성원으로 함께하고 있다는 개인의 지식(Tajfel, 1981, 255)'이라고 할 수 있다.

사회정체성 이론은 개인이 사회 집단에 대해 그들의 정체성을 정의하고, 그러한 동일성으로 자기 정체성을 보호하고 강화한다는 전제를 갖는다. 집단의 정체성 형성은 '외집단'과 '내집단'을 분류하는 것뿐 아니라, 외집단에 대한 긍정적 관점을 갖는 것 모두를 포함한다(Tajfel, 1978; Tajfel et al, 1979). 이러

---

5  본 내용은 손인배(2022). 북한 출신 북한이탈주민 정착지원 실무자의 직업적 심리특성과 업무 인식 연구[박사학위 논문, 연세대학교 통일학협동과정]의 북한이탈주민 사회정체성의 내용을 수정 · 보완 한 것이다.

한 사회정체성은 개인 심리인 자아의 표현과 자아가 내재한 사회 집단 구조와 과정의 연결 고리를 가진다(Brewer, 2001, 115).

사회정체성 이론과 정체성 이론에서 자아(self)는 자신을 하나의 목적으로 삼고, 다른 사회적 범주나 분류의 관계 속에서 특별히 그 자신을 범주화, 분류화 할 수 있다는 점에서 반사적(reflexive)이다. 이 과정들은 사회정체성 이론에서 자아 범주화(self-categorization)[6]라 불리고, 정체성 이론에서는 동일시(identification)라고 불리는데, 정체성은 이러한 자아 범주화나 동일시의 과정을 통해 형성된다(Stets et al, 2000, 224).

사회정체성은 개인정체성과 차이점을 갖는다. 개인정체성은 다른 사람들과 공유되지 않는 특유의 개인 특성('나'), 또는 ('나'와 '너')의 양자 관계 안에서 다른 사람들과 전적으로 연결되어 있는 개인적 관계 측면에서의 자기 구성 개념이다. 개인정체성은 집단화 과정에 적은 영향을 주지만 집단생활은 개인정체성 속에 우정이나 적을 형성하는 맥락을 제공할 수 있다(Hogg et al, 2004, 251).

한편, 사회정체성은 자신이 소속된 두 사람 이상의 개인 및 집단들의 관계 속에서 형성되는 것이기 때문에, 사회정체성은 개인이 집단에 가지고 있는 충성도, 애착 등보다 집단의 지위에 의존하게 된다(Tajfel et al, 1979).

이에 사회정체성과 개인정체성의 관계를 다시 정리하면 다음과 같다(Stets

---

6  사회정체성 안에서 자아의 범주화 과정이 이루어지지만 터너와 레이놀즈(Turner & Reynolds, 2001)는 사회정체성 이론(social identity theory)과 자아 범주화 이론(self-categorization theory)은 구분이 필요하다고 주장한다. 사회정체성 이론이 집단 간 관계 속에서 차별과 집단중심주의에 대한 답변을 주는 이론이라면, 자기 범주화 이론은 개인적 정체성과 사회적 정체성의 구분에 중요한 의미를 갖는다. 이 두 이론들은 사회정체성 관점(social identity perspective)에서 해석될 수 있지만, 강조점이 다르고, 구별된다. Turner, J. C. & Reynolds, K. J. (2001) The Social Identity Perspective in Intergroup Relations: Theories, Themes, and Controversies. In: Browne, R. and Gaertner, S. (Eds), *Blackwell Handbook of Social Psychology: Intergroup Processes.* (pp. 133-152). Malden: Wiley-Blackwell.

et al, 2000).

첫째, 사회정체성 이론과 정체성 이론은 정체성 기반에서 차이를 보이지만, 개인정체성의 위상이라는 측면에서 연결되어 있다. 사회정체성 이론은 범주화, 집단화가 중요하다면, 정체성 측면에서는 역할이 중요하다.

둘째, 정체성 발달과정에서 나타나는 핵심적인 과정과 연관이 있다. 사회정체성 이론에서 몰개성화(depersonalization)는 인지적 과정과 연관이 되고, 자기존중감(self-esteem)이 동기적 과정이라면, 정체성 이론에서는 자기검증(self-verification)이 인지적 과정이 되고, 자기효능감(self-efficacy)은 동기적 과정이 된다고 할 수 있다.

따라서 사회정체성 접근은 사회 및 개인 수준의 분석을 통합할 수 있는 특징이 있다. 사회정체성에 따른 접근은 집단화 과정이 대인 관계의 상호작용과는 다르다고 간주하지만, 그 기초에는 개인의 인식이 있다. 즉, 사회정체성은 개인과 집단 수준에서 동시에 존재하고, 그 간극을 이어준다고 할 수 있다(Burford, 2012, 144).

이에 청소년 시기의 정체성은 가치 있는 '삶의 방식'에서 영감을 받는 잠재성이 있는 시기라 할 수 있다. 이에 북한이탈주민을 포함하는 이주민 2-3세대 아이들의 청소년기는 사회정체성을 형성하는 데 매우 중요한 시기임을 알 수 있다(전주람 외, 2023).

## 2) 다문화가정 2~3세대의 정체성 형성

남한 사회 내에서 '이주 배경'이라는 용어는 '무지개청소년센터'에서 먼저 사용하기 시작하였다. 2010년 제주 인권회의에서는 본인이 이주 경험이 있거나 부모의 이주 경험이 있는 청소년을 '이주배경청소년'이라고 부르고 있다(신윤정, 2022). 다른 연구에서는 이주 배경 아동·청소년의 개념을 '본인 또는 부모가 이주 경험을 가진 9세에서 24세 연령에 해당하는 자'로 정의하고 있다(양계민 외, 2021).

　이러한 이주배경청소년들은 정체성 형성에 있어 여러 가지 경험을 하는 것으로 나타났다.

　첫째, 이주배경청소년은 공교육에 편입되지 못하면서 또래 관계 속에서 단절을 경험하기도 한다. 둘째, 청소년 시기에 있어 교육은 매우 중요함에도, 그 연령에 맞는 교육보다는 한국에 체류하기 위한 직업 교육을 받는 특징이 있다. 이는 비(非)이주배경청소년들이 직업 훈련 경험이 낮은 것에 비해 이주배경청소년들은 직업 훈련 경험이 높은 것과 연관이 있다. 셋째, 이중 정체성의 형성이다. 이중문화 정체성은 두 문화의 가치와 신념, 관습 등에 타협하지 않고 두 문화 안에서 적응하는 능력이 있다고 믿는 개인의 신념이라고 할 수 있다. 이때 이중문화 또는 다문화 특성을 지닌 다문화 청소년의 사회문화적 적응과정은 정체성 형성에 있어 중요한 과업이 된다. 여기서 중요한 것은 이주국에서 어떤 사회·문화적 경험을 하느냐에 따라 다문화가정 자녀의 정체성은 변화될 수 있다는 것이다. 이 외에도 이중문화 정체성이 높을수록 개인의 심리·사회적 적응력이 높아지거나 청소년의 자아효능감 향상 및 우울증 감소에 기여할 수 있다. 반면, 이중문화 정체성이 낮은 개인은 다른 문화 간 갈등과 어려움을 경험하기도 한다. 이러한 현상은 비(非)이주배경청소년과 이주배경청소년의 건강을 비교했을 때 비이주배경청소년들은 신체적·심리적 건강 수준이 높은 반면, 이주배경청소년들의 스트레스 수준이 높다는 연구 결과와 연관된다고 할 수 있다. 넷째, 이주배경청소년은 부모의 영향을 많이 받는데, 이주 경험이 있는 부모의 경우 이주한 사회가 익숙하지 않기 때문에 자녀를 잘 양육할 수가 없고, 부모의 체류가 불안정한 경우 아이가 받을 수 있는 혜택이 줄어들기 때문에 어려움을 겪을 수 있다. 그리고 이주한 사회에서 친인척의 부재는 사회적 지지를 얻지 못한 상황에서 아이를 힘들게 양육해야 하는 어려움을 가지게 된다(신윤정, 2022; 양계민 외, 2021).

이처럼 이주배경청소년들이 공교육에 편입되지 못하거나 연령에 따른 학습보다 직업 교육에 치중하기도 하며, 이중 정체성이 부정적으로 형성될 때 학업뿐 아니라 심리 정서적 측면에도 부정적인 영향을 받기도 한다. 또한, 이주배경청소년과 부모가 경험하는 가족 관계는 불안정성이 있을 수 있으며, 부모는 일과 가정을 양립하기 어렵고, 아이들이 방치되는 경우들이 많다고 할 수 있다.

이처럼 이주 배경이 있는 다음 세대의 경우 문화적응 스트레스, 정체성 혼란, 사회적 관계망 부족 등을 경험하게 된다. 이는 다문화가정의 2~3세대뿐 아니라 북한이탈주민에게 있어서도 경험될 수 있는 현상이라고 할 수 있다.

### 3) 북한이탈주민의 정체성[7]과 2~3세대의 정체성

북한이탈주민은 '경계인'이라 할 수 있다. 짐멜(Georg Simmel)은 이방인을 '오늘 왔다가 내일 가는 방랑자가 아니라, 오늘 왔다가 내일까지 머무는 사람'이라고 정의했다(Wolff, 1950, 402). 파크(Robert E. Park)는 짐멜의 이방인(the stranger) 연구에서 영감을 받아 경계인 이론을 제시한다. 파크에 따르면 경계인(the marginal man)은 '두 문화와 두 사회 속에서 완전히 융화되거나 흡수될 수 없는 경계에 있는 사람이다'라고 정의했다(Park, 1928, 892). 이에 이방인 및 경계인의 정의로 북한이탈주민을 바라보면, 북한이탈주민은 오늘 왔다가 내일

---

7 본 내용은 손인배(2022). 북한 출신 북한이탈주민 정착지원 실무자의 직업적 심리특성과 업무 인식 연구 [박사학위 논문, 연세대학교 통일학협동과정]의 북한이탈주민 경계성의 내용을 수정 · 보완한 것이다.

갈 사람이 아니라, 오늘 왔다가 내일까지 머물 이방인이다. 그리고 북한에서의 사회화 경험 이후 남한 사회에서의 재사회화 과정은 북한주민으로의 정체성과 북한이탈주민이라는 정체성의 충돌을 야기한다. 즉, 두 문화, 두 사회에 속하지만 어느 곳에도 완전히 동화될 수 없는 경계인적 정체성을 갖게 된다.

김성경(2014)은 북한이탈주민을 경계인의 정체성을 가지고 인정 투쟁을 하는 주체로 보았다. 짐멜이 주장했던 '이방인'과 로버트 파크의 '경계인'의 개념을 문화적으로 재해석하여 탈북자의 사회적 의미와 정체성을 조망하였다. 탈북자들을 이방인, 경계인적 정체성을 가지고 인정 투쟁을 하는 주체로 분석하고, 탈북자들을 경계(인)에서 접경(인)의 관점으로 다문화주의적 주체로 재맥락화 하는 것이 필요하다고 주장한다. 윤보영(2015)은 경계인 이론을 통해 북한이탈주민을 경계인으로 보고 그 특성을 생리적, 심리적, 사회적 특성으로 분류하여 북한이탈주민의 삶의 주기와 영향을 살펴보았다. 경계성(marginality)은 사회적 현상, 경계인은 소속될 수 없는 이주처와 고향 사이에 있는 사람, 경계문화(marginal culture)는 두 문화가 혼합이 가능한 상태로 정의하였다. 그리고 북한과 현재 속하게 된 남한 사이 혼란을 겪는 북한이탈주민을 경계인으로 보고, 북한이탈주민의 경계인적 행동이 개인의 문제가 아닌 남북한 분단구조 현상임을 주장한다. 이러한 북한이탈주민의 탈경계를 위해서는 개인의 사회화 유도 과정이 필요하다고 보고 있다. 그 과정은 경쟁, 갈등, 화해, 동화의 개념인데, 윤보영은 동화를 필수불가결한 것으로 보는 한계를 넘어 북한이탈주민이 탈경계인으로서 전환을 시도하는 과정을 고찰하려고 했다. 탈경계화된 북한이탈주민은 공부의 대상, 관찰의 대상, 운명의 대상, 주체로서 북한이탈주민이 된다고 주장하였다.

그런 의미에서 북한이탈주민은 남한사람, 북한사람, 동포, 탈북한 한국 국적자, 고향이 북한인 한국사람 등으로 다양하게 불리고 있다(양계민 외, 2005; 윤인진, 2009; 신미녀, 2010; 권수현 외, 2018).

이러한 측면에서 탈북 대학생들 또한 대한민국 국민이지만 대한민국 국민으로서 정체성을 형성하지 못하는 경우가 있다고 보고하고 있다.

이를 청소년에 적용해보면 청소년들은 사회정체성이 높을수록 원만한 대인 관계를 맺기가 쉽고, 집단의식이 생김으로 집단 속에서 자신을 바라보는 관점이 생긴다(박노윤 외, 2014). 그런데 사회적 낙인이라는 손상된 사회정체성을 경험하게 되면 어려움을 극복하고자 하는 의지가 상실되고, 우울증과 같은 부정적 영향을 받게 된다(김경준, 2010). 북한이탈주민 청소년의 경우 자기 낙인을 경험하는 경우가 있는데, 그렇게 되면 내면의 수치심은 발달하고, 자존감이 낮아지고, 미래에 대해 회의적 현상이 발생하게 된다(이현숙, 2015).

반면 10-20대의 북한이주여성들은 또래 관계 속에서 사회적 차별, 문화적 스트레스도 경험하지만 내집단의 우월성, 이중 정체성에 대한 긍정적 반응 등을 통해 사회정체성을 형성하고 있었다(전주람 외, 2023).

그렇기 때문에 북한이탈주민 2-3세대가 건강한 사회정체성을 형성하기 위해서는 사회적 낙인을 벗어나 사회생활에 잘 적응할 수 있도록 돕는 것이 필요하다. 이에 대한 구체적인 사례를 확인하기 위해 다음과 같이 인터뷰를 실시하였다.


## 3. 북한이탈주민 다음 세대들의 인터뷰와 그 내용

본고에서는 본 내용과 관련하여 다음 세대들의 이야기를 듣기 위해 인터뷰를 실시하였다. 참여자들은 탈북 시기가 5년가량인 20~30대 북한이탈주민 3명이었다. 인터뷰는 2023년 7월에 1차례 이상 실시하였고, 북한이탈주민 다음 세대로서 경험하는 사회정체성, 사회통합에 대한 의견을 묻고 답하는 시간을 가졌다.[8]

<표 1> 연구참여자들의 일반적 특성

|  | 연령(성별) | 직업 | 탈북 시기 |
|---|---|---|---|
| 참여자 1 | 35(여) | 간호조무사로 근무 | 2018년 |
| 참여자 2 | 23(여) | 대학교 재학<br>(간호학과) | 2018년 |
| 참여자 3 | 30(남) | 대학교 재학<br>(경제, 북한학) | 2018년 |

## 1) '북한 출신'이라는 정체성

연구참여자 1과 연구참여자 3은 자신들이 북한에서 왔기 때문에 북한 출신이라는 말은 어쩔 수 없는 것이라고 생각을 하고, 그래서 북한 출신 남한사람이라는 정체성을 갖고 있었다. 그런데 연구참여자 1의 경우 북한을 탈북했다는 사실을 강조하는 탈북자라는 말은 듣기가 거북하다고 느끼고 있었다. 그보다는 실향민, 탈북민으로 불리는 것이 더 낫다고 생각하고 있었다. 연구참여자 2에 따르면 북한에 있을 때 탈북 가정은 나쁜 것이라는 인식이 있었기 때문에, 탈북자, 탈북민은 뭔가 나쁜 일을 한 거 같은 느낌이 있다고 한다.

북한 출신 남한사람 맞죠, 솔직히 말하면. 이게 뭐 남한에서 태어났으면 앞에 출신이 안 붙겠지만. 그쪽에서 태어났으니까 그렇게 부르는 데 대해서는

---

8 본고는 연구윤리 준수 및 인터뷰 대상자들의 개인정보보호를 위해 아주대학교 생명윤리위원회에서 IRB를 승인받아 인터뷰를 진행하였다.

저는 뭐 별로 생각이 없습니다. 근데 그렇다고 해서 기분이 거슬리거나 그런 것도 없고. 근데 조금 같은 말이라도 탈북자라는 말은 듣기가 너무 거북하고. 실향민이 있고 탈북민이 있는데 탈북자라고 하는지, 옛날에는 탈북자라고 했잖아요. (연구참여자 1)

저도 뭐 북한 출신이라는 배경이 있기 때문에, 오늘날의 제가 있다고 생각해서 굳이 다른 게 뭔가. 북한 출신 남한사람이라고 하는 거. (연구참여자 3)

그러니까 이 나라에서 저희를 받아주는 건 이민 그런 거잖아요. 다른 나라에서 받아줘야 우리가 갈 수 있는 것처럼, 그런 느낌이 이민이고 북한을 떠날 때는 탈북하는 건 맞는 것 같아요. 저도 어떤 말이 맞을지는 잘 모르고 일단은. 그래서 저는 북한에서는 탈북 가정이 나쁜 거잖아요. 근데 여기 온 거는 죄가 없다고 생각해서 탈북민보다는 이민자가 더 좋은 것 같아요. 탈북민은 뭔가 나쁜 길을 탈북해서 온 느낌 같고 이민자는 그냥 여기 살기 위해서 온 것 같아요. 그게 좀 저는 이민자가 더… (연구참여자 2)

또한 연구참여자 2의 경우 북한이탈주민이 어떤 분류에 의해서 나누어지는 것은 어쩔 수 없는 일로 생각하고 있다. 그러나 북한이탈주민이라는 분류 안에는 말투를 다르게 쓰는 국민, 사회 안에서 만들어 놓은 일종의 낙인으로 받아들여지는 느낌을 가지고 있었다.

여기 왔으면 이제 신분증도 남한 신분증으로 되어 있잖아요, 그러면 남한사람인데 그런 체계에서 그렇게 나누니까. 그러니까 북한이탈주민이라고 딱 있으니까 그게 좀 그런 것 같아요. 근데 그건 어쩔 수 없는 것 같아요. 장애인도 장애인을 나누듯이 어쩔 수 없는 것 같아요. 그래서 그렇게 나뉘는 것 같아요. 그런데 이건 또 다른 문제인 것 같아요. 그래서 사회가 그렇게 만들어 놓는 것 같아요. 내 말투도 이상하고 하니까 사회가 그렇게. 그래서 저는 그렇게 생각한 것 같아요. 내가 이제 만약에 장애인이라면 장애인이라 말해도 상관없고 장애인이 아니라 말해도 상관없는데, 아니라고 해주면 더 고맙고 장애인이라 하면 그냥 그런 거고. 그런 느낌인 것 같아요, 저는. (연구참여자 2)

한편, 연구참여자 3은 북한 출신으로 통일교육 현장에서 한계를 경험한다고 한다. 남한 출신 강사와 북한 출신 강사가 있을 때 북한 출신 강사도 한반도의 통일 문제에 대해 이야기할 수 있는데, 통일 교육은 남한 출신 강사가하고, 북한 출신 강사는 북한 문제만 이야기하는 상황 속에서 북한이탈주민은 한계가 있다고 느끼고 있었다.

그래서 사실 탈북민인식개선 개혁하고 하는 것도 좋습니다. 그런데 실질적으로 교육현장 나가보고 통일교육원이랑 이런 데서 통일교육 하러 가 봐도 "탈북민은 탈북민의 범주 안에서" 약간 그런 느낌이 강합니다. 북한사람은 북한에서 경험한 것만 교육을 해라, 통일에 대한 관념이나 이런 것은 한국 강사들이 한다. 분류를 다 갈라놓고 통일교육은 한국강사 북한 개혁은 북한 강사가 하는 건, 약간 보다 보니까 한 강사가 통일과 북한 이런 것을 한 번에 알려주면 되는데 만약 통일교육이 필요하고 북한에 대한 교육이 필요하다 하면 북한이탈주민이 가서 교육할 때 통일 교육도 같이 하면 되는데 군이 그것을 분류해서 개혁을 주는. 그래서 두 명이 같이 가서 교육을 하게 하는 이것 자체가 차별 어느 정도의 그것을 두는 행위라고 생각하거든요. (연구참여자 3)

즉, 북한이탈주민 젊은 세대들은 자신의 정체성을 북한 출신 남한사람이라고 생각하고 있었는데, 북한 출신이라는 정체성은 사회적으로 갖는 이미지가 있다고 보고 있었다.

## 2) 북한이탈주민에 대한 편견, 무시, 정체성 숨기기

### (1) 북한이탈주민에 대한 편견과 무시

연구참여자들은 남한 사회에서 주변 사람들로부터 편견의 시선을 받은 경험이 있음을 이야기하고 있다. 연구참여자 2의 경우 북한이탈주민이 피해를 많이 끼쳐서 세금 도둑이라는 이미지를 갖고 있다고 생각하는데, 특별히 어른들은 그것을 이해해주지만 젊은 세대들은 북한이탈주민을 더 싫어한다고 생각하고 있다. 연구참여자 3의 경우에도 북한이탈주민은 세금으로 지원받고 살아간다는 인식이 있다고 느끼고 있으며, 북한이탈주민들이 남한 사회에 피해를 주는 인물로 인식될 때 위축된다고 이야기한다. 모든 북한이탈주민이 그렇다는 것은 아니라고 이야기하며 반박하고 싶지만, 자신의 말투에서 북한이탈주민임을 숨길 수 없을 때 오히려 자신이 북한이탈주민임을 밝힌다고 한다.

> 피해를 너무 많이 끼쳐서 그런 것 같아요. 북한사람들이. 한국의 세금 뜯는 도둑놈들이라고 하잖아요. 어른들은 모르겠지만 애들은 싫어하는 것 같아요. 어린애들은 힘들게 벌어 가지고 … 그러니까 어른이 될수록 많은 걸 겪어봐서 마음이 넓어진다고 얘기하잖아요. (연구참여자 2)

> 북한이탈주민은 국민 세금으로 지원받고 살아간다는 느낌도 어느 정도의 사람들은 가지고 있고, 대학교에서도 대학교수님들이 말할 때 보면 북한이

탈주민들에게 안 좋은 시선을 가지고 계신 분들도 있고. 거의 난민을 데려다 키우는 것처럼 말씀하시는 분들도 있는 걸 제가 많이 경험했고요. 사실은 이런 측면에서는 많이 뭔가 움츠러들죠. 한국사회에 피해 주는 인물들로 인식을 하는 분들이 어쩌다 한 분 계실 때, 그게 대부분은 아니지만 어쩌다 한 명이 주는 부정적인 타격은 100명의 긍정적인 타격보다 더 큰 영향을 미친다고 생각을 하기 때문에, 그런 측면을 볼 때는 많이 움츠러들지만 가장 솔직한 것은 이겁니다. 제가 어디 가서 발표를 하고 대화를 하고 반박을 하려해도 제가 아직 한국 억양을 제대로 구사할 수 없어요. 전 북한 평양에서 살다 와 가지고 평양말을 쓰니까, 저는 어디 가서 말하면 즉시 북한에서 왔다고 다 아는 상황이라서 굳이 북한에서 온 걸 숨기려고 하지도 않고 일단 소개할때 "저 북한에서 왔습니다" 하고 먼저 소개하는 편입니다. (연구참여자 3)

연구참여자 2의 경우 북한에서 왔다는 이유로 무시를 당한 경험이 있는데, 북한은 남한보다 낮다고 보는 시각 때문에, 사탕은 먹어보았는지, 백두산에서 호랑이를 보았는지 등과 같은 질문을 받았다고 한다. 그리고 그러한 질문을 받을 때 자신이 이상하고, 지능이 낮은 사람처럼 보이는 것 같았다고 느끼고 있었다.

그러면서도 저한테 같은 00읍에 사는데, 그래도 저는 도시에서 살았었거든요. 저한테 이것도 아냐 저것도 아냐 물어보고 … 사는 게 얼마 다르지도 않으면서, 같은 임대아파트 살면서 저는 다른 취급하고 이러는 거예요. 그리고 저한테 사탕은 먹어봤냐고 얘기를 하는 거예요. 당연히 먹어봤지 얘기하고. 그리고 수업하다가도 교수님이 저한테 "너 백두산 쪽에 살았으면 호랑이 봤니?" 이러시는데 지금 어디 호랑이가 있어요. 물어봐도 진짜… 눈치는 주진 않는데 "이것도 모르지? 저것도 모르지?" 뭔가 북한사람을 낮게 보는 그런

게 있었어요. 그게 좀 어려움이었고, 그리고 나는 같은데 달라 봤자 문화가
다른 데서 살았을 뿐인데 하는 생각? 그냥 좀 뭔가 이상한 애로 생각하고 지
능이 낮은 애로 생각하는 거? (연구참여자 2)

## (2) 북한이탈주민이라는 정체성을 숨김

연구참여자들은 북한이탈주민에 대한 편견과 무시 등을 경험하면서 북한
이탈주민에 대한 부정적 이미지가 있다고 느끼고 있다. 그렇기 때문에 북한
이탈주민이라는 사실 자체를 부인하지는 않지만 굳이 자신이 북한이탈주민
임을 밝히지 않아도 되는 상황에서는 밝히지 않는 것도 현명하다는 생각을
하고 있다.

그리고 북한이탈주민이라는 것을 굳이 숨기진 않습니다. 물론 숨기고 살 수
있으면 더 좋겠죠. (연구참여자 3)

그리고 움츠러들었던 거는 아무래도 억양이 많이 틀리잖아요. 환자분들이
고향이 어디냐고 물어보는데 저희 직원들은 북한에서 왔다는 거 아는데 굳
이 그걸 환자분들한테 공유할 필요는 없다고 저는 생각하거든요. 그래서
"저 강원도요." 그냥 이렇게 그러면 "아 맞다 웬지 그쪽의 말투라고 생각했
어." 이럴 때 뜨끔하는 거 있잖아요. "선생님 고향이 어디세요? 어딘지 물어
봐도 돼요?" 이러면 웬지 그냥 죄인이 아닌데 그냥 얼굴이 확 달아오르고
선뜻 말이 안 나오는 거예요. "저 철원에서 왔어요." 이러면서 얘기를 하거
든요, 그러면 저희 직원들도 그냥 그쯤하고 북한에서 왔다는 걸 절대 말하
지 말라고 옆에서 하는 분들이 오히려 그래 가지고 솔직히 어딜 가서도 뭘
못하고 해서 움츠러들기보다는 항상 이 억양 때문에? 그게 조금 생긴 것도

왠지 북한사람 같잖아요. 그러면 어디 가면 중국에서 오셨냐고 계속 물어보는 걸 많이 경험했어서… 환자분들이 되게 막 다양한 사람들이 오는 경우가 많거든요. 되게 이간질하는 분들도 솔직히 많더라고요. 처음 경험했는데. 사람들한테 제가 거기서 왔다고 밝힌다고 해서 좋은 일은 없다. 그냥 그 사람들은 며칠 입원했다가 가면 다시 안 볼 사람들이니까 더 깊이 뭔가를 자기를 드러내지 말라고 그러시더라고요. 그래서 그 정도? 네. 저도 배워가고 있습니다. (연구참여자 1)

### (3) 북한이탈주민 다음 세대로서 남한 사회적응의 부담감

연구참여자들은 남한 사회에 적응한다는 것은 또래들이 경험하는 것을 공유하고, 그것에 맞게 자신들도 경험을 하는 것으로 생각하고 있다. 이에 연구참여자 2는 같은 북한 출신이라고 하더라도 일찍 남한에 온 또래의 경우는 학원도 다니고, 미래를 준비하는데, 자신은 그러지 못했기 때문에 준비가 필요하다고 생각하고 있다. 이는 자신이 북한사람이기 때문이 아니라 남한 사회에서 살아가려면 또래와 비슷한 삶을 살려면 그만큼 뒤처졌다고 느낀 것을 채워야 한다고 생각하고 있었다.

같은 북한사람이지만 언제 넘어왔냐는 출발선이 다른 … 아예 나는 30, 40대에 넘어와서 회사 가고 돈 벌고 이러면 상관없는데, 학생 때 왔잖아요. 제 친구도 학생 때 왔는데, 그 친구는 완전 어릴 때 왔잖아요. 그 친구는 학원도 다니고 엄마 아빠가 보내주고, 여기서 똑같은 삶을 살았는데. 저는 와서 학원이란 걸 못 다녀보고 그냥 학원 시스템도 잘 몰랐고 하니까 그런 공백 기간이 느껴지니까 어떻게 해서든 비슷하게 만들어야 한다는 강박? 나는 북한사람인데 북한사람 안 되고 싶은 느낌 있잖아요. 그런 느낌인 것 같아요. 아까도 얘기했듯이 북한사람이든 한국사람이든 상관없지만, 여기 왔으면 여기의 삶을 살아야 하잖아요. 근데 여기에서 제 나이에 비슷한 삶을 살려면 많이 노력을 해야 제 위치에 와 있어요. 친구들이랑 얘기를 하면 되게 많이 떨어져 있어요. 같은 북한 친구인데도 많이 떨어져 있어요. 그런 걸 보면 좀 더 노력해야 되겠다. (연구참여자 2)

연구참여자 3은 자신은 한국사람이라고 생각은 되지만 북한에서 태어났기 때문에 그 정체성은 없어지지 않는다고 이야기하며, 자신과 비슷한 30대의 경우 앞서 나간다고 느끼고 있기 때문에 더 노력해야 된다고 이야기하고 있다. 특별히 또래 관계 속에서 공유되고 있는 이야기, 유행 등에 대해서 자신이 잘 모른다고 생각하고 있고, 그것의 이유가 북한에서 왔기 때문이라고 생각하고 있다.

저는 아직도, 물론 이제는 한국사람이라고 생각은 하며 살기는 하지만 북한에서 왔다는, 북한에서 태어났다는 정체성은 없어지지 않아요. 어떤 새로운 도전하기도 두렵고, 저의 30대 또래 보면 저보다 엄청 앞서나간 걸 느끼거든요. 그분들이 생활하는 거나 얘기할 때 보면 솔직히 말하면 끼지도 못하고, 요즘 트렌드가 저런 거네 그냥 옆에서 듣고 있을 뿐, 쉽게 휩쓸리지를 못하기 때문에 저는 아직도 이런 게 많은 것 같아요. 나 북한에서 와서 많이 떨어져 있고 아직도 따라가려면 너무 벅차기도 하고. 그런 것 같습니다. (연구참여자 1)

이에 연구참여자들은 남한 사회에서 또래들과 비슷해지기 위해서 미래를 준비하고, 남한 문화에 익숙해지기 위해 노력해야 한다는 부담감을 가지고 있었다.

## (4) 북한이탈주민으로서의 자부심

연구참여자들은 북한이탈주민으로서 남한사람이 경험하지 못했던 것을 경험했다는 사실과 더 나아가 그 경험이 남한사람들에게도 새로운 시각을 제공한다는 것에 자부심이 있었다.

연구참여자 3은 자신이 북한 출신이기 때문에 북한학에 대한 공부를 할 때 자신의 경험을 바탕으로 학문과 실제의 조화를 이루기도 한다고 이야기하고 있다. 때로는 교수님의 강의 내용이 현실과 다를 때가 있는데, 그럴 때는 자신이 북한의 정책이 실행되는 평양에 거주한 경험이 있기 때문에 강의 내용을 더 포괄적으로 생각할 수 있다고 한다. 그럴 때 남한사람은 할 수 없는 일을 자신이 할 수 있다는 점에서 자부심을 느낀다고 한다.

> 자부심을 가지는 측면이 있다고 하면, 제가 북한학 전공도 같이 하고 있다고 하지 않았습니까? 북한학 교수님들과 대화를 나누고 이런 측면, 또는 북한학과에 같이 재학하는 학생들과 같이 대화를 나누고 그럴 때 교수님들도 물론이고 연구나 정책적인 문제나 깊이 들어가서 북한의 역사에 대해서는 지식적으로 너무 정확한 정보를 가지고 계시지만, 제가 평양에 살고 가장 북한에서 어느 정도의 모든 정책이 발생하고. 김일성 시대 때도 핵심적인 정책 시행에 있어서 그런 측면에 있던 지역에 살다 보니까 아무래도 교수님들의 강의를 들으면서 이런 배경이었지만 북한의 현실은 교수님이 강의하시는 내용과는 다른 방향인데 잘못 알고 계시는 부분도 있고, 이런 측면을 볼 때는 한국에서는 북한을 … 저는 북한을 경험했고 한국사회도 경험하고 있고 한국에서 잘 적응하고 살아가기 위해 노력하고 있는 상황이라 누구보다 풍부한 경험을 가졌고, "한국사람들이 할 수 없는 일을 나는 했다" 하는 자부심은 있는 것 같습니다. (연구참여자 3)

연구참여자 2는 자신이 여행을 좋아해서 북한의 여러 지역을 다닐 수 있었다고 한다. 그 과정에서 남한사람들은 북한 여행을 하지 못하는데, 자신은 북한 여행을 했기 때문에 그러한 이야기를 들려줄 수 있는 것에 대한 자부심이 있었다. 또한, 북한 여성들이 아름답다는 주관적인 자부심도 가지고 있다.

> 저도 되게, 북한에서 살았고 저는 여행을 하는 걸 궁금해하고 좋아해서 여행을 많이 다녔거든요. 북한 어디든 다녔어요. 그래 가지고 북한 백두산도 갔다 오고 김정수군이라는 그런 데가 있는데 거기도 갔다가 평양도 갔다가 … 궁금하면 갔었거든요. 그런 데서 살고 여기 와서도 여기저기 가고. 다른 애들은 여행을 어디 가봤어 하면은 저는 더 좋은 데도 가봤다는 자부심? 북한사람이라는 자부심? 북한사람은 원래 좀 예쁘잖아요. 뭔가 거기 사람들 보면 다 그냥 예쁜? 북한사람들 봤을 때 예쁜 사람은 진짜 예뻤던 느낌? 여기 배우들 보면 제 친구들이랑 비슷하게 생긴 사람들 되게 많았어요. (연구참여자 2)

연구참여자 1은 북한이탈주민으로서 갖는 자부심이라기보다는 북한지역이 남한보다 낙후되어 있기 때문에, 연세가 있으신 분들을 만날 때 남한의 발전 전 모습과 비슷해 공감대를 형성할 수 있다는 자부심이 있었다. 이는 자신의 직무를 수행함에 있어 북한이탈주민이지만 자신의 경험이 업무에 도움이 되어 업무를 더 잘 할 수 있다는 자기효능감[9]을 증대시켜 주는 자부심이라고 할 수 있다.

---

9  자기효능감(self-efficacy)은 특정한 과업 수행에 있어 필요한 행동을 조직, 실행하는 자기 능력에 대한 믿음이다. Bandura, A. (1986). The explanatory and predictive scope of self-efficacy theory. *Journal of social and clinical psychology, 4*(3), 359-373.

요즘 일하면서 거의 한 50, 60대 초반 되는 분들이랑 같이 일하는데, 그분들이 살았던 과거 얘기하는데 저 어릴 때랑 너무 비슷한 거예요. 그래서 공감할 수 있는 거예요. 그분들이 옛날 얘기하는데, 어떻게 나이도 어린데 공감할 수 있냐고 해서 저 어릴 때, 자랄 때랑 너무 비슷하다고 하니까 "아 맞지" 하면서 그럴 때 조금. 북한사람으로서 자부심이라기보다는 내가 저분들보다 어린데 이야기가 되잖아요, 그러니까 소통이 된다는 그런 걸 느꼈고요.

(연구참여자 1)

### (5) 북한이탈주민 다음 세대의 사회통합

연구참여자들은 사회통합과 관련해서 북한이탈주민을 바라보는 인식이 변해야 된다는 생각과 북한이탈주민 스스로 변하면 자연스럽게 사회통합이 될 것이라는 인식이 있었다. 또한, 북한이탈주민을 북한이탈주민으로만 바라보지 않고, 실용적 관점에서 이주민으로 바라보아 자연스럽게 사회통합을 이루어 나가야 한다고 생각하고 있었다.

연구참여자 2는 사회정체성과 관련된 정체성의 의미를 정확히 이야기하고 있다. 즉, 자기 자신이 아무리 확고한 자아정체성을 가지고 있다고 하더라도 사회가 자신을 인정하지 않으면 그것은 완전한 정체성이 될 수 없다는 것이다. 이에 집단 내 사회적 지위를 나타내는 북한이탈주민이라는 사회정체성이 개선되어야지만 사회통합을 이룰 수 있다고 생각하고 있다.

아무리 나다워도 남들이 인정하지 않으면 나다운 게 아니잖아요. 그래서 사회의 그런 사람 하나하나 인식이 변해야만 사회통합이 될 수 있다고 생각해요. 나만 내가 변한다고 해서 될 수 있는 거는 절대 아니라고 생각하는 것 같아요. (연구참여자 2)

연구참여자 1은 북한이탈주민 스스로가 북한에서 사는 것이 아니라 남한에서 사는 것을 인지하고 남한 사회 구성원으로서 주민답게 살다 보면 사회통합이 이루어질 것으로 생각하고 있다. 즉, 북한이탈주민의 인식 개선은 남한 주민만의 노력뿐 아니라 북한이탈주민과의 상호작용을 통해 이루어지고, 이러한 것들이 사회통합의 요인으로 작용할 수 있다고 보고 있다.

> 개개인의 관점이 일단 북한사람을 보는 시각이 바뀌어야 되는 사실 시간이 지나면 그것도 바뀌지 않을까 싶어요. 요즘은 사실 잘 넘어오는 분들이 엄청 줄어들었잖아요, 예전에 비해. 여기 사람들이 북한사람들을 어떻게 인식을 가지고 보는 게 저는 당연하다고 생각해요. 근데 시간이 지나면 이것도 그 한국 모든 분들이 이것 또한 당연한 것으로 받아들이지 않을까. 그러기 위해서 오신 분들 모든 분들, 또 여기 와서도 북한처럼 사는 게 아니라 여기에 왔으면 여기 주민답게 살다 보면 자연히 통합이 될 수 있다고 생각해요.
>
> (연구참여자 1)

연구참여자 3은 사회통합과 관련해서 실용적 관점으로 접근해야 함을 강조하고 있다. 남한 사회의 저출산 문제 해결 등 어려움이 있는데, 이것은 이민자들을 받아들임으로써 해결될 수 있다고 보기 때문에 북한이탈주민 또한 이민자의 관점으로 바라봐야 한다는 것이다. 즉, 젊은 세대로서 북한이탈주민을 한민족이라는 관점으로만 바라보는 것이 아니라 사회에 필요한 구성원으로서 새롭게 바라보는 것이 필요하다고 주장하고 있다.

> 저는 사회통합, 지금 대한민국은 저출산이 엄청 심각한 위기에 처해 있는데요. 대한민국도 미국처럼 이민을 자유화하고 이민자들을 많이 받아들여야

하는 시기가 거의 다가오고 있고, 저는 그렇게 생각해서. 탈북민들 하면 이 민자라고 여겨도 과언은 아니지만 이민을 장려하고 하다 보면 어느 정도 탈 북민은 이민자의 시선보다는 탈북민까지는 한민족이라는 느낌이 강해지지 않을까 해서. 이민을 좀 더 장려하는 방법이 앞으로도 바람직할 것 같다는 생각이 들고요. 그 부분으로 인해서 모든 사람들이 미국도 이민을 장려했기 때문에 오늘날의 아주 위대한 아메리카라고 하는 것처럼 미국도 이민으로 인해 그렇게 훌륭하게 성장할 수 있었다고 들었거든요. 대한민국도 미국을 선호하고 미국의 방식을 많이 따르는 걸로 제가 알고 있는데 그리고 지금 현재는 이민을 장려할 수밖에 없는. 이제 몇십 년 후에는 신생아가 태어나 지 않는 그런 시기가 되잖아요. 심각한 문제거든요. 이런 측면을 볼 때 이민 을 장려하고 그러다 보면 모든 사람들의 시각이 이민자도 우리나라에 꼭 필 요한 사람들이고 한민족이라 … 미국에 가면 이민자들에 대해서 차별이 그 렇게 없어서 서로 각자를 존중하고 다 똑같이 아메리칸이라고 생각하는 그 런 마인드가 생기는 것처럼 대한민국도 그런 시기가 오는 게 사회통합을 이 루는 게 바람직하지 않을까 이런 생각을 해봅니다. (연구참여자 3)

이는 북한이탈주민의 사회통합 연구들에서 밝혀진 내용과 마찬가지로 사 회통합에 있어 소속감, 배제되지 않음 등이 중요하고, 정서적 결속, 심리적 안정감을 가질 수 있도록 노력하는 것이 필요함을 의미한다(이민영, 2015). 이 에 이러한 결과를 바탕으로 사회통합과 관련된 과제를 제시하고자 한다.

## 4. 북한이탈주민 다음 세대들의 사회통합 과제

### 1) 북한에 대한 이미지를 벗어난
이주한 개인으로 바라보기

북한이탈주민 다음 세대들은 남한 사회에서 북한에 대한 이미지가 부정적이기 때문에, 북한이탈주민인 자신들에 대해서도 편견이 있음을 경험하고 있다. 북한이탈주민 다음 세대들이 일상생활 속에서 편견이나 차별을 경험한다면 이는 정체성의 손상으로 이어진다. 즉, 이러한 편견과 차별은 북한에 대한 비판이며, 남한 주민과 선을 긋는 것같이 느낀다는 것이다. 그렇게 되면 이들은 자신들에 대해 경계 밖과 안 어디에도 속하지 않는 유목인, 경계 밖에 머무는 이방인 등의 정체성을 갖는다고 보고하고 있다(정영선, 2018).

그렇기 때문에 북한이탈주민 다음 세대들이 바라는 것은 범주화된 북한이탈주민으로서가 아니라 이주한 한 사람으로 자신들을 바라봐 주는 것이었다. 만약 외모적인 측면에서 북한이탈주민 다음 세대를 바라보면 오히려 북한 출신인지 남한에서 태어난 사람인지 구분하지 못할 수도 있다. 왜냐하면, 북한이탈주민 의생활 연구에 따르면 북한이탈주민들은 세련된 복장을 갖춤으로써 남한 주민보다 더 우월함을 나타내는 경우도 있기 때문이다(김태연 외, 2021). 이는 북한이탈주민 청소년들이 자아정체성을 형성함에 있어 적극적인 한국화 전략을 취함으로 북한 출신임을 은폐하고, 다양한 문화적 모방 전략을 구사하는 것으로 볼 수 있다(이용을, 2015). 이에 북한이탈주민의 의생활 연구만 보더라도 북한이탈주민이라는 정체성을 감추려는 의도도 가지고 있으며, 이를 통해 자신의 정체성을 형성할 수 있음을 보여주는 사례이기도 하다.

그렇다고 해서 북한이탈주민들이 자신들이 우월해질 수 있는 부분만 강조하는 것은 아니다. 일상생활 가운데 흔히 접할 수 있는 식생활 관련 신념 및 태도 변화 연구에서는 남한의 환경에 맞게 적응하는 것을 볼 수 있다. 구체적으로 북한에 있을 때는 여건이 되지 않아서 확인하지 못했던 식품과 영양 정보를 통해 물건을 구입하고, 음식의 조리와 섭취에 주의를 기울이며, 더치페이 및 혼합문화 등과 같은 식문화의 관련 규범을 받아들이고 있다(전주람 외, 2021). 또한, 북한이탈주민 다음 세대들의 행복 연구에서는 남한 사회가 가지고 있는 법과 제도에 따른 정당한 보상, 감시와 통제를 벗어난 기쁨, 자아발견, 남한의 풍요로운 문화를 통해 행복은 느끼고 있었다(전주람 외, 2022).

이러한 사실을 볼 때 북한이탈주민 다음 세대들은 북한 출신으로서 남한 사회에 무조건 저항하거나, 무조건 순응하는 태도를 가진 사람들이 아니라 남한 사회에서 잘 살기 위한 이주민으로서 자신들의 정체성을 형성해나간다고 할 수 있다. 그렇기 때문에 북한 출신으로서가 아니라 이주민의 관점에서 북한이탈주민 및 북한이탈주민 다음 세대들을 바라봐야 한다.

## 2) 삶의 질을 높일 수 있는 사회적 지지의 실천

북한이탈주민의 정착 문제는 시대에 따라 적응, 통합, 북한 주민이라는 이중 정체성을 가진 초국적 이주의 관점으로 변화되고 있다. 이러한 북한이탈주민의 정착 방향의 변화는 단순히 북한이탈주민을 지원하는 거시적 측면뿐 아니라 실질적인 삶의 질을 높일 수 있는 미시적 측면에서의 대응이 필요함을 시사하는 것이다.

북한이탈주민은 문화적 차이(84.48%), 심리적 외로움(70.69%), 경제적 문제(65.52%) 등으로 남한에 온 것을 후회하고 있기도 하다(한겨레, 2022). 이에 북한이탈주민의 정착 문제를 해결하고 이들의 삶의 질을 높이기 위해서는 문화적, 심리적, 경제적 측면에서 각각 이슈를 발굴하여 대응하는 것이 필요하다.

북한이탈주민들은 자아존중감이 높고, 스트레스 수준이 낮고, 사회적 지지 인식도가 높을수록 삶의 질이 높아진다는 연구 결과가 있다(이선미, 2015). 이는 사회적 지지가 사회적응에 있어 자율성, 통제력, 긍정적 자기평가 등의 측면에서 긍정적 효과(Thoits, 1995)가 있다는 결과와도 비슷한 시사점을 갖는다. 그렇기 때문에 북한이탈주빈 다음 세내의 경우 삶의 질을 높이기 위해서 사회적 지지 측면에서 접근이 필요하다.

실제로 연구참여자 1의 사례처럼 사회적 지지가 있을 때 남한 사회에서 정착이 더 쉬워질 수 있다.

> 사실 또래라기보다는 나이가 저랑 10년 차이 나는 한국에서 알게 된 언니들이 있긴 한데, 제가 북한사람인 걸 알고 저를 접근했기 때문에 어려웠던 적은 없고요. 같이 영화 보러도 다니고 여행도 같이 갔다 오고. 사실 그렇게 저를 동생처럼 잘 대해줘서 지금도 가끔 연락을 하고 있긴 하거든요. 저는 어렵고 이런 건 사실 없어 가지고요. (연구참여자 1)

이는 북한이탈주민 다음 세대들의 이성 교제 경험에서도 확인할 수 있다. 이들은 이성 교제를 통해 인정과 지지를 받는 네트워크를 형성하고 있기 때문에 남한 사회 속에서 차별과 편견을 넘어서는 경험을 하고 있었다. 또한, 이 과정을 통해 새로운 사회 속에서 어른이 되는 경험을 갖게 되고, 사회로부터 승인을 받는 정체성을 형성하고 있었다(장안서 외, 2018).

반대로 연구참여자 3처럼 학교생활에 있어 나이 차이로 인해 또래 관계로부터 사회적 지지를 받지 못한다고 느낄 때 외로움을 경험하거나 남한 문화에 익숙해지는 데 시간이 걸릴 수 있다.

일단 저는 북한에서 군 복무를 하고 오다 보니까 지금 대학교 들어가서 같은 나이 또래가 없습니다. 그래서 들어가면 어느 정도 학생들과 융합되기 힘들다고 해야 될까요? 저는 나이 말할 때 싫긴 하지만 거짓말할 수 없어서 나이 말하거든요. 이때까지 없었던 … 대학이 너무 부담스럽다. 학생들에게는 자기네들과 거의 10년 차이가 나니까 오빠라고 불러야 할지 어떻게 모를 정도로 긴장하고 어리둥절하더라고요. 일단 또래 관계에서 나이 차이 때문에 같이 섞이기 힘들고, 친구들과 같이 놀기도. (연구참여자 3)

따라서 북한이탈주민 다음 세대들의 삶의 질을 높이기 위해서 사회적 네트워크를 형성하여 문화적이고, 심리적인 적응을 도와주고, 개인에 맞는 창업이나 취업 프로그램에 참여하도록 하여 경제적으로 적응할 수 있는 사회적 지지가 필요할 것이다. 또한, 북한이탈주민의 사회적 지지를 강화할 수 있는 방안으로 미디어를 활용하여 이미지를 개선할 수 있을 것이다.

인식 개선이 우선 필요한 것 같고요. 그 인식 개선이 가장 효과적이고 진짜 탈북민의 사회통합을 바란다면 어느 정도의 광고 같은 게 필요하지 않을까. 탈북민도 대한민국 국민입니다, 우리와 똑같은. 그런 사람이고 우리한테 꼭 필요한 사람이라는 … (연구참여자 3)

또한 다음 세대들의 사회적 지지에 있어 가장 중요한 것은 부모로부터 받는 사회적 지지라 할 수 있기 때문에 부모교육 프로그램을 통해 북한이탈주민 다음 세대 부모들이 회복되고, 그에 따라 아이들에게 사회적 지지가 될 수 있도록 해야 할 것이다.

부모교육 프로그램에 참여했던 남북 여성들은 자신들의 삶과 사회 구조 속에서 억압된 의식과 경험을 재탐색하게 되었다. 그리고 그러한 기억에서 해방되려는 움직임을 보였다(신난희, 2018). 이에 부모교육 이후 회복된 부모들로 인해 다음 세대들은 개인과 사회 구조 속에서 억압되는 것이 아니라 자신의 가치를 발견하고, 인격적 존재로서 일상을 살아갈 수 있을 것이다.

### 3) 다중 정체성이 갖는 장점을 부각하는 것

북한이탈주민 다음 세대 구성원의 정체성 형성은 결코 일방적으로 동화되지는 않는다. 이들은 사회 속에 많은 경계를 경험하지만 이를 잘 활용하여 그것을 넘고, 사회에서 자신의 존재를 드러내기도 한다. 또한, 북한에서의 생활과 탈북 및 이주 과정의 경험을 연속성이 있는 것으로 보고, 이주 후 자신의 정체성을 능동적으로 형성해나간다(조정아, 2014). 이러한 다중 정체성이 강화되면 창조성이 발전할 수 있다.

예를 들어 북한 출신 북한이탈주민 정착지원 실무자의 경우에는 자신이 북한이탈주민으로서 남한 사회에 정착한 경험을 가지고, 북한이탈주민을 돕는 역할을 하고 있다. 이러한 북한 출신 실무자들은 자신들이 수혜자였으면서 서비스 제공자가 된다는 경험을 가지고 있다. 즉, 이들은 북한 문화에 익숙한 사람이면서 남한 문화에 익숙해지도록 북한이탈주민을 돕는 사람들이라 할 수 있다. 이들이 가지고 있는 다중 정체성의 가장 큰 장점은 남한 사회의 정착을 남한 사회 내의 정착만으로 보지 않는다는 것이다. 이들은 북한이탈주민의 정착이 남한 사회뿐 아니라 향후 통일 이후 고향에 가서 의미 있는 일을 하는 것까지도 생각하며 정착지원 업무를 하고 있다.

따라서 다중 정체성의 강점을 강화한다면, 이는 다른 이들을 수용할 수 있는 폭이 넓어지는 것을 의미하는 것이고, 창조성 발현의 가능성이 많아지는 것을 의미한다.


## 5. 남북출신 다음 세대들이 만들어가는 한반도의 미래

　본고에서는 북한이탈주민 다음 세대들의 사회정체성에 대해서 살펴보았는데, 북한이탈주민 다음 세대들은 남한사람이지만 북한 출신이라는 사실에 대해서는 현실적으로 수용하고 있었다. 북한 출신을 수용한다고 표현하는 것은 북한 출신이라고 했을 때 남한 사회 속에서 부정적 이미지가 있음을 이들도 경험하고 있기 때문이다. 그렇기 때문에 자신이 북한이탈주민이라고 하는 것을 굳이 드러내지 않으려고 하고 있으며, 반대로 북한이탈주민이라는 것이 드러날 것 같은 상황에서는 자신이 북한 출신이라는 것을 먼저 밝힘으로써 남한사람과 다르지 않은 사람임을 표현하고 있었다.

　그리고 북한이탈주민 다음 세대로서 남한 사회에 잘 적응하고, 미래를 준비하는 과정 가운데 부담감이 있음을 확인할 수 있었다. 이 부담감은 주변으로부터 주어진 것이라기보다 남한 주민들과 상호작용을 하는 과정에서 자신의 삶을 더욱 주체적으로 살아가기 위해서 느끼는 부담감이라고 할 수 있다. 즉, 이들이 남한 사회에서 느끼는 부담감은 자신들이 부족하기 때문이 아니라 오히려 자신들도 잘할 수 있다는 생각을 하기 때문에 뒤처졌다고 생각하고 그것을 따라가기 위해서 노력하는 것을 볼 수 있다.

　또한 북한이탈주민으로서 가지고 있는 북한에 대한 이해, 북한지역에 대한 여행 경험, 북한 경험과 남한 경험의 공유 등이 될 때 이들은 북한 출신이면서 남한사람이라는 것에 대한 자부심이 있는 것으로 나타났다. 즉, 남한사람과는 차별화된 무엇인가를 가지고 있을 때 이들은 자신들에게 장점이 있다는 생각을 하게 되었다.

이러한 생각을 하고 있는 북한이탈주민 다음 세대들은 사회통합에 있어 북한이탈주민을 바라보는 시선이 변해야 한다는 생각, 북한이탈주민 스스로가 변화되어야 한다는 생각, 그리고 북한이탈주민을 한민족의 범주가 아닌 이주민의 관점에서 봐야 한다는 등의 의견을 가지고 있었다.

그런데 이러한 북한이탈주민 다음 세대가 사회통합에 대해서 가지고 있는 생각은 북한이탈주민이기 때문에 갖는 것이 아니라 이미 더 많은 수의 이주민, 다문화 2-3세대들이 느끼고 있는 생각이었다. 그렇기 때문에 북한이탈주민의 다음 세대들의 사회통합 문제를 생각할 때는 북한이탈주민으로서 접근하는 것이 아니라 이주민의 관점에서 이들을 바라보고 그에 따른 대안을 마련하는 것이 필요하다.

구체적인 방안으로는 북한에 대한 이미지를 벗어난 이주한 한 사람으로 바라보기, 삶의 질을 높일 수 있는 사회적 지지의 실천, 다중 정체성이 갖는 장점을 부각하는 것 등의 과제를 해결하는 것이라 하겠다.

다만 앞서 살펴본 대로 북한이탈주민은 남한 사회 속에서 정착, 공간, 시간이라는 여러 위상 속에서 복잡한 정체성을 형성하고 있기 때문에, 다음 세대들 또한 복잡한 정체성을 가지고 있으면서 새로운 정체성을 형성해간다고 생각할 수 있다.

그렇기 때문에 이 복잡성을 넘어서 북한이탈주민 다음 세대가 사회통합을 이루기 위해서는 한반도의 미래를 향한 비전 제시가 있어야 한다.

2023년은 한국 전쟁 정전협정이 맺어진 70주년이 되는 해이다. 1950년 전쟁이 일어나고, 3년 여의 전쟁 끝에 정전협정이 맺어졌다. 10년, 20년이 지나고, 50년이 지나고, 70년이 지나면 끝날 것 같았던 전쟁은 아직도 끝나지 않고 있다.

전쟁이 끝나지 않았다는 사실은 서로 폭력을 경험하고, 갈등과 미움으로 보낸 세월이 70년이 되었다는 것을 의미한다. 갈등과 미움은 시간이 지난다고 해서 사라지지 않는다. 어떤 면에서 시간이 지날수록 소통할 수 없고, 대화를 나누지 않기 때문에 갈등은 더욱 증폭될 수 있다.

그러나 시간이 지나면서 바뀌는 것이 있는데, 북한이탈주민이나 남한 주민이나 새로운 다음 세대들이 등장한다는 사실이다. 그리고 이러한 다음 세대들은 직접 폭력을 경험하지도 않았고, 민족적인 갈등과 미움을 생각하기보다 자신들의 미래에 관심이 더욱 많은 세대라고 할 수 있다. 그렇기 때문에 북한 출신 남한사람인 다음 세대와 남한의 다음 세대들이 미래에 대한 꿈을 발전시킬 수 있는 사회적 환경을 조성하는 것이 중요하다.

사회통합은 국가가 주도한다고 해서 이루어지는 것이 아니라 만남에서부터 시작되는 것이다. 만남은 서로의 이야기를 하게 하고, 서로의 이야기를 듣게 하는 환대의 공간을 만들어낸다. 그리고 그 환대의 공간은 주인과 손님의 벽을 허물고, 토박이, 이주민, 이방인, 유목민, 경계인 등으로 지칭되는 모두를 주인으로 만들기도 하고, 손님으로 만들기도 한다. 사회통합은 만남을 통해 개인과 제도적 영역에서 환대의 공간을 만드는 것이라 할 수 있는데, 북한 출신 남한사람인 다음 세대와 남한 다음 세대들이 그 환대의 공간에서 서로 소통하면서 한반도의 새로운 미래를 만들어 갈 수 있는 많은 일들이 일어나기를 소망한다.

# 참고문헌

## 〈제1부〉

### 제1장 남북주민통합을 위한 북한이탈주민 연구의 중요성
### : 동향, 평가, 과제 _한기호

강성록 · 김형중 · 윤덕룡 · 전우택 · 민성길. 2001. 자원봉사자들의 탈북자 지원 경험 분석. 통일연구, 5(1), 157-184.

강채연. 2018. 북한이탈주민들의 '정체성의 이주' 패러다임에 관한 연구. 다문화사회연구, 11(2), 5-36.

김광웅 · 이봉근. 2011. 북한이탈주민의 "사회적 배제"에 관한 실증연구. 北韓研究學會報, 15(1), 1-38.

김남혁. 2015. 일반논문 : 제국주의와 여행 서사 -메리 루이스 프랫의 연구를 중심으로. 現代文學理論研究, 60(-), 131-161.

김덕수 · 신광호. 1997. 북한 이탈주민을 위한 직업 훈련 방안 연구. 論文集, 4(1), 303-314.

김병로. 1994. 집중분석 2 : 탈북자 발생 배경 분석. 통일 한국, 126(-), 34-37.

김병연 · 양문수. 2012. 북한 경제에서의 시장과 정부(서울대학교출판문화원).

김병욱. 2011. 북한이탈주민에 의한 "북한이탈주민 전문상담"연구. 社會科學研究, 19(1), 34-72.

김병창 · 유시은. 2010. 북한이탈주민 패널 연구 : 경제 · 정신보건 · 신체 건강. 연구총서, 2010(0), 1-177.

김성경. 2011. 북한이탈주민 일상연구와 이주연구 패러다임 신고찰. 아태연구, 18(3),

1-21.

김성경. 2014. 일반논문 : 분단체제가 만들어낸 "이방인", 탈북자 탈냉전과 대량 탈북 시대에 남한 사회에서 "탈북자"라는 위치의 한계와 가능성. 북한학연구, 10(1), 37-69.

김안나 · 이은미. 2019. 북한이탈주민의 한국 사회 '통합'에 관한 연구 동향 분석. 한국 사회정책, 26(3), 171-194.

김애령. 2008. 이방인과 환대의 윤리. 철학과 현상학 연구, 39(-), 175-205.

김연희 · 김유경. 2012. 북한이탈주민 서비스 실무자의 직무만족도 영향요인 연구. 사회 과학연구, 23(4), 167-188.

김영경 · 김현아. 2009. 새터민 동료상담자의 상담경험에 대한 질적 연구. 한국심리학회 지 상담 및 심리치료, 21(4), 981-1009.

김영수. 2000. 북한이탈주민의 가족 문제. 社會科學硏究, 9(-), 102-117.

김영순. 2014. 인천 논현동 북한이탈주민 공동체의 경계 짓기와 경계 넘기. 로컬리티 인 문학, -(12), 121-154.

김정민. 1995. 북한 탈북자 가족 어떻게 처리하나. 北韓, -(288), 86-95.

김태국 · 정은의. 2012. 북한이탈주민의 외상 경험과 의도적 반추에 따른 외상 후 성장 과 문화적응. 북한학보, 37(2), 147-173.

김태천. 1998. 북한이탈주민의 대량난민사태에 대한 국제법적 대응. 법학 논고, 14(-), 161-190.

김현경. 2011. 탄력성(resilience) 관점에서 조명한 북한이탈여성의 생애 연구. 젠더와 문화, 4(2), 7-36.

김현아. 2004. 북한이탈주민의 품행 장애 행동과 성격적 특성에 관한 연구. 社會科學硏 究, 12(1), 150-168.

노경란. 2010. 북한이탈주민 정착지원서비스 제공자의 직무와 직무에 대한 인식 분석: 지역적응센터 담당자 역량모델 개발의 기반 형성. 統一 政策 硏究, 19(1), 237-274.

노인숙 · 조선희. 2012. 북한이탈주민 전문상담사의 심리적 소진의 원인 탐색. 정신간호학회지, 21(4), 303-310.

도회근. 1998. 북한이탈주민의 보호 및 정착지원에 관한 법제 연구. 사회과학논집, 8(1), 25-37.

민성길 · 전우택 · 엄진섭 · 유시은. 2010. 북한이탈주민의 남한에서의 삶의 질 : 3년 추적 조사. 신경정신의학, 49(1), 104-113.

백영옥. 2002. 중국 내 탈북여성 실태와 지원방안에 관한 연구. 北韓研究學會報, 6(1), 241-264.

손영철 · 유정이. 2018. 북한이탈주민의 탈북 동기 척도 개발. 統一政策研究, 27(1), 143-168.

손인배. 2022. 북한 출신 북한이탈주민 정착지원 실무자의 직업적 심리특성과 업무 인식 연구 (국내 박사학위 논문). 연세대학교 대학원, 서울.

신난희. 2018a. 탈북 이주여성의 디아스포라(Diaspora)와 행위성에 관한 성찰. 한국학연구, 65(-), 175-205.

신난희. 2018b. 탈북 이주여성의 정치 신민화 사례 분석. 인문사회 21, 9(3), 1159-1173.

신효숙. 2020. 북한이탈여성의 초국적 이주와 가치관 형성 : 북한 학교 교육 경험 및 중국-남한으로 이주와 경험을 중심으로. 통일교육연구, 17(2), 32-65.

안혜영. 2001. 북한이탈주민의 사회적응을 위한 사회복지 서비스 역할에 관한 연구. 統一政策 研究, 10(1), 179-239.

양계민 · 정진경. 2005. 북한이탈주민과의 접촉이 남한사람들의 신뢰와 수용에 미치는 영향. 한국심리학회지: 문화 및 사회문제, 11(특), 97-115.

엄태완. 2005. 남북주민 통합을 위한 정신 건강 전략 - 남한 내 북한이탈주민, 저소득주민, 일반 주민의 비교를 통하여 -. 統一政策 研究, 14(1), 297-324.

윤보영. 2015. 경계인 이론을 통한 남한 정착 북한이탈주민 이해에 관한 연구. 사회과학연구, 22(3), 187-216.

윤양중. 1996. 통일대비 : 집중분석 : 탈북 귀순자 현황과 대책 -체제적응 위한 기반마련이 시급. 통일한국, 147(-), 88-91.

윤여상 · 김현아 · 한선영. 2008. 남북 문화 간 통합을 위한 새터민 조력자의 교육모형 탐색. 아시아교육연구, 9(3), 1-28.

윤여상 · 한선영 · 김현아. 2007. 북한이탈주민의 외상 후 스트레스 증상 척도 개발 및 타당화 연구. 한국심리학회지 상담 및 심리치료, 19(3), 693-718.

이금순. 1995. 대륙을 방황하는 탈북자의 인권을 방관할 것인가. 北韓, -(288), 62-69.

이민영 · 윤민화 · 김성남. 2016. 북한 출신 사회복지사의 실천 경험에 관한 현상학적 연구 -"두 길 사이를 가로놓으며, 함께 살아냄". 한국가족복지학, 51(-), 7-40.

이수정. 2014. 접촉지대와 경계의 (재) 구성. 현대북한연구, 17(2), 85-126.

이수정. 2020. 북한 출신 여성의 '다문화' 인식 및 경험과 그 함의. 北韓研究學會報, 24(1), 1-31.

이영선 · 전병재 · 함재봉. 1995. 통일을 위한 남북한 주민의식 동질화의 과제. 성곡논 총, 26(2), 1243-1323.

이온죽. 1994. 탈북 동포 수용의 제 문제. 북한학보, 18(-), 249-262.

이우영 · 구갑우. 2016. 남북한 접촉지대와 마음의 통합이론. 현대북한연구, 19(1), 269-310.

이장호. 1997. 북한 출신 주민(탈북자 포함) 심리사회적응 프로그램의 개발. 성곡 논총, 28(4), 739-789.

이장호. 2008. 새터민 상담접근의 쟁점. 한국심리학회 학술대회 자료집, 2008(1), 308-309.

이정우. 1996. 탈북이주자 사회정착지원 개선방안. 보건복지포럼, 2(-), 52-59.

이지연. 2020. 탈북여성들의 초국적 이동과 유연한 시민권의 명암 : 서구 국가에서 난민 경험을 하고 남한에 재입국한 사례들을 중심으로. 한국여성학, 36(4), 33-69.

이화연. 2022. 체계적 문헌고찰을 통한 북한이탈주민 정체성 연구 동향 분석. 다문화 콘 텐츠 연구, -(40), 71-110.

이화진. 2011. 탈북여성의 이주경험을 통한 정체성 변화과정: 북한, 중국, 한국에서의 이성 관계를 중심으로. 여성학연구, 21(3), 173-211.

이희영. 2012. 탈북-결혼이주-이주노동의 교차적 경험과 정체성의 변위: 북한 여성의 생애사 분석을 중심으로. 현대사회와 다문화, 2(1), 1-45.

장남수 · 황지윤. 2000. 식량난 전후 북한이탈주민의 건강 영양 상태 비교. Journal of Nutrition and Health, 33(5), 540-547.

전연숙. 2015. 북한이탈주민 정착지원 실무자의 교육 실태 및 요구. 여성연구논총, 16(-), 53-85.

전우택. 1997. 난민들의 정신 건강과 생활적응에 대한 고찰 및 한반도 통일과정에서 전망과 대책. 신경정신의학, 36(1), 3-18.

전우택. 2000. 탈북자들과 보호경찰관들의 인간관계에 대한 분석. 통일연구, 4(1), 21-64.

전우택 · 유시은 · 엄진섭 · 김희진. 2009. 북한이탈주민의 사회적응 7년 추적 연구. 통일연구, 13(1), 127-157.

정경일. 2002. 북한이탈주민의 언어적응실태. 사회언어학, 10(1), 253-274.

정영화. 1995. 북한주민의 대량 이주에 대비한 법 정책론. 統一政策研究, 4(2), 157-196.

최진우. 2017. 환대의 윤리와 평화. OUGHTOPIA, 32(1), 5-27.

최희 · 김영순. 2020. 북한이탈여성의 문화적응에 나타난 정체성 협상: 개인적 측면을 중심으로. 다문화와 평화, 14(1), 1-21.

한기호. 2014. "북한의 제5차 화폐개혁 이후 시장화 연구 : 2010~2013년을 중심으로" 북한대학원대학교 석사학위 논문.

한성열 · 이종한 · 채정민 · 이영이 · 금명자. 2007. 남한 주민과 북한이탈주민의 대인 관계와 문화적응 향상을 위한 프로그램. 한국심리학회지: 문화 및 사회문제, 13(2), 33-54.

홍순혜 · 박윤숙 · 원미순. 2003. 신변보호담당관을 통해 본 북한이탈주민의 지역 사회 정착 장애 요인과 신변보호담당관의 업무부담: 개인적 요인들의 중심으로. 한국사회복지학, 52(-), 223-240.

홍용표 · 모춘흥. 2019. 탈북민에 대한 '환대' 가능성 탐색. 통일인문학, 78(-), 313-354.

황지윤. 2000. 북한의 배급체계와 북한이탈주민의 영양 상태. 民族發展研究, -(4), 109-

120.

Pratt, M. L. 1991. Arts of the Contact Zone. Profession, 33-40.

데일리안, "남도 북도 아닌 제3국 출생 탈북 아동 "내 국적은요?" 2015년 5월 23일 자.

## 제2장 탈북음악인들의 국내 활동 양상과 남겨진 과제 _하승희

강구섭 · 정재훈 · 김유연. 2019. 탈북학생 문화예술 교육 실태 및 개선 방안고찰: 교육부 탈북학생 교육 우수사례를 중심으로. 용봉인문논총, 30, 1-15.

권오성. 2008. 남북한 음악의 동질성과 이질성. 동양음악.

김나영 · 이정민 · 정미지. 2016. 탈북청소년의 트라우마 해결을 위한 통합적 예술치료 체험연구. 무용예술학연구, 62(5), 17-32.

김도희. 2022. 음악을 통한 평화구축에 대한 연구. 음악교육공학, 53, 111-132.

김순임 · 정경열 · 이영대. 2017. PIE에 기반한 탈북청소년의 문화예술 적응에 대한 연구. The Journal of the Convergence on Culture Technology, 3(4), 117-122.

김종군. 2017. 남북주민의 정서 소통 기제로서 대중가요. 통일인문학, 72, 5-38.

나경아 · 한석진. 2009. 한국사회 내 탈북인 예술단체의 사회문화적 정체성 및 가치에 관한 연구. 무용예술학연구, 26, 68-85.

박영하. 2022. 김정은 시대 문화정책과 남북 문화교류 방향. Journal of North Korea Studies, 8(2), 29-51.

방희경 · 이경미. 2016. 종편 채널의 북한 이미지 생산방식: '일상'으로의 전환, 이념적 정향의 고수. 한국언론학보, 60(2), 338-365.

배인교. 2018. 남북한 음악 교류의 양상과 방향. 통일과 평화, 10(2), 39-80.

신혜성 · 윤현경. 2020. 탈북청소년 대상 문화예술교육에 대한 질적 내용 분석 연구. 예술경영연구, (55), 75-113.

안지언 · 김석호. 2015. 북한이탈청소년의 북한에서의 문화교육 경험과 한국 내 사회문화적 적응 간 관계에 대한 근거이론 연구. 국정관리연구, 10(2), 217-240.

유근환. 2021. 남북한 문화 이질성 극복을 위한 통일문화정책 활성화 방안: 음악 교류를 통한 '소통과 화합' 중심으로. 사회융합연구, 5(6), 137-148.

윤현경. 2019. 남북한 음악교육 통합방안 모색을 위한 기초연구. 문화정책논총, 33(2), 5-26.

전우택 · 조영아. 2003. 탈북자들의 신앙 경험과 교회의 통일 준비. 통일연구, 7(2), 105-128.

조은혜. 2014. 북한 이탈 예술인의 남한사회 적응실태와 지원방안 연구, 단국대학교 석사학위 논문.

최락인. 2017. 탈북 이주민 정착을 위한 문화산업콘텐츠 특화 프로그램 개발. 예술 인문 사회 융합 멀티미디어 논문지, 7(1), 479-488.

하승희. 2021. 평창 동계올림픽 계기 남북 음악공연 교류 분석. 한국대중음악학회, (27), 281-320.


채널A 프로그램 「이제 만나러 갑니다」 홈페이지, ⟨https://www.ichannela.com/program/detail/program_title_renew.do?cateCode=050006⟩ (검색일: 2023.10.20.).

## 제3장 장마당세대의 학교 조직생활
### : 북한의 집단주의 및 개인주의 문화 변동과 남북주민통합 과제 _조진수

김동노. 2023. 개인주의, 집단주의, 자유주의, 공동체주의와 한국사회의 변화. 사회이론, 63(봄/여름), 153-196.

김수정. 2019. 개인화 시대의 '개인주의'에 대한 개념적 탐색. 한국언론정보학보, 94, 7-33.

김옥자. 2006. 정치사회화과정으로서 조선소년단 연구. 경남대학교 북한대학원 석사학위 논문.

김진환. 2010. 조선로동당의 집단주의 생활문화 정착 시도. 북한연구학회보, 14(2), 23-48.

김창희. 2009. 북한사회의 시장화와 주민의 가치관 변화. 한국동북아논총, 14(3), 81-101.

Dülmen, Richard van 지음. 최윤영 옮김. 2005. 개인의 발견: 어떻게 개인을 찾아가는 가, 1500-1800. 서울: 현실문화연구.

Laurent, Alain 지음. 김용민 옮김. 2001. 개인주의의 역사. 서울: 한길사.

Renaut, A. 지음. 장정아 옮김. 2002. 개인: 주체 철학에 관한 고찰. 서울: 동문선.

Mulhall, Stephan and Adam Swift 지음. 김행성 · 조영달 옮김. 2001. 자유주의와 공동 체주의. 서울: 한울.

문유진. 2018. 조선사회주의로동청년동맹의 역할 연구. 북한대학원대학교 박사학위 논문.

Mills, Sara 지음. 임경규 옮김. 2008. 현재의 역사가 미셸 푸코. 서울: 앨피.

박민철 · 도지인. 2019. FGI 방법을 활용한 북한이탈주민의 가치관 연구: 그 필요성과 방법 및 의의를 중심으로. 통일인문학, 79, 5-35.

박영균. 2021. 북의 생활세계에 나타난 가치관의 균열과 변화양상 연구 2: 사회공동체. 통일인문학, 87, 45-80.

백종현. 2019. 위대한 유산 - 순수이성비판 읽기. https://youtu.be/Ggo5dtX3iJA?si= HS9YBxhAhY6Ye_x7 (최종검색일: 2023년 10월 29일).

Sandel, Michael J. 지음. 안진환 · 이수경 옮김. 2010a. 정의란 무엇인가. 서울: 김영사.

Sandel, Michael J. 지음. 이창신 옮김. 2010b. 왜 도덕인가. 서울: 한국경제신문.

Sandel, Michael J. 지음. 이양수 옮김. 2012. 정의의 한계. 서울: 멜론.

Sidentop, Larry 지음. 정명진 옮김. 2016. 개인의 탄생: 양심과 자유, 책임은 어떻게 발 명되었는가? 서울: 부글.

신효숙. 2015. 기획 특집: 광복, 분단 70년 그리고 통일: 북한교육의 발전과정과 특징. 현대사광장, 6, 10-29.

이온죽 · 신봉철. 2006. 북한 사상 교양 교육방법과 새터민의 재사회화. 서울대학교 師 大論叢, 70, 107-136.

이용희. 2020. 북한 시장화가 주민 가치관 변화 미친 영향. 통일전략, 20(1), 33-74.

이정우. 2006. 탈북청소년의 집단주의-개인주의 성향에 관한 비교연구. 사회과교육연 구, 13(2), 159-185.

임해경 · 채소린 · 한마음 · 박순용. 2019. 북한 교사의 역할과 권한에 대한 질적 사례 연구. 교육사회학연구, 29(1), 53-84.

정혜정. 2004. 북한 집단주의 교육과 J. Dewey의 개인주의 교육에 나타난 근대성과 사고교육의 비교. 통일정책연구, 13(2), 213-236.

조진수. 2020. 북한에서 학교체육을 통한 몸의 통제. 연세대학교 박사학위 논문.

차승주. 2010. 북한 조선소년단의 사회 통합적 기능에 관한 연구. 통일교육연구, 7(1), 63-74.

최영실. 2010. 북한의 조선소년단 조직생활에 관한 연구. 이화여자대학교 대학원 석사학위 논문.

최종덕. 2018. 개인주의와 시민교육의 방향. 시민교육연구, 50(4), 197-224.

통일인문학연구단. 2012. 문화분단: 남한의 개인주의와 북한의 집단주의. 서울: 선인.

현인애. 2018. 김정은 정권의 기초 조선소년단. 북한, 558, 105-111.

홍석근. 2022. "장마당세대는 고난의 행군 때 성장한 북한판 MZ세대 … 공동체보다는 각자도생." 『남북경협뉴스』(8월 2일). http://www.snkpress.kr/news/articleView. html?idxno=685 (최종검색일: 2023년 10월29일).

홍현우. 2017/05/11. "북한의 김일성-김정일주의청년동맹(통일부 산하 블로그)." https://unikoreablog.tistory.com/m/7077 (최종검색일: 2023년 10월 28일).

황태희 · 최영준 · 최우선 · 주형민. 2017. 누가 북한을 이해하고 오해하는가?: 남 · 북한 주민 인식조사 비교분석. 국제정치논총, 57(2), 243-289.

Browning, Christopher R. and Lewis H. Siegelbaum. 2009. "Frameworks for Social Engineering." Michael Geyer and Sheila Fitzpatrick eds. Beyond Totalitarianism: Stalinism and Nazism compared. Cambridge: Cambridge University Press.

Cho, J. 2023. "The Weakening of Social Control in North Korea since the Arduous March." Asian Studies Review. Online-publish: 1-20.

Dumont, Louis. 1986. Essays on Individualism. Chicago: University of Chicago Press.

Foucault, Michel. 2003. "The subject and power." P. Rabinow and N. Rose eds. The essential Foucault: Selections from essential works of Foucault 1954-1984. New

York, London: New Press.

Foucault, Michel. 2007. "What is critique?" S. Lotringer ed. The politics of truth. Cambridge, Massachusetts; London, England: MIT Press.

Fritzsche, Peter and Jochen Hellbeck. 2009. "The New Man in Stalin Russia and Nazi Germany." Michael Geyer and Sheila Fitzpatrick eds. Beyond Totalitarianism: Stalinism and Nazism compared. Cambridge: Cambridge University Press.

Hoffmann, David L. and Annette F. Timm. 2009. "Utopian Biopolitics: Reproductive Policies, Gender Roles, and Sexualities in Nazi Germany and the Soviet Union." Michael Geyer and Sheila Fitzpatrick eds. Beyond Totalitarianism: Stalinism and Nazism compared. Cambridge: Cambridge University Press.

Hoffmann, David L. 2011. Cultivating the Masses: Modern State Practices and Soviet Socialism, 1914-1939. Ithaca: Cornell University.

Hofstede, Geert. 1980. Cultures and organizations: Software of the mind. London: McGraw-Hill.

LiNK(Liberty in North Korea). 2017. "The Jangmadang Generation." https://youtu.be/lvsqpwI_IfU (최종검색일: 2023년 10월 28일).

Lukes, Steven. 1973. Individualism. Oxford and New York: Basil Blackwell.

Triandis, Harry C. 1988. "Collectivism v. Individualism: A reconceptualization of a basic concept in cross-cultural social pycholgy." G. K. Verma and C. Bagley eds. Cross cultural studies of personality, attitude and condition. London: Macmillan.

Triandis, Harry C. 1995. Individualism & Collectivism. Colorado and Oxford: Westview Press.


**북한 자료**

강명수. 2016. "집단주의는 우리식 사회주의의 생명." 『교육신문』(4월 7일), 2.

고성옥 2010. "학급 안에서의 집단적 경쟁을 통한 학생 교양." 『인민교육 1호(1-2월)』

(2월 15일), 35.

교육도서출판사. 1955. 『해방 후 10년간의 공화국 인민교육의 발전』. 평양: 교육도서출
　　　판사.

교육신문. 2011/05/26. "사회주의경쟁을 계속 심화시켜 교육사업에서 더 큰 승리를 이
　　　룩하자."

교육신문. 2012/11/29. "실력경쟁 바람을 세차게 일으켜." 3.

교육신문. 2013/08/08. "실력경쟁 바람." 1.

교육신문. 2014/01/30. "자질향상 경쟁의 열풍 속에." 1.

교육신문. 2018/10/25. "경쟁 열풍 속에." 1.

교육신문. 2018/12/06. "세차게 타 번지는 경쟁 열풍." 1.

교원신문. 1955/02/26. 『집단주의 교양을 강화하자." 1.

교원신문. 1956/01/18. "조선민주청년동맹이 걸어온 영광스러운 10년."

교원신문. 1957/07/17. "학생 계급 교양 사업에서 무엇을 해결하여야 할 것인가? 학생
　　　집단에 의거해야 한다."

김미화. 2015. "청소년 학생들 속에서 집단주의 교양을 강화하는 것은 사회주의 우월성
　　　을 높이 발양시키기 위한 중요한 요구." 『교육신문』(7월 16일), 2.

김일성. 1986. "〈사회주의 교육에 관한 테제〉를 발표함에 대하여-조선로동당 중앙위원
　　　회 제5기 제14차 전원회의에서 한 연설, 1977년 9월 5일." 김일성 저작집 32. 평
　　　양: 조선로동당출판사, 363-440.

김창호. 2007. "학교 교육에서 과외교양이 차지하는 위치와 역할." 『인민교육 6호
　　　(11~12월)』(12월 10일), 26-28.

김철. 2004. "집단주의 교양에 큰 힘을 넣어." 『교육신문』(10월 21일), 3.

김철수. 2015. "실력경쟁의 열풍을 세차게." 『교육신문』(12월 3일), 1.

남창호. 2004. "도덕에 대한 일반적 개념과 사회주의 도덕의 본질적 특성." 『인민교육 3
　　　호(5~6월)』(6월 10일), 28-29.

동철. 2017. "들끓는 경쟁 열풍과 경험교환 운동." 『교육신문』(11월 2일), 1.

동철. 2018. "자질향상으로 이어지는 경쟁 열풍." 『교육신문』(3월 10일).

리무석. 2005. "청소년 학생들에 대한 집단주의 교양에서 나서는 몇 가지 문제." 『인민 교육 4호(7~8월)』(8월 10일), 32-34.

리종학. 2017. "경쟁 열풍 속에." 『교육신문』(11월 9일), 1.

리학철. 2011. "경쟁의 열의는 어떻게 높아졌는가." 『교육신문』(12월 8일), 1.

리학철. 2016. "따라 앞서기를 위한 경쟁 열풍을 일으켜." 『교육신문』(12월 29일), 1.

박경희. 2004. "학생들 속에서 혁명적이며 건전한 생활 기풍을 세우기 위한 방도." 『인 민교육 3호(5~6월)』(6월 10일), 35-36.

박문성. 1993. "부르죠아개인주의의 반동적 본성을 가리울 수 없다." 『노동신문』(3월 26일), 6.

박성운. 2008. "집단주의는 사회주의의 본태." 『교육신문』(1월 31일), 2.

박성운. 2016. "세차게 일어 번지는 실력경쟁 열풍." 『교육신문』(10월 4일), 3.

사회과학원. 1968. 현대조선말 사전. 평양: 사회과학출판사.

사회과학원. 1970. 정치용어 사전. 평양: 사회과학출판사.

사회과학원. 1975. 주체사상에 기초한 사회주의 교육 리론 – 조선로동당 창건 30돐 기 넘. 평양: 사회과학출판사.

사회과학원 철학연구소. 1970. 철학 사전. 평양: 사회과학출판사.

사회과학출판사. 1992. 조선말대사전. 평양: 사회과학출판사.

사회과학출판사. 2006. 조선말대사전. 평양: 사회과학출판사.

신분진. 2020. "비사회주의적 현상과의 투쟁은 전 군중적인 사업." 『노동신문』(3월 10 일), 2.

신철. 2021. "청년들은 사회주의 도덕과 문화의 참다운 주인이 되자." 『노동신문』(5월 21일), 6.

인민교육. 2004/06/10. "도덕에 대한 일반적 개념과 사회주의 도덕의 본질적 특성." 29.

인민교육. 2010/02/15. "학급 안에서의 집단적 경쟁을 통한 학생 교양." 35.

전영희. 2014. "청년들을 목표로 한 반동적 사상문화침투 책동." 『노동신문』(10월 19 일), 6.

최성훈. 2009. "경쟁은 학습 열의를 높여주는 좋은 방법." 『교육신문』(8월 20일), 3.

최춘희. 2006. "학생들의 경쟁심을 불러일으켜." 『인민교육 2호(3~4월)』(4월 10일), 50-51.

편집위원회. ca.1960s. 교육학. 동경: 학우서방.

홍순호. 1972. "개인주의, 리기주의를 반대하여 투쟁하는 것은 집단주의 교양의 선차적 과업." 『노동신문』(10월 5일).

## 〈제2부〉

### 제1장 북한이탈주민들의 일상생활 고찰
### : 사례로 살펴보는 탈북청년들의 생활양식과 그 의미 _전주람

〈논문 및 학회지〉

강영실 · 하영미 · 은영. 2012. 북한이탈주민의 주관적 건강 인식과 건강증진 생활양식. 지역사회간호학회지, 23(3), 231-243.

김윤애. 2016. 북한의 사회적 관계와 주민 사회화 과정의 메커니즘: 국가주의 통합을 중심으로. 북한학보, 41(1), 111-144.

김태연 · 이윤정. 2021. 북한이탈주민의 남한 문화 적응을 위한 전략적 수단으로서 의복의 역할과 정체성 재구성과의 관계. 복식, 71(1), 103-118.

김현아. 2016. 북한이탈주민 PTSD의 연구 동향 분석 : 2001년-2015년까지. 미래사회, 6(1), 39-54.

김현아 · 조영아 · 김요완. 2014. 탈북 1 인 가구의 남한 생활 경험에 관한 질적 연구. 보건사회연구, 34(4), 321-353.

김희숙 · 김현경. 2017. 북한이탈여성의 외상 후 스트레스 장애에 따른 월경문제의 비교. 스트레스研究 25(4), 294-298.

박다정. 2016. 여성 북한이탈주민의 탈북 경험에 관한 사례연구 : 회복탄력성을 중심으로. 성균관대학교 석사학위 논문.

박정란. 2012. 북한이탈주민 연구 동향과 과제 : 주체, 방법, 내용 한국개발연구원.

14(5), 54-71.

박정숙. 2013. 북한의 교육제도와 사교육 열풍. 북한, 0(500), 130-137.

북한연구소. 2017. 북한의 삶 이모저모. 북한연구소, 548, 160-162.

서봉연. 1975. 자아 정체감 형성에 관한 일 연구. 경북대학교 박사학위 논문.

손지혜·배고은·한기덕·윤인진. 2021. 완경기 탈북여성의 건강관리 실태에 관한 탐색적 연구. 통일과 평화, 13(2), 375-432.

신현호. 1995. 관광 라이프스타일과 관광지 선택 행동에 관한 연구. 마케팅과학연구, 4(0), 1-24.

오익수. 2004. 초등학생 생활양식의 특성 – 생활양식과 학교적응 유연성의 관계. 상담학연구, 5(1), 217-226.

이의진·박영균·박솔지·전영희. 2021. 북한이탈주민의 초점집단면접을 활용한 북의 직업관 연구. 통일인문학, 85, 51-85.

이진석. 2020. 북한이탈주민의 취업지원제도 개선에 관한 연구. 통일전략, 20(3), 117-157.

임수진. 2021. 보훈 담론을 통한 북한의 외부 경계 인식의 변화에 관한 연구. 인문사회 21, 12(5), 1943-1955.

장민수·이재철. 2016. 북한이탈주민 젊은 세대는 행복한가? 삶의 만족도 및 삶의 만족도를 결정하는 요인 분석. 社會科學研究, 42(2), 277-301.

전주람. 2016. 북한이탈여성들의 심리·사회적 자원에 관한 질적 사례연구. 한국가족관계학회지, 20(4), 47-72.

전주람·김유진·손인배. 2023. 10-20대 북한이주여성들의 또래 관계 경험과 사회정체성. 한국이민학, 10(1), 25-46.

전주람·신윤정. 2020. 북한이주민과 근무하는 남한사람들의 직장생활 경험에 관한 혼합연구. 통일인문학, 83(0), 121-166.

전주람·신윤정. 2021. 집단심층면접을 통한 북한이주여성들의 식생활 문화 관련 신념 및 태도 변화 연구. 통일과 평화, 13(1), 257-291.

전주람·신윤정. 2022. 20대 북한이주여성들의 의생활에 대한 행동 양식 및 태도 변화에 관한 FGI 연구. 문화와 융합, 44(4), 863-882.

전주람 · 이재영. 2021. 북한이주여성 청년들의 행복 경험에 관한 FGI 연구. 인문사회 21, 13(1), 1211-1226.

전주람 · 임정택. 2022. A Focus Group Interview Study on the Self-care of North Korean Female Refugees Using Photovoice. Korean journal of international migration, 9(2), 119-135.

전주람 · 최경. 2022. 10-20대 북한이주민들의 친구 관계 경험에 관한 FGI 연구. 문화 와 융합, 44(1), 569-588.

정건화. 2004. 북한의 노동체제에 대한 제도론적 접근. 동향과 전망. 62, 97-155.

정영선. 2018. 북한이탈청년이 인식하는 차별 경험에 대한 현상학적 연구. 한국청소년 연구, 29(4), 113-147.

정은미. 2014. 북한주민의 의식주 생활과 사회변동. 亞細亞研究, 57(4), 142-173.

정진아. 2013. 남한 주민과 북한이탈주민의 생활문화 기초 조사-서울 · 경기 지역을 중 심으로. 역사문화연구, 48, 211-254.

채정민. 2003. 북한이탈주민의 남한 내 심리적 문화적응 기제와 적응행태. 고려대학교 대학원 박사학위 논문.

채정민 · 심진섭 · 이종한 · 허태균 · 한성열. 2004. 북한이탈주민의 라이프스타일 : 일 상과 소비의 양 측면에서. 여가학연구, 2(1), 17-41.

한나영 · 이소희 · 유소영 · 김석주 · 전진용 · 원성도 · 신미녀. 2015. 북한이탈주민 진 료센터 정신건강의학과를 내원한 북한이탈주민에서 외상 후 스트레스 장애와 사회적응 및 삶의 질 관계. 신경정신의학, 54(1), 105-111.

한영진. 2015. 북한 사이버테러 인력양성 모체, 제1중학교. 북한, 0(520), 134-139.

황상민 · 양진영 · 강영주, 2003. 세대집단의 가치로 구분된 라이프스타일 유형과 그에 따른 권위주의 성향의 비교. 사회 및 성격, 17(2), 17-33.

Marcia, James E. 1966. Development and Validation of Ego-Identity Status. Journal of Personality and Social Psychology, 3(5), 551-558.

Padgett, Deborah K. 2008. Qualitative methods in social work research (2nd ed.).

Thousand Oaks, CA: Sage Publications.

Seligman, Martin EP. 2022. Positive Psychology, Positive Prevention, and Positive Therapy. New York: Oxford University Press.


〈단행본〉

국립통일교육원 연구개발과. 2023. 북한 이해. 국립통일교육원.

김춘경 · 이수연 · 이윤주 · 정종진 · 최웅용. 2016. 상담학 사전. 학지사.

남북하나재단. 2022. 탈북청년 취업 확대를 위한 취업 지원 체계 개선 및 실행방안. 남북하나재단.

마르틴 부버. 1995. 나와 너. 서울: 문예출판사.

미셸 마페졸리, 앙리 르페브르 외 지음. 2016. 일상생활의 사회학, 한울.

최지영 · 박희진 · 윤보영 · 한승대 · 한재헌. 2021. 북한 일상생활 공동체의 변화. 통일연구원.

통일부. 2002. 북한 이해. 서울: 통일교육원

통일부. 2003. 북한주민의 일상생활. 서울: 통일교육원.

통일부. 2022. 북한 이해. 서울: 통일교육원.

Adler, A. 1969. The Science of Living. Garden City, NY: Anchor Books.

Adler, A. 2011. 심리학이란 무엇인가. (김문성 역). 스타북스.

Adler, A. 2015. 아들러 심리학 활용. (김문성 역). 스타북스.

Adler, A. 2019. 아들러의 삶의 의미. (최호영 역). 을유문화사.

Ansbacher, H. L., & Ansbacher, R. R. 1956. The individual psychology of Alfred Adler: a systematic presentation in selections from his writings. Basic Books.

Hjelle, L. A. & Ziegler, D. J. 1981. Personality theories: Basic assumptions, research and applications (3rd ed.). McGraw-Hill.

Lazer. W. 1963. Life Style Concept and Marketing in Toward Scientific Marketing. ed. Stephen A. Greyser. AMA, Chicago.

〈인터넷 사이트〉

뉴스핌. 2023. https://www.newspim.com/news/view/20230322000003.

뉴시스. 2023. https://www.newsis.com/view/?id=NISX20230110_0002153769.

두산백과. 2023. http://www.doopedia.co.kr.

위키백과. 2023. https://ko.wikipedia.org.

통일부. 2023. https://www.unikorea.go.kr.

통일부. 2023. https://nkinfo.unikorea.go.kr/nkp/term/viewNkKnwldg

Dicary.do?dicaryId=122

통일부 북한인권포털. 2016. https://unikorea.go.kr/nkhr/current/life/livingdaily_/0005

KBS World Korean. 2023. https://world.kbs.co.kr/service/contents_v

iew.htm?lang=k&menu_cate=northkorea&id=&board_seq=435834

## 제2장 북한이탈주민 다음 세대의 사회정체성과 사회통합 _손인배

강미정. 2014. 북한이탈주민의 탈북경험담에 나타난 트라우마 분석. 문학치료연구,
30(-), 413-437.

강채연. 2018. 북한이탈주민들의 '정체성의 이주' 패러다임에 관한 연구. 다문화사회연
구, 11(2), 5-36.

권수현, & 홍은정. 2018. 북한이탈주민의 국가 정체성 특징과 결정요인 – 서울·경기·
인천지역 거주 북한이탈주민을 대상으로. 통일연구, 22(1), 5-38.

김경준. 2010. 사회적 스티그마의 청소년에 대한 영향과 대응. 한국청소년연구, 21(3),
5-31.

김성경. 2011. 북한이탈주민 일상연구와 이주연구 패러다임 신고찰. 아태연구, 18(3),
1-21.

김성경. 2014. 일반논문 : 분단체제가 만들어낸 "이방인", 탈북자 탈냉전과 대량 탈북
시대에 남한 사회에서 "탈북자"라는 위치의 한계와 가능성. 북한학연구, 10(1),
37-69.

김영란. 2013. 다문화사회 한국의 사회통합과 다문화주의 정책. 한국사회, 14(1), 3-30.

김종군, 박재인, 남경우, 곽아람, & 풍영순. 2017. 탈북 트라우마에 대한 인문학적 치유 방안의 가능성 -구술 치유 방법론을 중심으로. 統一問題硏究, 29(2), 199-240.

김주삼. 2016. 조선족과 북한이탈주민의 한국사회적응과 통일과정에서의 역할. 디아스포라 연구, 10(2), 291-319.

김태연, & 이윤정. 2021. 북한이탈주민의 남한 문화적응을 위한 전략적 수단으로서 의복의 역할과 정체성 재구성과의 관계. 복식, 71(1), 103-118.

박노윤, & 이은수. 2014. 집단적 자아정체성, 사회적 교환관계 인식 및 친사회적 행동의 관계. 대한경영학회지, 27(6), 955-977.

손인배. 2022. 북한 출신 북한이탈주민 정착지원 실무자의 직업적 심리특성과 업무 인식 연구[박사학위 논문, 연세대학교 통일학협동과정].

신난희. 2018. 부모교육 프로그램을 통해 본 북한이탈주민 지원정책의 새로운 방향. 다문화와 평화, 12(1), 207-235.

신미녀. 2010. 남한 주민과 북한이탈주민의 상호인식을 통해 본 통일준비. 사회과학연구, 19(1), 87-112.

신윤정. 2022. 이주 배경 아동의 성장ㆍ발달의 문제점과 정책 과제. 보건복지포럼(2022.02.).

신효숙, 김창환, & 왕영민. 2016. 북한주민, 탈북자, 북한이탈주민. 통일인문학, 67(-), 41-80.

양계민, & 정진경. 2005. 북한이탈주민과의 접촉이 남한사람들의 신뢰와 수용에 미치는 영향. 한국심리학회지: 문화 및 사회문제, 11(특), 97-115.

양계민, 정윤미, & 정윤선. 2021. 이주배경청소년 실태조사. 무지개청소년센터 이주배경청소년지원재단.

윤보영. 2015. 경계인 이론을 통한 남한 정착 북한이탈주민 이해에 관한 연구. 사회과학연구, 22(3), 187-216.

윤여상. 2001. 남북화해ㆍ협력 시대 북한이탈주민의 역할과 사회적응. 한국동북아논총, 6(4), 95-115.

윤인진. 2009. 북한이주민. 파주: 집문당.

이민영. 2015. 북한이탈주민의 사회통합을 위한 정착지원에 관한 연구 동향 분석: 통합적 문헌고찰 방법을 활용하여. 한국가족사회복지학회, 49(0), 39-69.

이석, & 김두얼. 2011. 남북한 장기 경제 추세 비교와 대북정책에의 시사점. KDI 정책연구시리즈. 2011-10.

이선미. 2015. 북한이탈주민의 삶의 질에 영향을 미치는 변인. 디아스포라연구, 9(1), 155-187.

이용을. 2015. 탈북청소년의 자아 정체감 형성과정에 관한 연구. 공공사회연구, 5(4), 107-131.

이재열, 조병희, 장덕진, 유명순, 우명숙, & 서형준 2014. 사회통합: 개념과 측정, 국제비교. 한국사회정책, 21(2), 113-149.

이현숙, & 유해숙. 2015. 탈북청소년의 낙인 현상과 대응. 민족연구, (62), 179-201.

이화연. 2022. 체계적 문헌고찰을 통한 북한이탈주민 정체성 연구 동향 분석. 다문화콘텐츠연구, 0(40), 71-107.

장안서, & 서보람. 2018. 북한이탈청년의 이성 교제 경험에 관한 현상학적 연구. 다문화와 평화, 12(3), 86-107.

전우택, 유시은, & 이연우. 2011. 북한이탈주민의 국가 정체성 형성과 유형. 統一 政策 硏究, 20(2), 1-35.

전주람, & 신윤정. 2021. 집단심층면접을 통한 북한이주여성들의 식생활 문화 관련 신념 및 태도 변화 연구. 통일과 평화 13(1), 257-291.

전주람, & 이재영, 2022, 북한이주여성 청년들의 행복 경험에 관한 FGI 연구. 인문사회 21, 13(1), 1211-1226.

전주람, 김유진, & 손인배. 2023. 10-20 대 북한이주여성들의 또래 관계 경험과 사회정체성. 한국이민학, 10(1), 25-46.

정영선. 2018. 북한이탈주민의 경제사회화에 관한 질적 연구: 일과 진로를 중심으로. 글로벌교육연구, 10(2), 3-38.

조정아. 2014. 탈북청소년의 경계 경험과 정체성. 현대북한연구, 17(1), 101-155.

조정아. 2014. 탈북청소년의 경계 경험과 정체성. 현대북한연구, 17(1), 101-155.

최현실. 2011. 탈북여성들의 트라우마와 한국사회 정착지원에 관한 현상학적 연구. 여성학연구, 21(1), 161-204.

국가법령정보센터. 2023. 북한이탈주민의 보호 및 정착 지원에 관한 법률. Retrieved from http://www.law.go.kr/%EB%B2%95%EB%A0%B9/%EB%B6%81%ED%95%9C%EC%9D%B4%ED%83%88%EC%A3%BC%EB%AF%BC%EC%9D%98%EB%B3%B4%ED%98%B8%EB%B0%8F%EC%A0%95%EC%B0%A9%EC%A7%80%EC%9B%90%EC%97%90%EA%B4%80%ED%95%9C%EB%B2%95%EB%A5%A0 (검색일 : 2023. 06. 12).

통계청. 2023. 연령 및 성별 다문화 가구원 - 시도 https://kosis.kr/statHtml/statHtml.do?orgId=101&tblId=DT_1JD1502&vw_cd=MT_ZTITLE&list_id=&scrId=&seqNo=&lang_mode=ko&obj_var_id=&itm_id=&conn_path=E1&docId=0372955686&markType=S&itmNm=%EC%A0%84%EA%B5%AD (검색일 : 2023. 06. 12).

통일부. 2023. 최근 현황 Retrieved from https://www.unikorea.go.kr/unikorea/business/NKDefectorsPolicy/status/lately/ (검색일 : 2023. 06. 12).

한겨레. 2022. "북한이탈주민 18.5%, 남한 이주 후회 … 문화 차이 · 경제적 어려움 탓". https://www.hani.co.kr/arti/society/society_general/1040310.html (검색일 : 2023. 10. 28).

Bandura, A. 1986. The explanatory and predictive scope of self-efficacy theory. Journal of social and clinical psychology, 4(3), 359-373.

Brewer, M. B. 2001. The many faces of socialidentity: Implications for political psychology. Political psychology, 22(1), 115-125.

Burford, B. 2012. Group processes in medical education: learning from social identity theory. Medical education, 46(2), 143-152.

Castles, S., & Miller, M. J. 2013. 이주의 시대 (한국이민학회 역). 서울: 일조각. (원서출판 1993).

Galtung, J. 1968. A structural theory of integration. Journal of Peace Research, 5(4), 375-395.

Hogg, M. A., Abrams, D., Otten, S., & Hinkle, S. 2004. The social identity perspective: Intergroup relations, self-conception, and small groups. Small group research, 35(3), 246-276.

Kreckel, R. 1999. Social Integration, National Identity and German Unification. In J. T. Marcus. Surviving the Twentieth Century: Social Philosophy from the Frankfurt School to the Columbia Faculty Seminars(pp. 85-95). New Brunswick - London: Transaction Publishers.

Mouzelis, N. 1997. Social and system integration: Lockwood. Habermas. Giddens. Sociology, 31(1), 111-119.

Park, R. E. 1928. Human migration and the marginal man. American journal of sociology, 33(6), 881-893.

Stets, J. E., & Burke, P. J. 2000. Identity theory and social identity theory. Social psychology quarterly, 63(3) 224-237.

Tajfel, H. 1978. Individual and intergroup behavior. In H. Tajfel (Ed.), Differentiation between social groups: Studies in the social psychology of intergroup relations. (pp. 26-60). New York: Academic Press.

Tajfel, H. 1981. Human Groups and Social Categories: Studies in Social Psychology. Cambridge: Cambridge University Press.

Tajfel, H., & Turner, J. C. 1979. An integrative theory of intergroup conflict. In W. Austin & S. Worchel (Eds.), The social psychology of intergroup relations (pp. 33-47). Monterey, CA:Brooks/Cole.

Thoits, P. A. 1995. Stress, coping, and social support processes: Where are we? What next?. Journal of health and social behavior, 53-79.

Turner J. 1999. Some current issues in research on social identity and self-categorization theories. In: Ellemers N, Spears R, Doosje B. (Eds.). Social identity: Context, commitment, content. (pp. 6 – 34.). Oxford: Blackwell Publishers.

Turner J. 1999. Some current issues in research on social identity and self-categorization theories. In: Ellemers N, Spears R, Doosje B. (Eds.). Social identity: Context, commitment, content. (pp. 6 – 34.). Oxford: Blackwell Publishers.

UN. 2023. Social Inclusion Retrieved from https://www.un.org/development/desa/socialperspectiveondevelopment/issues/social-integration.html (검색일 : 2023. 06. 12).

Weissman, M. M., Weissman, M. M., & Weissman, M. M. 1975. The Assessment of Social Adjustment: A Review of Techniques. Archives of General Psychiatry, 32(3), 357-365.

Wolff, K. H. 1950. The sociology of George Simmel. New York: Free Press.

# 저자소개

### 한기호 (hankiho@ajou.ac.kr)

연세대학교 일반대학원에서 북한 개발협력의 제도적 개선에 관한 사회화 통합이론 연구로 통일학 박사학위를 받았다. 남북관계의 현장과 이론의 조화를 중시하며, 통일부 서기관과 유네스코 지속가능발전교육(ESD) 한국위원회 위원, (사)북한연구학회 대외협력이사를 역임하였고 국립외교원 제7회 학술논문상 최우수상을 수상하였다. 아주대학교 아주통일연구소의 연구부교수(사업총괄)로 재직 중이다. 주요 연구 및 저서로는 『분단의 힘: 경계가 지배하는 한반도』(선인, 2023), The Perpetuated Hostility in the Inter-Korean Rivalry, KOREA OBSERVER, 49-2(공저, 2018), 『북한의 복지 분야 지속가능발전목표(SDGs) 달성을 위한 남북한 교류협력 방안 연구』, 한국보건사회연구원(공저, 2020) 등이 있다.

### 손인배 (inbaesohn@gmail.com)

연세대학교 통일학협동과정에서 박사학위를 받고, 연세대학교 의과대학 인문사회의학교실 박사후 연구원으로 재직 중이다. 한반도 문제를 연구하는 연구자로서 통일, 북한이탈주민, 사회통합, 남북보건의료협력에 대해 연구하고 있다. 한반도평화연구원 행정팀장, 연세의료원 통일보건의료센터 간사를 역임했으며, 현재 연세의료원 통일보건의료센터 연구위원, 23기 통일부 국립통일교육원 통일교육위원이다. 저서로는 『트라우마와 사회치유』(공저, 역사비평사, 2019), 『통일보건의료의 미래』(공저, 박영사, 2023)가 있다.

### 전주람 (ramidream01@uos.ac.kr)

성균관대학교 가족학(가족 관계 및 교육, 가족문화)으로 박사학위를 받았다. 서울시립대학교 교육대학원 교수학습·상담심리 연구교수로 2017년 7월부터 2019년 6월까지 재직했으며, 현재는 서울시립대학교 교직부 소속으로 〈부모교육과 가족 관계〉, 〈심리검사를 활용한 심리치료〉, 〈심리학의 이해〉를 가르치고 있다. 서울가정법원 상담위원으로 2014년부터 최근까지 활동 중이며, 2022년부터는 통일부 통일교육위원으로 활동하고 있다. 지속적인 연구 관심사로는 가족 관계, 부부 회복, 문화갈등, 남북사회문화 등이 있다. 주요 저서로는 『절박한 삶』(공저, 2021년 서울대학교 다양성위원회 선정도서), 『21세기의 부모교육』(공저, 2023년 세종도서 학술부문 선정도서) 등이 있다.

**조진수 (hesedgls@gmail.com)**

연세대학교 통일학협동과정에서 통일학으로 박사학위를 받았으며 현재 연세대학교 통일연구원 전문연구원이자 한국연구재단 인문사회학술 연구교수이다. 또한, 통일부 위촉 통일교육위원으로도 활동 중이다. 최근 연구는 고난의 행군 이후 북한사회의 변화에 초점을 맞추고 있다. 대표 연구로는 "The Weakening of Social Control in North Korea since the Arduous March: The Case of Physical Education"(2023), "흥남철수작전의 재구성: 아비규환과 질서정연 사이의 진실 재조명"(공저, 2019)이 있다.

**하승희 (nature5539@gmail.com)**

동국대학교 북한학연구소 연구초빙교수이며 아주대학교 다산학부대학 객원조교수로 재직하고 있다. 일본 게이오기주쿠대학 법학부 정치학과에서 방문연구원을 지냈으며, 북한대학원대학교에서 북한학 박사학위를 받았다. 북한과 통일 이슈를 미디어와 예술을 통해 읽어내는 것에 관심이 있다. 현재 한국연구재단 인문사회학술 연구교수 과제 〈뉴미디어가 주조하는 북한 프레임: 북한 프레임의 실재와 소통·통합의 가능성〉을 수행 중이다.

# 다음 세대를 위한
# 남북주민통합

초판인쇄 2024년 2월 19일
초판발행 2024년 2월 19일

책임저자 한기호
공동저자 손인배, 전주람, 조진수, 하승희
기  획  아주대학교 아주통일연구소
펴낸이  채종준
펴낸곳  한국학술정보(주)
주  소  경기도 파주시 회동길 230(문발동)
전  화  031-908-3181(대표)
팩  스  031-908-3189
홈페이지 http://ebook.kstudy.com
E-mail  출판사업부 publish@kstudy.com
등  록  제일산-115호(2000. 6. 19)

ISBN   979-11-7217-141-4 93300